国内大循环

经济发展新战略与政策选择

贾根良◎著

中国人民大学出版社
·北京·

自　序

为了使读者能够更好地把握本书的主要观点，笔者在导论中已经对全书内容和重要的创新点提纲挈领地进行了介绍。但本书编辑认为，这个3万字的导论还是太长，希望笔者写一个5 000字左右的自序，以便读者能在最短的时间里了解本书的主要内容。笔者应承后，构思了半个月，仍感到难以下笔，因此，禁不住对编辑感慨道：写长好写，写短很难。其原因不仅在于本书内容多，还在于本书所讲述的经济学原理即使对于许多经济学家来说也是非常陌生的。因此，笔者担心读者对这个过于简短的自序理解起来有困难。但是，道理总是简单的，笔者在拖了一个月后，不得不尝试着对本书的核心观点尽量用最通俗的语言进行介绍。这种简介虽然不能说是“挂一漏万”，但确实无法展示本书丰富多彩的内容和更多的观点，读者仍需仔细研读各章内容。

本书收录的论文虽然撰写于2009年至2019年，但其与目前以及今后相当长一段历史时期的中国经济仍是高度相关的，因为这些论文是对目前在我国仍占支配地位的国际大循环经济发展战略批判性研究的成果，只要在这种战略指导下形成的出口导向型经济发展模式没有根本性的改变，本书的重要性就不会降低。笔者自2009年提出中国经济需要实现从国际大循环向国内大循环的战略大转型以来，就一直认为这是中国经济变革的内在规律性要求，因而，这种战略思想不会因为目前新冠疫情的流行及其以后的消失而增减其价值。

在本书中，针对我国目前的经济发展模式，笔者提出了国内大循环经济发展战略的替代性选择及其一系列相关政策建议，这包括：贸易平衡或略有逆差的对外贸易新战略，改革人民币基础货币发行机制，捍卫财政主权并保护我国货币金融系统，国民经济平衡增长，内部改善，劳动者的实际工资增长与企业生产率提高及其赢利能力增强之间互为因果的良性循环，国家致富新原理，市场重于技术，保护价值链高端及其国内市场，不对称经济全球化新道路，改革中央与地方关系，新型举国体制，以及很少有人能够理解的“使特朗普政府一败涂地”的中美经济战的“杀手锏”，等等。本文只能择要讨论其中一些核心观点。

一、贸易平衡或略有逆差的对外贸易新战略

从1990年至今的30年，我国除了1993年出现贸易逆差外，其余29年都是贸易顺差；自1994年国家外汇管理体制改革后，贸易顺差和外汇储备就开始扶摇直上，特别是在2003年至2013年，由外汇占款发行的人民币占到基础货币发行的95%以上。即使是在中美经济战和新冠疫情对中国外贸大冲击的背景下，我们的政策仍是极力维持贸易顺差。为什么要这样做呢？普遍流行的看法认为，贸易顺差即出口大于进口比进出口平衡能够创造更多的就业机会，因为出口大于进口时卖到国外的那些产品比贸易平衡时创造了更多的就业机会，因此，“保外贸”就是“保就业”。但是，这种未经深思的看法是静态的和片面的错误看法。如果静下心来从事一番深入的思考，您可能就会惊奇地发现：假如我们不是生产这些出口大于进口的产品并卖到国外，而是将生产这些顺差产品的生产性资源通过国家直接“印钞票”用于生产适合内需的产品，并将其再次投入国内扩大再生产中，难道它不会比前述贸易顺差时能创造更多的就业机会吗？但是，正如过去的经验告诉笔者的，这样讲的结果总是“言者谆谆，听者藐藐”。请让笔者举例说明，看看您是否会有切实的感受。

以2017年我国总额为28 700亿元人民币的对外贸易顺差为例，它约合4 277亿美元，这也就是说，我国用28 700亿元人民币的生产性资源交换了4 277亿美元的外汇储备，并在国内发行了28 700亿元人民币的基础货币。假设生产这些贸易顺差产品在国内创造了2 000万个就业机会，现在我们假定不再使用国内资源生产这些净出口品，而是调整生产结构为国内市场生产同样价值的产品并完全销售出去，这时，进出口就达到平衡

了。试问，在将其资源转变成为国内生产时，它是否也同样创造了 2 000 万个就业机会？而且，与这些净出口品销售到国外不同，为国内所生产的同样价值的产品（包括生产资料和可用于雇用工人的消费品）却留在国内并被生产厂家再次用于扩大再生产了，它是否又会创造出新的就业机会？而新生产的内需产品如果再被投入再生产，在国内是否还会创造出新的就业机会？……虽然在这个过程中，就业乘数效应是逐次递减的。显而易见，与流行的看法相反，在贸易平衡之下，这些实际的生产性资源留在国内比贸易顺差能够创造多得多的就业机会！

创造就业机会就必须有实际的生产性资源，但自 1994 年我国“汇改”以来，连年的巨额贸易顺差将净生产性资源源源不断地输往国外，焉能比每年贸易平衡时创造更多的就业机会？不仅如此，每年的净出口减少了可供本国居民购买的额外产出，增加消费就成了“无源之水、无本之木”。况且，我国连年的贸易顺差还导致了国内持续的通货膨胀：出口商赚取的外汇在国内不能使用，只能交给中国人民银行兑换成人民币（这就是外汇占款发行人民币），才能用于国内购买，但由于顺差产品已经运到国外了，由此发行的人民币已经没有实际的经济资源相对应，这难道不会导致通货膨胀吗？在新冠疫情暴发前的 20 多年，由于我国经济结构存在的问题和国内有效需求不足，大量过剩的低端产品被廉价输往英美等国家，这是导致其物价比我国还稳定、其日常消费品比国内还便宜的重要原因。

因此，我们不得不得出一个与人们的直觉相反的结论：“进口是收益，而出口是损失”，贸易顺差实际上是国民福利的净损失，以此为核心的国际大循环经济发展战略或出口导向型经济发展模式实质上是一种“使己受损”的发展战略和发展模式。本书第一编、第三编和第二十章相关内容讨论了我国由此而陷入的严重困境，这就是为什么笔者在十多年前就开始反对出口导向型经济发展模式并倡导国内大循环经济发展战略的重要原因，笔者为之提供了替代性的对外贸易新模式：贸易平衡或略有逆差的战略。所谓略有逆差的战略，是指在国际贸易中使用人民币结算，通过我国增加货币供给购买国外实际经济资源，用于提高国民福利的净收益，本书第一编和第六章所讨论的各种问题都是从这一核心观点出发的。在国际贸易因新冠疫情受阻的情况下，我国低端产品生产过剩问题将更加严重，我国不得不采取笔者在十多年前就提出的国内大循环经济发展战略，才能将这些过剩产能在国内转化为生产力！

那么，如何从贸易顺差走向贸易平衡或略有逆差呢？有人可能会认为，通过再进口与净出口价值相等的实际经济资源投入到国内市场用于生产和消费，不就可以走向贸易平衡，从而解决上述就业损失和通货膨胀问题吗？这种思路就是我国在 2011 年采取并延续至今的扩大进口战略。且不说目前新冠疫情导致进出口大幅度萎缩，使得这种思路实际上已经不可行，更重要的，正如笔者早在 2012 年发表的论文——本书第七章——就已指出的，这是一种“路径锁定”的错误思路：虽然它有助于我国对外贸易的平衡，但无助于解决我国低端产品出口过剩、贸易条件恶化、高端产品以及核心技术的国内市场被进口品所冲击等问题。扩大进口战略将进一步强化我国“坏的”贸易结构——“出口低端产品并进口高端产品”，不利于推动经济发展方式的转变，这也与本文后面提到的国内大循环经济发展战略和国家致富新原理是内在冲突的。

综上所述，如果要实施笔者提出的贸易平衡或略有逆差的贸易战略，就必须从调整国内经济结构入手，将原先用于净出口的资源投入到国内产业升级的再生产之中，详细论证请看本书第七章，该章和第二十章还对这种转型大幅度增加劳动者的实际收入进行了“政治算术”的计算，并从历史经验、攻克核心技术和掌控自主国内市场等角度讨论了它对国内大循环经济发展战略的重要意义。美国在 19 世纪初因第二次英美战争意外地走上了独立自主、自力更生的工业化道路，这说明，由于战争所导致的贸易中断在强迫发展模式的转型上是决定性的。与之相类似，国际贸易因新冠疫情的某种阻断对于打破扩大进口战略的路径依赖具有积极的重要作用。贸易阻断的时间越长，扩大进口战略就越不可能得到实施，贸易阻断就越有可能作为打破旧有模式路径依赖的力量发挥作用，从而强制性地使贸易平衡成为推动经济结构转变和产业升级的有力措施。这就是历史的辩证法！

但是，读者对上述讨论有可能会提出两个质疑：第一个是将原先净出口品占用的资源转产为国内适销对路的产品并非易事。确实，笔者在本书中也感叹转型之难。然而，这种生产调整的技术问题不应被夸大，笔者希望读者能从格力电器在新冠疫情刚刚暴发之时就新建生产线生产从未涉足过的口罩这个事例得到启发。实际上，转型之难的关键在于思想和理论认识的问题：人们特别是一些政策制定者已经习惯于以小店主的思维模式维护出口商和某些省份的短期利益与既得利益，而无法理解“进口是收益，而出口是损失”在国民净福利上的宏观经济效应。正是从这个角度可以说，决策者和广大经济工作者深刻认识贸易顺差战略为什么不利于国家整体利益是转型成功的基本条件。

例如，在我国，净出口也就是贸易顺差长期居高不下的重要原因之一就是低估人民币汇率和出口退税等鼓励出口政策的结果。人民币汇率低估导致了我国出口产品的贱卖和进口产品价格的提高，大规模的出口退税通过我国巨额财政支出补贴了外国消费者，加剧了内需的不足。例如，2017年我国对外贸易顺差总额为28 700亿元人民币，而该年出口退税金额就高达13 870亿元，出口退税金额几近占到对外贸易顺差的50%。如果取消每年如此高额的出口退税，并在国内实施同等金额的销售税减税，就会大幅度降低贸易顺差并使贱卖到国外的产品绝大部分在国内销售出去。这就是笔者在过去的十多年一直提倡逐渐取消出口退税的目的：推动出口商渐进地转向为国内生产。目前，我国所有出口品在国内实际上都不需要缴税，而面向内需的企业却享受不到这种优惠，这在世界经济史上和当代世界各国都是绝无仅有的。

二、有效需求、财政赤字与充分就业

读者对上述讨论有可能提出的第二个质疑则是更具根本性的问题：正是因为国内有效需求不足，这些产品才“不得不”通过外需加以消化，如果将原先净出口品占用的资源转向为国内生产，那么，在国内有效需求本来就不足的情况下，难道生产过剩不会更加严重吗？过剩产品还能卖给谁呢？在本书第七章，笔者假定直接将其赠送给当时全国2.2亿的农民工，根据当时所能得到的2010年最新数据，笔者按实际价值计算出了扩大内需的实际效应：它在该年将使每位农民工直接增加28%的收入！当然，用于出口的相当一部分产品不适合国内消费者的嗜好。笔者在过去的论文中，之所以使用这种具有直观效应的例子，主要是为了说明：通过采取渐进取消出口退税和增加财政赤字等措施解决国内有效需求不足问题，对推进国内大循环经济发展战略具有重大意义。现在，笔者针对新冠疫情导致我国因对外贸易急剧萎缩而出现的大量产能过剩问题，再次讨论在将这些过剩产能转向为国内生产时“产品卖给谁”的问题。

从根本上来说，我国的贸易顺差是国内居民消费不足和企业部门投资不足所导致的，是有货币支付能力的有效需求不足的产物，从而使净出口产品所代表的实际经济资源在国内得不到“就业”（凯恩斯广义的就业概念），所以采取了通过国外需求消化这些实际经济资源所生产出来的过剩产品（净出口产品）的做法，而前述人民币汇率定值过低和出口退税则更加强化了国内的有效需求不足。在这种情况下，要想使这些实际经济资源不再转化为输送到国外的净出口品，除了采取渐进提高人民币汇率定值并逐步取消出口退税措施外，政府还需要通过增加财政开支提供基础货币供给（现金和准备金），以购买下这些实际经济资源转产国内适销对路的产品，确保有货币支付能力的有效需求与生产能力相一致。如此，国内有效需求不足即“产品卖给谁”的问题就可迎刃而解，在比贸易顺差情况下创造更多就业机会的同时，也解决了净出口时的通货膨胀问题，而其基础货币供给量正好等于因净出口而提供的人民币数量。

“基础货币供给量正好等于因净出口而提供的人民币数量”是什么含义？这就需要先从主权货币的性质谈起：一个主权国家如果不发行其货币，其国民就没有可用于交税的货币。主权政府通过财政开支发行主权货币并通过税收回笼其货币，这是现代货币体系运行的基本事实。显而易见，在封闭经济的情况下，如果税收等于其财政开支，国内私人部门就不可能有净盈余（净货币收入）；只有在财政开支大于税收即赤字开支的情况下，国内私人部门才能有净盈余，即“财政赤字＝私人部门的净盈余”，也就是“财政赤字＋私人部门的净盈余＝0”。正是所谓的赤字开支在提供基础货币供给，并转化为私人部门的净盈余，因此，财政赤字是经济发展的常态。

一般地，现代货币理论学派将封闭经济情况下的上述会计恒等式表述为：国内政府余额＋国内私人部门余额＝0；而在开放经济的情况下，国内政府余额＋国内私人部门余额＋外国部门余额＝0，这里的“余额”可正、可负、可为零。在这个会计恒等式中，国内政府余额为负时，意味着本年度该国出现财政赤字；国内私人部门余额为正时，意味着该国的私人部门在本年度实现盈余；外国部门余额为正时，则意味着本年度外国部门作为一个整体对本国实现贸易顺差，换言之，本国的对外贸易实现了逆差。按照这个会计恒等式，自20世纪70年代末以来，美国政府部门的财政赤字（负值）＋美国国内私人部门盈余（正值）＋美国对外贸易逆差（正值）＝0，也就是，美国国内私人部门盈余（正值）＋美国对外贸易逆差（正值）＝美国政府部门的财政赤字（正值）＝美元作为所谓“国际储备货币”的发行。

假定美国国内私人部门盈余为0，美国政府部门的财政赤字＝美国对外贸易逆差，在中美贸易的情况下，中国对美贸易顺差＝美国政府财政赤字的一部分，这说明，中国对美贸易顺差和美元外汇占款是美国政府运用财政赤字调配我国实际经济资源服务于美国经济的产物。

如果我国不再允许外国政府通过财政赤字开支调配我国实际经济资源服务其国家利益，而是在贸易平衡的情况下，通过增加我国政府财政赤字将我国实际经济资源服务于中国人民，那么，我们就会得到如下会计恒等式：中国政府的财政赤字＝国内私人部门盈余＝国内私人部门的财富。如此，中国国内私人部门财富的增加是由中国政府的财政赤字开支所提供，而不再允许由外国政府的赤字开支所提供，这才是符合国家利益的“藏富于民”。

在这种情况下，生产者再也无须通过出口赚取美元再兑换成人民币，而是政府直接向其支付人民币使其为国内生产；中国就减少了“僵死无用的”美元金融资产，却增加了与其等值的实际经济资源。这就是前述“基础货币供给量正好等于因净出口而提供的人民币数量”的含义：中国的基础货币供给将完全通过中国政府的财政赤字开支或央行的主权信贷所提供，从而终结外国政府的财政赤字开支通过美元流入中国而将人民币作为其货币代用券占用人民币基础货币供给的历史，这就是本书第三编有关改革人民币基础货币发行机制的核心主张之一。

那么，财政赤字开支将如何通过增加基础货币供给解决有货币支付能力的有效需求不足问题呢？它将如何把原先用于净出口的资源转变为国内生产力，进而强有力地启动国内经济大循环呢？举例而言，它可以通过提高公费教育开支比例、提高医保中的公共开支比例，将其货币供给提供给教育部门、公共卫生保健系统，这些部门将会按需吸收上述过剩经济资源。公费教育开支和公费医疗比例的提高程度与居民有货币支付能力的提高呈正比例变化，这将大幅度地减少居民消费的后顾之忧，从而有效地促进居民最终消费，使居民有货币支付能力的消费需求不足问题得以解决。它还可以通过国家实验室、私有企业和国有企业将货币供给投入核心技术研发，投入基础设施建设，如免费高速公路建设和急需资金的农村基础设施建设，它们也会按需吸收这些过剩的生产性资源，这将大幅度降低私人部门投资的不确定性和成本（参看本书第八章），提高其赢利能力，企业部门扩大投资的热情就被调动起来了，投资不足问题也就迎刃而解了。因此，在国内存在过剩的生产性资源的情况下，完全没有必要通过低估本币价值和采取出口退税的措施将其输送到国外，被外国政府的赤字开支所利用。只要在现有价格水平上，通过本国政府赤字开支直接增加基础货币供给，就可以解决国内有效需求不足的问题。这不仅可以使过剩产品的价值在国内得到实现，还会将其转化为强大的生产力，极大地促进国内经济的繁荣并持续地提高人民的生活水平。

目前流行的“政府财政赤字即恶魔”的理念之所以是错误的，就在于在其概念中，财政赤字开支的去向不见踪影了。但上面的讨论已说明，政府财政赤字在提高国内私人部门的收入和“藏富于民”的同时，并没有神秘地消失，而是提供了免费或极低收费的基础设施、核心技术、人力资本投资（如教育、医疗保障等）等公共产品，提高了生产力。具有完全货币主权的政府因为垄断其货币发行权，所以其财政开支从来就不会受其财政能力的限制，但要受其可以支配的实际经济资源的制约，只有在贸易平衡或略有逆差的情况下，才能使其可支配的实际经济资源得到保障。在这种情况下，财政收支的目标应该是同时实现充分就业和物价稳定的宏观经济目标，而不应该考虑赤字率的高低，换言之，赤字率的高低并不重要。为了应对新冠疫情带来的巨大挑战，为乡村振兴战略中的农村基础设施建设、中国版绿色新政和新基建提供巨额公共投资的资金保障，消化由于疫情阻断外销而导致的大量生产过剩，实施就业保障计划并保持物价稳定，我们就必须打破“政府财政赤字即恶魔”的理论迷信，解放财政生产力，这是实施国内大循环经济发展战略的题中应有之义。

三、捍卫财政主权并保护我国的货币金融系统

2016年，美国对华商品贸易逆差高达其全球商品贸易逆差的47%，这就是美国学者将中美经贸关系称为“中美国”的原因。通过上面的讨论，我们已经揭露了美国对华经常项目逆差或者“中美国”的实质，即美国通过财政赤字开支印刷不断贬值的货币占有中国人民的劳动成果，这是导致我国内需不足等许多问题的根本性原因。本书第一章得出的这个基本结论构成了全书分析的基础之一。正如本书指出的，自20世纪70年代末以来，美国政府就一直在蓄意地通过贸易逆差调配出口导向型国家的实际经济资源服务于美国政府的需要，并通过贸易逆差、美元对外直接投资、吸引其他国家的企业在美上市，为其他国家以放弃实际经济资源为代价持有美国不断贬值的金融资产提供美元。而美国为了保障美元霸权的垄断性收益和地位，对于贸易顺差国家使用赚取的美元购买美国实际经济资源采取了一系列具有针对性的防范措施，如“出口管制条例”、禁止向中国输出技术的“巴统”组织和《瓦森纳协定》、禁止中国对美高科技产业投资和限制购并美国企业，只允许贸易顺差国家购买近乎零利率和不断贬值的美国国债。

然而，20多年来，我国国民和经济学家们由于被主流经济学所蒙蔽，无法了解上述事实的真相，因而陷入了“贸易顺差是好事”的错误观念而不能自拔。君不见，当我国对外贸易顺差连续出现几个月减少的时候，社会上不是对此忧心忡忡吗？而且，通过引进外国直接投资、我国企业在美国上市、流入中国的投机性游资、华尔街经由在华金融机构直接向中国倾泻美元等各种形式净流入的外国货币，还在不断地侵蚀我国的主权信贷。在笔者看来，这些净流入中国的外国货币都在通过“鸠占鹊巢”的形式，大幅度地侵占我国政府通过赤字开支发行基础货币促进内需发展的财政主权，从而导致了本书所讨论的“捧着金饭碗要饭吃”的种种怪象。为什么这样说呢？

在现代国家货币制度下，因为主权货币政府垄断其国家货币发行，所以它根本就不需要通过税收和借债（如国债）等为其开支提供融资或财

源。无论是从历史上说，还是从逻辑上讲，主权货币政府都只有在通过财政开支创造货币后，才能使用其进行征税；换言之，主权政府通过财政开支创造货币，并通过税收回笼货币。税收作为回笼或销毁货币的手段主要具有三种功能：第一，通过税收驱动人们使用主权货币；第二，通过税收消灭私人部门的部分消费能力，缓解通货膨胀的压力，稳定总需求；第三，税收具有财富分配和收入分配、抑制不良行为等功能，但它唯独不具有作为主权政府财源的功能，换言之，它并不是主权政府的财政收入。而国债则具有两种功能：第一，它是主权货币政府为私人部门贮藏财富提供的有息金融资产；第二，它是为中央银行稳定目标利率提供的一种手段。因此，在税收和国债并非国家财源或收入的现代货币制度下，国家财政主权本质上就是货币主权，特别是对其主权货币发行的垄断权，任何损害一国货币主权的行为都是对其国家财政主权的侵犯。

正如笔者在前面已经指出的，我国对美贸易顺差实际上是美国政府赤字开支的产物。同样，通过其他各种非贸易形式流入我国的美元也是美国政府赤字开支的产物。

我国金融系统中积累的美元资产越多，我国为美国的军事开支、救助华尔街金融利益集团和其未来的“绿色新政”提供的实际经济资源就越多；我国积累的美元资产越多，我国就越不能运用中央政府的财政赤字扩大内需并应对国内所面临的许多重大挑战。简言之，由我国金融系统中的美元资产所伪装的美国财政赤字开支的能力与我国政府赤字开支的能力此消彼长。流入我国的美元越多，我国中央政府赤字开支的空间就越小，它对我国财政主权的损害就越严重。流入我国的美元越多，市场利率就越高，民间高利贷就越盛行，我国自主创新和面向内需的民营企业就越缺乏资金。本书第十四章就以 2003—2013 年间“人民币基础货币发行机制的美元化”作为案例说明了这一问题。针对这些问题，笔者早在 2011 年就提出了保护我国金融系统的“金融保护主义”战略（见本书第六章），此不赘述。

针对上述状况，笔者在过去十年中一直在不断地呼吁：实施贸易平衡或略有逆差的贸易战略；逐步取消出口退税；限制外资对华直接投资；严格审查并限制我国企业在美国上市；严厉打击流入中国的游资；限制外国资本特别是华尔街通过在华金融机构直接向中国倾泻其主权货币，以免损害我国财政主权；等等。在此基础上，全面建立通过财政部赤字开支、再通过发售国债为私人部门提供金融资产的基础货币发行新机制，大力发展国债市场，这不仅可以为中国人民银行将国债作为我国货币政策调控的主要工具创造条件，而且也可以为人民币国际化特别是外国持有的人民币外汇储备提供投资的途径。这些政策建议旨在捍卫我国财政主权，保护我国货币金融系统，这是解放财政生产力的前提条件。只有在我国货币主权得到完整保护的情况下，我们才能充分地运用赤字开支的财政能力为核心技术创新、新基建、中国版绿色新政、乡村振兴战略和应对老龄化问题等诸多重大挑战提供巨大的财政支持。

四、国内大循环经济发展战略与不对称经济全球化新道路

上面的讨论说明了，政府财政赤字在推动我国从国际大循环向国内大循环的战略大转型中发挥着关键性作用。但在这种战略大转型完成后，政府财政赤字作为内需发展新引擎的作用不应被夸大。政府财政赤字作为我国内需发展的新引擎，一般是在有货币支付能力的国内需求不足时发挥重要作用，其功能是通过财政赤字开支来弥补国内私人消费和投资的不足，以达到充分就业的目的。但在国内消费和投资两旺的情况下，国民经济各部门之间相互提供需求就可以形成国内大循环的良性循环，财政赤字的作用就会有所下降。因此，这就涉及国内大循环经济发展战略的第二种含义，即贸易平衡之下国民经济各部门之间的平衡增长。这是笔者在2010年提出这一战略时其最初的含义：通过让民族高质量生产活动和农村市场与原先用于出口的廉价工业制成品之间相互提供市场，实现国民经济的平衡发展。这在本书第七章中又被称作“国民经济平衡增长新论”，其目的是不再将实际资源输送到国外，而是在国内将其转化为提高人民生活水平的生产力。为了应对新冠疫情所导致的外需急剧下降，为了避免美国因应对新冠疫情而通过大规模货币发行的财政开支掠夺我国实际经济资源，我国迫切需要通过国内经济结构的重大改革，实施笔者在十多年前就提出的国内大循环经济发展战略：通过在乡村振兴战略、各产业核心技术创新、新基建和绿色新政与原先用于出口的廉价工业制成品之间建立互为市场的

良性循环，迎接我国经济增长的“黄金时代”!

笔者在本书和其他论著中探讨了推进“国内大循环”的其他政策措施，这里介绍其中两点。第一，以改善国内市场环境为目标的“内部改善”。这与刺激国内消费需求和改善收入分配等扩大内需的措施具有同等重要性。“内部改善”包括改革流通体制、打破国内市场分割、抑制地方政府过度竞争的不利影响、构建统一大市场以及使用财政投资建设免费高速公路等基础设施，目的就在于打通阻碍国内大循环的各种关卡，使居民生活和企业经营成本最小化，提高国内市场运转的整体效率和竞争力。第二，国内经济一体化。世界经济发展史的比较研究说明，发展成功的国家莫不把国内经济一体化作为最重要的事项置于国际经济一体化之上。在这方面，笔者特别强调了劳动者的实际工资增长与企业生产率提高及其赢利能力增强之间互为因果的良性循环对国内大循环战略的重要性：“对于我国这样一个发展中的大国来说，由于具有广阔的国内市场规模，国内市场的一体化比外部市场一体化不晓得要重要多少倍。当我们把眼光聚焦于内需，聚焦于国内市场一体化之时，我们就会发现，劳动者的工资不再简单地是成本反而是内需最重要的源泉，劳动者的工资增长和企业生产率（及其赢利能力）的提高之间具有高度的正相关关系。”

值得说明的是，笔者发表的论文一般只收录进一本书中出版，因此，本书第二编收录的论文并不能全面反映笔者在国内大循环经济发展战略方面的研究成果，读者还可参看笔者在这方面对历史经验和现实政策问题的相关研究专著，如《新李斯特经济学在中国》《美国学派与美国 19 世纪内需主导型工业化道路研究》和即将出版的《中国绿色智能工业革命的战略与政策研究》等。

国内大循环经济发展战略是我国走向独立自主、自力更生发展道路的必然选择，历史经验为其提供了证据。曾记否，广大的发展中国家（如七十七国集团）曾在 20 世纪 70 年代掀起过一场轰轰烈烈的建立国际经济新秩序的运动？然而，这场运动失败得如此彻底，以至于现在人们很少再提起这个插曲。那么，这场运动为什么失败呢？其根本原因就在于当时推动国际经济新秩序的各个区域集团自给自足程度低，以至于形成了对美国的依赖，有的区域集团或国家依赖美国的粮食，有的依赖美国的军火，有的依赖美国控制的中东石油，有的则依赖美国的核心技术，而各个区域集团在政治上的联合是极其脆弱的。在这种情况下，当时力量比较全面和自给自足能力强的美国就对各个区域集团各个击破，瓦解了这场声势浩大的建立国际经济新秩序的运动。这个历史经验说明，要建立国际经济新秩序，就必须有一个力量比较全面和自给自足能力强大的大国发挥领导作用，这个大国必须坚持独立自主，同盟者和合作者只能作为统一战线发挥作用，而不能指望它们能够给予决定性的支持。因此，正如中国革命的历史经验所说明的，作为构建国际经济新秩序的坚强堡垒，这个大国的根据地建设就极其重要，独立自主、自力更生和自给自足能力强大是其基本前提，一般只有中国这样的大国才具备这种条件。

正如笔者在本书导论中指出的，国内大循环经济发展战略并非不重视对外贸易和外部市场的重要性，因此，笔者在 2011 年提出如下战略思想作为该战略的构成要素："以中国为龙头，团结广大的第三世界国家，建立一种与美元体系并行交织的国际经济新秩序。"这是笔者有关中国应将经济全球化重心转移至发展中国家的最早表述。所谓不对称全球化战略，是指通过保护主义与发达国家处于半隔绝、半脱钩状态（浅度全球化），同时又与同等发展程度或比自己落后的国家建立高度密切的经贸关系（深度全球化，但很多时候并非自由贸易），由此实现经济崛起，这是世界经济史中一种带有规律性的后发经济大国崛起的道路。"农村包围城市"是中国革命走向成功的道路，笔者提出的"外围包围中心"的经济全球化新战略，实际上就是毛泽东的这种战略思想在经济全球化问题上的创造性运用。本书对这方面的研究没有展开，读者同样需要参看笔者已经出版的相关论著，才能对这一战略有更深的理解和把握。

在不对称全球化战略的具体政策建议方面，笔者撰写的内参《"一带一路"的转型升级和人民币国际化新方略》在 2017 年 6 月被采纳。笔者提出，我国在经贸关系上应该通过"双领先战略"和价值链高端战略引领"一带一路"，并借"一带一路"推进人民币国际化。所谓"双领先战略"，就是在战略性新兴产业和第四次工业革命中对内实施"创造国内领先市场战略"和对"一带一路"国家实施"领先供应商战略"。所谓价值链高端战略，就是在不放弃并强化我国在制造业价值链中低端竞争优势的条件下，构建由我国企业控制并占据价值链高端环节的全球价值链。所谓人民币国际化新方略，就是通过贸易和实体经济活动推动"一带一路"国家使用人民币进行结算、贷款和投资，这是人民币国际化成功的基础。有学者在2020年发表的论文中指出，“2017年下半年，中国在‘一带一路’倡议实施过程中提出鼓励使用人民币投资和结算的战略思想”。

五、国家致富新原理、市场重于技术与新型举国体制

无论是解放财政生产力并保护金融系统，还是推行国内大循环经济发展战略和不对称全球化战略，其目的都在于为我国通过创造新财富实现国家崛起创造有利条件，但它们并不能代替以高附加值、核心技术、高端价值链和高端产品作为代表的新财富的创造。笔者在这些方面有大量理论和历史经验的研究，这些研究将新财富的创造与国内经济大循环战略、不对称全球化战略紧密结合在一起了，本书只是收录了其中的部分成果，如第二至第五章、第十一章和第四编。限于篇幅，笔者在这里只是简单地概括一下这个主题分散于本书许多章节中的基本思想。

首先，国家致富新原理。演化发展经济学通过对西欧特别是英美的经济政策史和经济政策思想史的研究，提出了有关国富国穷的基本原理："经济增长是经济活动特定的"，只有技术创新机会窗口大、进入壁垒高和规模报酬递增的高质量经济活动才能使一国走上致富之路，这种特定的高质量经济活动在以价值链分工为特征的新国际分工时代就表现为以核心技术和高附加值为特征的高端产品。笔者在发表于2010年的论文中讨论了这一基本原理（详见本书第一章第二节），并在同一年发表的《转变对外经济发展方式 呼唤经济发展战略的变革》中提出，我国应该将振兴高质量生产活动作为国内大循环经济发展战略的三大引擎之一，并“大力支持我国高质量和高附加值产品出口的发展”。笔者在2013—2015年最终将这些思想提炼为新国际分工时代国家致富的新原理：出口价值链中高端产品，进口价值链中低端产品。这些观点的提出反映了我国经济发展战略变革的内在要求，因而与党和国家的大政方针是不谋而合的。例如，2017年10月党的十九大报告提出“高质量发展”的理念和“促进我国产业迈向全球价值链中高端”的战略方针；2019年11月出台《中共中央 国务院关于推进贸易高质量发展的指导意见》。

其次，市场重于技术。2011 年，笔者在一篇论文中指出："美国、德国、日本和韩国等国家成功的历史经验和拉丁美洲失败的教训都说明，市场重于技术，有市场才有技术创新的机会。而我国实行'以市场换技术'的结果是：市场丢了，技术也没有得到。而没有了市场，技术将如何创新?"自 2011 年之后，笔者在强调我国必须下定决心自主研发核心和关键性技术的同时，曾多次阐述"市场重于技术"这一基本思想，认为"我国政府、媒体和经济学界对如何突破核心技术问题的认识集中在供给方，严重忽视了市场和市场规模对突破核心技术的重要性"，呼吁"珍惜、保护并利用巨大的国内市场规模为第三次工业革命的主导部门创造领先市场，这是我国抓住第三次工业革命历史机遇最基本的条件"。笔者认为，从 18 世纪的英国到 19 世纪的美国，再到二战后的日本和韩国，它们通过高关税壁垒和排斥外国直接投资为本国落后的核心技术提供有保障的市场的做法，仍是我国可以效法的。但是，笔者这一看法并不被学者们和决策者所接受，因此，笔者转而强调，我国应该将占国民生产总值 20%左右的政府采购市场创建为自主核心技术的试用市场和发展壮大的"根据地"，并将其视作决定国家命运的大战略，这使得笔者在过去八年成为国内公开反对我国加入 WTO《政府采购协定》的孤独的呼吁者。实际上，在中美经济战的大背景下，中国加入 WTO《政府采购协定》已经不可能。但是，建立政府采购的自主创新体系仍未在国家战略层面得到重视。因此，笔者在这里继续建议：要本着"只争朝夕"的精神，尽快恢复执行 2011 年关于自主创新产品政府采购的三份文件，将政府采购的自主创新体系作为"构建社会主义市场经济条件下关键核心技术攻关新型举国体制"的一件大事来抓。

最后，新型举国体制。有关新型举国体制的研究和写作背景，笔者在导论中已有交代，因此，笔者在这里只补充几句话。2019 年 10 月 28—31 日召开的中共十九届四中全会提出"构建社会主义市场经济条件下关键核心技术攻关新型举国体制"的战略规划，笔者撰写的论文和内参对此起到了一定的推动作用。2019 年 12 月 22 日上午，笔者在"纪念李斯特诞辰 230 周年暨新李斯特经济学研讨会"上指出，对于"构建社会主义市场经济条件下关键核心技术攻关新型举国体制"来说，最重要的是要致力于建立新一代中国国家创新体系——国家核心技术创新体系，其重要构成要素包括：政府采购的自主创新体系，军民融合，华为式大企业一体化攻克核心技术模式，国企定位于创新先锋和体现国家核心技术创新意志的政策工具，建立以国家实验室为核心的科研体系，围绕国家实验室和创业型大学催生一大批领导第六次技术革命浪潮的新型民营经济体，等等。

贾根良

2020 年 5 月

目　录

第二编 国内大循环经济发展战略与政策选择

第三编 财政金融、主权信贷与新的发展模式

导 论*

一、中美经济战凸显了加快向新模式转型的必要性

众所周知，2018 年中美之间发生了剧烈的贸易摩擦。但截止到本书导论写作时的 2019 年 2 月底，由于我国同意增加从美国进口，承诺减少对美贸易顺差，并在知识产权保护、技术转让、农业、服务和货币等方面与美方达成有限共识，跌宕起伏的中美贸易摩擦似乎将要渐趋平息了。但在笔者看来，中美经济战的形势却日趋严重了。正如笔者 2019 年 1 月 16 日在网络上发表本书第二十章内容时撰写的后记中指出的，“从 2018 年 7 月 18 日提交应约内参后，我不再关注中美经济战问题。此后，我研究了四个半多月的经济思想史，12 月初正打算写一组四篇论文，但中美经济战的形势陡然紧张起来了（与绝大多数人认为是缓和了相反），因此，我当机立断，在 12 月 5 日停止经济思想史论文写作，重拾该问题的研究”，从而撰写了作为本书第二十章内容的《征收高出口税：中美经济战出奇制胜的“杀手锏”》。

在过去的十多年，笔者一直呼吁中国经济的大转型，探索中国经济发展的新模式。如果说国际金融危机的爆发标志着中国经济面临着从出口导

---

* 本导论第一节至第五节完稿于 2019 年 2 月 23 日，2020 年 5 月又对相关数据进行了更新；第六节撰写于 2019 年 9 月 8—9 日。

向型经济向内需主导型经济转变的重大历史挑战，那么，中美经济战更加凸显了加快这种转变的必要性和迫切性。从 2018 年 12 月 1 日以后的中美贸易谈判可以看出，美国是以不再将来自中国的 2 000 亿美元产品[①]的关税率从 10%提高至 25%，作为与中国进行贸易谈判的条件。从这一点来看，中国的出口导向型经济在这次中美贸易摩擦中再次遭遇重创：如果不是我国对美大量贸易顺差的“出口导向型经济”，美国就不可能以此作为要挟，对中国国内经济事务进行无端的干涉。正如笔者早在 2010 年就已指出的，“国际金融和经济危机爆发后，我国出口导向型经济发展模式遭遇空前的危机，低端产品出口的大量过剩遭到了许多国家保护主义措施的任意宰割，日益暴露出它对我国国际竞争力的严重损害和失去抵御外部风险能力的严重弊端”[②]。正是这种“失去抵御外部风险能力的严重弊端”使我国在中美贸易摩擦中再次受制于人，事情的这种发展及其后果证明了笔者判断的正确性。

正是因为上述判断，笔者在国际金融危机爆发后就呼吁“中国外向型经济需作战略大转型”[③]。在对出口导向型经济发展模式存在的缺陷进行研究后，笔者在过去十年中对我国向内需主导型经济发展模式转型的相关理论和政策进行了系统的研究。本书除了最后三章，其余都是从中美经济战爆发前发表的相关论文和提交的研究报告中精选出来的。[④] 在笔者看来，这些论文不仅没有过时，反而在中美经济战爆发后，愈益显示出其重要的理论价值，例如，提出了大力发展高质量生产活动、贸易平衡和国民经济平衡发展战略、建立国际经济新秩序的战略主张等。

又如，笔者在 2008 年国际金融危机爆发后就写道：“当经济全球化发展到今天，它实际上已经演变成了只有利于国际垄断资本而对劳工不利的状态：工作外包和廉价商品对本国产业的冲击已经成为美国中低收入阶层

---

① 笔者在本书以及在 2018 年撰写的论文中使用“来自中国的 2 000 亿美元产品”而不使用流行的“2 000 亿美元的中国产品”，原因在于这些产品有相当大部分是发达国家的跨国公司在中国生产的而不是中国企业生产的。

② 贾根良. 保卫民族产业与内向型经济：中国崛起的唯一选择. 当代财经，2010（12）.

③ 贾根良. 化危为机，中国外向型经济需作战略大转型. 广东商学院学报，2009（5）.《马克思主义文摘》2010 年第 3 期全文转载。

④ 这些论文在收录进本书时，编辑作了删改，有兴趣的读者可以查看原发论文。

实际收入下降和失业的直接原因。”[①] 在该篇论文中，笔者预测了美国将对中国实施保护主义和全球化即将发生逆转的历史趋势，并发出如下警告：“我们应该对‘经济全球化不可逆转’‘企业国籍不再重要’等诸多论调进行深刻反思，在笔者看来，这些流行的看法都是不能成立的，它助长了损害中国国家利益的行为。”[②] 2016 年 11 月，特朗普在美国大选中的获胜证明了笔者预测的准确性。在当时，正是因为精英阶层和媒体抱着新自由主义的教条不放，只顾一己之利，漠视现实，所以，他们才惊呼特朗普当选美国总统是“黑天鹅事件”。

显而易见，我国的出口导向型经济在中美经济战中再次遭遇重创将迫使我国不得不再次被动地进行转型：降低对出口特别是对美出口作为增长发动机的依赖，将经济发展的动力在更大程度上转向内需市场。但问题是：我们为什么不主动转型？11 年前，由于我国只是被动转型，从而导致了我国在这次中美经济战中仍受制于人，这个教训难道还不深刻吗？早在 2009 年 9 月，笔者就指明了这种战略大转型的方向：从国际大循环经济发展战略转向国内大循环经济发展战略，并提出了相应的一系列政策建议。[③] 本书收录的论文进一步对这种战略思路展开了研究。国内大循环经济发展战略并非不重视外贸的重要作用，因此，笔者认为在这里有必要对全球化、逆全球化和国内大循环经济发展战略的关系进行简要的讨论。

从 2018 年 9 月至今，笔者看到了学术界中太多的关于“经济全球化不可逆转”的文章，包括有些马克思主义经济学家也持有这种观点。可以说，这是一种淹没对其质疑声音的强大思潮。对于这种思潮，首先，笔者要指出，这是教条主义地对待全球化的态度，它不符合中国的辩证思维，遗忘了中国的古训“三十年河东、三十年河西”，也不了解自由贸易与国家保护在世界经济史中轮回性交替出现的典型化事实。实际上，自国际金

---

①② 贾根良．评佩蕾斯的技术革命、金融危机与制度大转型．经济理论与经济管理，2009（2）．中国人民大学书报资料中心复印报刊资料《理论经济学》2009 年第 6 期全文转载。

③ 贾根良．化危为机，中国外向型经济需作战略大转型．广东商学院学报，2009（5）．又见贾根良．国内大循环经济发展战略与转变对外经济发展方式．中国经济社会发展智库第 3 届高层论坛，2010 - 06 - 15。笔者在 2010 年正式论证“国内大循环经济发展战略”后，在过去发表的论文中也经常使用“国内经济大循环战略”，这两个概念是一回事，本书同时使用这两个概念。

融危机爆发以来，逆全球化就作为一种总体趋势日益在发展，“经济全球化不可逆转”只不过是论者没有限定条件的“一厢情愿”而已。问题是：如何认识经济全球化？中国需要怎样的经济全球化？这就涉及笔者所要谈到的下述第二点。

其次，“经济全球化不可逆转”的观点违背世界经济史中不对称全球化的历史规律。笔者通过对世界经济史的研究，揭示了迄今为止历史上已经崛起的大国都走过的不对称全球化的崛起之路：通过保护主义与当时的发达国家处于半隔绝、半脱钩状态（浅度全球化），同时又与同等发展程度或比自己落后的国家建立高度密切的经贸关系（深度全球化，但很多时候并非自由贸易），由此而实现经济崛起。这种历史规律揭示出：落后大国不可能在与发达国家的深度全球化中实现经济赶超，反而会造成对其深度依附；相反，如果通过适当地保护国内市场，与发达国家之间处于半脱钩的浅度全球化状态，落后大国就可以创造一种对国家崛起至关重要的战略性市场空间，以确保在国内市场上创造战略性新兴工业的高端价值链及其自主核心技术，并借道于同等发展程度或比自己落后国家的价值链中低端市场，从而在国际上建立针对原有发达国家的技术、经济领先优势。中国应该走一条具有中国特色的“外围包围中心”的经济全球化新道路。[①]不对称全球化是世界经济史所展示的一种历史规律，难道中国的崛起是例外？如果是例外，那么，中国会不会走上一条艰难的崛起之路？

再次，笔者请“经济全球化不可逆转”论调的宣传者注意世界经济史的基本事实：英国的第一次工业革命和美国的第二次工业革命都是在高关税保护之下发生的；现在，美国正在通过保护主义推动第三次工业革命向纵深发展，全球化并非经济发展的最佳途径或唯一途径。也请这种论调的宣传者注意这样一个基本事实：在英国坚信并沉溺于（第一次）经济全球化势不可挡的信条的同时，美国和德国却通过关税保护主义夺取了英国的工业和技术霸权地位。并请他们思考笔者在 2012 年就已考虑的问题：当国外对中国制造业产品出口的保护主义兴起时，我国是否有可能重蹈英国的覆辙？何况中国目前在高端价值链上远不如当时的英国。别的国家会不会在通过保护主义保护自己的新兴产业的同时，却利用我

① 贾根良．不对称全球化：历史、理论与当代中国．南国学术，2018（4）．

国对自由贸易和自由投资教条的迷信，驱动其新兴产业产品大量占领我国市场，并通过其直接投资控制我国新兴产业的价值链高端和核心技术呢?[①]

最后，中国应该遵循不对称全球化的历史规律，针对发达国家，保护中国的高端价值链和金融。因为我国在许多产业的价值链高端、部分核心技术和金融上都处于对美国不同程度的依附地位，为了摆脱这种地位，在价值链高端、核心技术和金融上实行保护主义才是中国的正确选择。但有人却希望中国在一个各国都保护自己产业的世界中继续奉行自由贸易，这实际上是将中国放在了牺牲者的地位上。例如，有学者认为，“中国是世界现行自由贸易体制的维持者和改进者。中国基本上已经通过内部改革和世界自由贸易体制接轨，并在现行体制内部扮演着重要角色。西方过去一直扛着‘自由贸易’的大旗，现在没有能力再扛下去了，中国要接过这面大旗。‘自由贸易’同样可以成为中国的软力量”[②]。

许多人已经注意到一种令人疑惑不解的现象：在历史上，都是发达国家提倡自由贸易，发展中国家强调贸易保护；但我国作为发展中国家却一反这种历史规律，成为自由贸易的坚定捍卫者。原因何在？正如笔者早在2015年就指出的：除了学术界被发达国家和新自由主义经济学所宣称的自由贸易信条所欺骗外，最重要的原因就在于我国要为一直以来就长期存在的低端过剩产能在世界市场上寻找出路，所以不得不高调倡导自由贸易。但是，我国自由贸易信条的信奉者并不明白，我国许多产业缺乏核心技术和普遍存在的“高端失守、低端过剩”正是过去推行自由贸易、信奉比较优势和放弃自主创新等政策导致的。我国仅仅为了解决低端产能过剩问题而捍卫自由贸易政策无疑是一种短视行为，它将使我国在“进口高附加值的高端产品并出口低附加值的低端产品”的低端发展道路上越陷越深，在这种情况下，我国是不可能进入发达国家行列的，也是不可能从根本上摆脱“中等收入陷阱”的。因此，只有保护价值链高端国内市场和建立独立自主的金融体系，我国才能从根本上破解“一带一路”和“亚投

---

① 贾根良. 英国因何丧失了第二次工业革命的领先地位?.（2018－05－07）. http：//www.cwzg.cn/theory/201805/42251.html. 该文最初发表于2015年。

② 邓媛. 外国专家：中国治理实践供世界借鉴. 国际先驱导报，2016－09－02.

行”的“阿喀琉斯之踵”，从而使其获得最终的成功。①

就当代中国经济问题而言，认识全球化和“逆全球化”的问题还涉及两个概念：出口导向型经济和外向型经济。虽然笔者早在2002年就已指出，“由于发展中大国国内市场对于规模经济和技术变迁的重要性，出口导向战略并不适合于中国”②，但这只是从国家经济规模的角度对出口导向型经济（或外向型经济）的一般性评论，而任何一种实际存在的出口导向型经济（或外向型经济）和内向型经济都有其质的规定性。例如，英国崛起以及工业革命时期的出口导向型经济是以“出口制成品并进口原材料”为核心的，而19世纪拉丁美洲的出口导向型经济却是以“出口原材料并进口制成品”为特征的，同是出口导向型经济，命运却截然不同：后者成为前者的殖民地。同样的道理，美国在19世纪末通过内向型经济而崛起，但美国的这种内向型经济显然不同于第二次世界大战后至20世纪70年代初拉丁美洲和印度的内向型经济。

上述讨论实际上是为了回答这个问题：我国GDP的贸易依存度已经从2007年的66.2%下降到2017年的33.6%，2018年略有提高，约为34%。那么，这种贸易依存度的大幅度下降是否就意味着我国在相当程度上已经从出口导向型经济（或外向型经济）转变为内需主导型经济？是否在一定程度上已经实现了笔者在2009年所呼吁的“中国外向型经济需作战略大转型”？是否我国经济已经转向了笔者在2010年所倡导的国内经济大循环战略呢？确实，我国贸易依存度的下降表明我国经济增长的驱动力在相当程度上已经转向内需，但远没有实现从外向型经济向内需主导型经济的转变。实际上，我国贸易依存度在过去十年的下降是无法再像从前那样依赖外部需求而不得不转向内需的结果，但出口导向型经济发展模式并没有发生根本性的改变，目前的许多措施实际上仍在强化这种模式。例如，为了应对美国对来自中国的产品征收进口税的贸易战，我国在2018年9月和11月两次提高了出口退税率。这说明，目前人们仍很少认识到出口导向型经济发展模式的内在缺陷。因此，十年前笔者开始在这方面撰

---

① 贾根良．“一带一路”和“亚投行”的“阿喀琉斯之踵”及其破解：基于新李斯特理论视角．当代经济研究，2016（2）．

② 贾根良，梁正，等．东亚模式的新格局：创新、制度多样性与东亚经济的演化．太原：山西人民出版社，2002：39．

写的论文至今仍具有重要的理论价值。

正如笔者以前多次写道的，大量低端产能过剩是我国不愿取消出口退税、高调倡导自由贸易并继续在出口导向型经济发展道路上苦苦挣扎的重要原因。例如，2008 年国际金融危机爆发后，笔者在当时就指出，“为了缓解目前的压力，重新恢复出口退税并降低一些产品的出口税在很大程度上是饮鸩止渴式缓和危机的做法，它将使我国更深地锁定在这种依附性的外向型经济上而推迟发展模式的转型”①。十年之后的 2018 年，出口退税不仅没有减少，反而提高了退税率。转型之难不仅在于要解决“高端失守、低端过剩”问题就必须反思自由贸易和自由投资政策，还在于对货币问题的认识。笔者在本书第一章之所以认为我国的出口导向型经济遭受着美元霸权的掠夺，原因就在于自布雷顿森林体系崩溃以来，积累外贸顺差和外汇储备在一定意义上是一国的损失。因为主权货币的本质是国家通过银行系统创造的一种国家负债，它和金银贵金属——一般等价物（真正的“超主权货币”）——有着本质区别。在主权货币时代，贸易顺差国获得了逆差国的主权货币，这不是获利而是损失；相反，逆差国才是实际利益获得者。“出口是一种成本而进口则能带来收益。”② 出口导向型经济发展模式与人民币国际化战略也是内在冲突的。因此，我国应放弃贸易顺差战略，采取限制美元流入的措施（见本书第十二章和第十三章），利用无与伦比的内需市场，通过扩大中央政府开支（财政赤字），实施笔者在 2010 年就倡导的以贸易平衡为基本特征的国内经济大循环战略。③

综上所述，笔者认为，我国贸易依存度的下降并没有解决我国对美国经济的“贸易依附”“技术依附”“金融依附”的问题。为了解决这些问题，笔者在过去十年中对我国传统的出口导向型经济发展模式进行了全方位的反思，在 2013 年 9 月提出了有关中国经济发展新模式的构想，即“国

---

① 贾根良. 评佩蕾斯的技术革命、金融危机与制度大转型. 经济理论与经济管理，2009 (2).

② 瑞. 解读现代货币. 北京：中央编译出版社，2011：189.

③ 现代货币理论的“出口是一种成本而进口则能带来收益”这一命题也不能绝对化，美国正是将其推向绝对化，导致了“去工业化”和国内阶级矛盾日益尖锐。如果将“出口是一种成本而进口则能带来收益”绝对化，就是在对外经济关系上走上了金融化的道路，这种道路是历史上威尼斯、荷兰和英国相继衰落的重要原因。这就是笔者在 2010 年提出中国在总体上要奉行贸易平衡战略的原因。

家保护、内需市场、主权信贷、智能电网、南南成长”，并于2014年底增加了“国家领导”一项，将其更改为二十四字纲领——“高端保护、内需市场、智能环保、国家领导、主权信贷、南南成长”。自那时以来，笔者围绕着这种新纲领又撰写了大量论文。例如，与我国以贸易顺差为特征的出口导向型经济发展模式相反，笔者曾提出中国经济发展新模式是否有必要实行贸易逆差战略的问题。笔者提出了我国对“一带一路”国家实施进口资源（逆差）、出口制成品（顺差）和略有逆差的贸易平衡战略。又如，笔者一直在呼吁我国实行贸易平衡战略和主权信贷战略，提出了如下政策建议：停止继续积累外汇储备，逐步取消出口退税，从根本上瓦解通过外汇占款发行人民币基础货币的基础；在此基础上，全面建立通过中央政府赤字开支发行基础货币、再通过发行国债调节基础利率的新机制，大力发展国债市场，以便为中国人民银行未来将国债作为我国货币政策调控的主要工具创造条件。只有这样，我国才能真正地实现从出口导向型经济向内需主导型经济的根本性转变，从而“以智能工业化和绿色技术革命为核心，实现基础广泛的价值链升级和国内市场的宽广开发，中国的经济发展将迎来一个真正的‘黄金时代’”①。

按照上述总体思路，笔者将本书划分为四编：出口导向型经济发展模式的内在缺陷；国内大循环经济发展战略与政策选择；财政金融、主权信贷与新的发展模式；应对中美经济战的战略与政策选择。作为本书的导论，以下四节将分别对各编的基本思想和创新点进行概述，以便读者能用比较少的时间对全书有一个梗概性的了解。最后，笔者在2019年9月临时增加了一节，讨论中美经济脱钩与国内大循环经济发展战略之间的关系。

二、出口导向型经济发展模式的内在缺陷

本书第一编的头篇文章，也就是本书的第一章，首先讨论了“中国外

---

① 贾根良. 长期经济停滞还是黄金时代：世界经济长期前景与我国的重大抉择.（2017-01-03）. http：//www.wyzxwk.com/Article/jingji/2017/01/375408.html.

向型经济需作战略大转型”的原因：由于跨国公司模块化生产、发达国家对国际贸易的垄断结构和美元霸权的支配性影响，国际大循环经济发展战略不但使我国在国际分工中被锁定于产业低端的依附地位，而且也使我国遭受到美元霸权的掠夺，这是我国经济虽然高速增长，但已经无法再像二战后日本和韩国那样使全体国民福利得到普遍改善的基本原因。与国际大循环经济发展战略的初衷相反，“大进大出”不仅没有解决沿海与内地之间的矛盾，反而导致了资金、资源和劳动力被虹吸到沿海的出口导向型部门，造就了畸形的外向与内需相分割的“二元经济”，成为内需长期无法启动以及民族企业的投资机会被外资挤占并引发经济泡沫的主要原因。这种战略不仅没有沟通农业与重工业之间的循环关系，反而造成了重工业的低端产品产能过剩和高端技术仍被跨国公司所垄断的局面，并成为高等教育缺乏出路、城市化发展滞后、“三农”问题难以解决的主要根源。

经济学界普遍地对历史上的重商主义经济学和重商主义经济政策体系存在着严重误解。作为经济思想史的研究者，笔者和笔者指导的博士生写过多篇论文对此进行讨论。针对国内外经济学界普遍地把我国出口导向型经济指责为重商主义的问题，本书第二章讨论了我国的实际情况为什么与重商主义背道而驰的问题。笔者认为：我国进口高端产品并出口低端产品的外贸政策严重违背重商主义的基本原则，自由贸易和大力引进外资政策是重商主义所坚决反对的，而贱卖自然资源和黄金流失则更使重商主义者错愕不已。至于贸易顺差，它只是金本位时期重商主义政策的特征，而在美元霸权条件下，追求贸易顺差则与重商主义大相径庭。诺贝尔经济学奖得主克鲁格曼指责中国政府实施的是掠夺性的重商主义政策，这种言论如果不是因为无知，就是出于贼喊捉贼的目的。我国加快转变经济发展方式的大变革呼唤中国的重商主义经济政策革命：保护民族产业和国内市场，大力发展高端产业，限制资源出口，进口低端产品并出口高附加值产品，通过我国庞大的国内市场规模实现国民经济的腾飞。

自由贸易理论在当今全球化的潮流中，占据主流话语权甚至“价值观”的地位。但在西方经济发展史上，李斯特的“生产力论”所占据的地位也不可低估。两种理论实际上是为不同的发展战略服务的。本书第三章讨论了我国不要陷入迷信“自由贸易”的误区问题。笔者指出，在当今世界，发达国家在向发展中国家推销贸易、投资和金融自由化的同时，却对后者实施不同形式和不同程度的保护主义。所以，我国应破除对自由贸易神话的痴迷，在对外经济政策的制定中，具体情况具体分析，把贸易保护看作与自由贸易具有同等地位甚至比之更重要的政策手段。据此，笔者提出，我国应在对外经济关系上，针对发达国家，在贸易、投资和金融方面实施国家保护，这是我国抓住新工业革命历史机遇的前提条件。

第四章“中国为什么要远离‘请君入瓮’的 TPP①”指出，在历史上，目前所有的发达国家无一不是通过关税保护等制度安排，在国际分工中实现从“坏贸易”到“好贸易”的转变而实现国家崛起的。在全球价值链分工的当代世界，“出口低端产品并进口高端产品”是“坏贸易”，而“出口高端产品并进口低端产品”则是“好贸易”。我国转变经济发展方式的实质就是通过压缩低端产品出口和扩大内需的结构调整，从“坏贸易”逐步实现向“好贸易”的历史性转变。如果我国加入 TPP，美国乃至日本等发达国家将通过 TPP 的制度安排全面控制和支配我国高端产业和国内市场，彻底根除我国转变经济发展方式的可能；反之，如果我国不加入 TPP，TPP 国家的贸易转向将“倒逼”我国加快转变经济发展方式。该章的分析说明，赞成加入 TPP 的理由都是不能成立的；一旦人们从欺骗性的新自由主义教条中解放出来，就会识破美国在 TPP 上对我国“欲擒故纵”的伎俩。事实上，美国企图以 TPP 围堵我国，只不过是“纸老虎”的行径而已，我国应该坚定地拒绝 TPP。

第五章“警惕自主创新战略重蹈洋务运动的覆辙”原文写作于 2013 年底。该章指出，当时我国自主创新的体制环境相比 2006 年初提出这一战略时并没有改善，突出地体现在四个方面：货币发行的美元化②导致我国科技创新投入的资金成本畸高和民营企业极度缺乏资金，根本无法与在华外国资本展开竞争；自由贸易正在使我国科技创新丧失赖以生存的国内价值链高端产品的自主权；高度依赖外国直接投资是“新洋务运动”新的和突出的特征；政府无法通过自主创新产品的政府采购对中资企业进行支持。十八大提出的“创新驱动发展战略”应该建立在一种全新的发展模式

① 美国特朗普政府已废除了 TPP 战略，但本文运用的基本原理仍是成立的，提供了观察发达国家与发展中国家之间关系的基本思路。

② 这种状况在 2014 年以后已有很大改观，但并没有从战略上和制度上根除美元霸权对我国主权信贷的威胁；特别是在后来加大金融开放的情况下，这种威胁又增大了。

之上，这种模式至少应该包括以下要素：保护民族产业及其国内市场，实施主权信贷，使用政府采购支持本国企业自主创新。

三、国内大循环经济发展战略与政策选择

本书第二编“国内大循环经济发展战略与政策选择”共包括六章。第六章“世界经济大萧条与中国经济发展战略的革命”原文发表于 2011 年。该章指出，国际金融危机已经演变成为 21 世纪的世界经济大萧条，除了贫富两极分化这个基本原因外，与 20 世纪 30 年代的大萧条不同，金融资本对产业资本史无前例的支配、债务经济、美元霸权和跨国公司对世界经济的控制是此次世界经济大萧条新的根源。该章认为，缩小劳工和资本之间的收入差距、从金融经济向实体经济的转变以及保护主义的全面回潮最终将不得不成为结束这次大萧条的基本途径。此次世界经济大萧条已经使我国外向型经济发展战略走到了穷途末路的地步，这种发展战略不但使我国日益锁定在“担水劈柴”的国际分工地位上，而且也导致了美元霸权对我国经济的剥削和掠夺。因此，为了应对世界经济大萧条的挑战，借鉴历史上发达国家“脱贫致富”的历史经验，该章提出了中国保护主义和内需主导型经济的总体战略，与之相配合，该章还提出了金融保护主义、与俄罗斯和广大发展中国家一起建立国际经济新秩序、破除美元霸权的对外经济发展新战略。“与俄罗斯和广大发展中国家一起建立国际经济新秩序”是笔者有关“外围包围中心”的中国全球化道路的最初表述。

自 2018 年 7 月以来，鼓噪“扩大进口战略”以解决中国贸易不平衡特别是对美贸易顺差问题的文章又大量增多起来了。关于这种观点，笔者早在 2012 年发表的论文《扩大进口战略的隐忧与国民经济平衡增长新论》中就给出了否定的回答：或许这些措施包含一些有利于我国长期发展的因素，但笔者仍充满疑问，它在总体上并不能从根本上解决我国对外贸易的根本问题，无助于我国产业的转型升级。第七章收录的就是 2012 年发表的这篇文章，该章认为，扩大进口战略虽然有助于我国对外贸易的平衡，但无助于解决我国低端产品出口过剩和贸易条件恶化的问题，不利于推

动经济发展方式的转变和扩大内需战略的实施，并将进一步强化我国“出口低端产品并进口高端产品”的贸易结构。实现对外贸易的平衡不能采取单纯的扩大（资本品）进口战略，而要立足于国内经济的结构调整，只有通过国内资本品使用部门为独立自主的资本品创造部门提供市场，以及两者之间建立起互补性生产需求的平衡增长，才能真正实现产业升级并扩大内需的战略目标。但在目前扩大内需、转变经济发展方式和解决我国对外贸易不平衡问题上，人们完全忽视了国内经济各部门之间生产性中间需求的巨大作用，特别是忽视了通过平衡增长为本土高端制造业创造国内市场的重要作用。据此，该章针对性地提出了相关对策。

在我国从出口导向型经济向内需主导型经济的转变中和在未来内需主导型经济的基本架构中，依靠国内消费需求的增长、改善收入分配和上述国民经济各部门之间互补性生产需求的良性循环是扩大内需的重要举措，但第八章所倡导的内部改善至少具有与之同样的重要性，这是因为在国内市场分割、营销商盘剥生产者以及道路通行关卡林立的情况下，扩大内需是不可能实现的。因此，借鉴 19 世纪美国学派政治经济学的基本思想，该章指出：内部改善是扩大内需和国内经济一体化的必由之路，是我国经济体制改革新的攻坚点，我们必须在内部改善即改善内部经济环境上苦下内功。

针对 2016 年和 2017 年我国流行的通过限制贷款和清理“僵尸企业”等各种手段压缩过剩产能的供给侧改革，第九章指出，虽然这种改革是必要的，但它无法达到治本的目的，因为问题的症结在于我国从价值链低端参与国际分工以及地方政府竞争体制，我国每隔若干年就要出现产能过剩就说明这一点。笔者在本书以前章节的讨论中已经指出，无论是在传统产业中还是在高新技术产业中，只要是放弃自主创新的产业，我国在国际分工中基本上都处于全球价值链中低端，从而陷入了“出口低附加值的低端产品并进口高附加值的高端产品”这种“坏贸易”的陷阱。因此，该章指出，解决产能过剩问题就必须从解决这种贸易结构问题入手，否则，供给侧结构性改革是无法达到目的的。

在笔者看来，我国中央与地方的关系似乎正在重蹈洋务运动的覆辙，这不仅使中央政府无法在统一市场的基础上实施全国一盘棋的产业政策，更重要的是对国家治理不利。例如，按照历史学家黄仁宇的说法就是，无法实行数目字管理，中央在对地方政府进行债务审计时出现的大量隐瞒情况就说明了这个问题。导致日本明治维新成功和晚清洋务运动失败的关键性因素之一就是有没有形成中央集权的国家体制和统一的国内市场。[①] 由东亚发展型国家的经验可知，产业政策的制定和实施都必须集权于中央，否则很容易导致政策变形，以至于造成资源的浪费，甚至令产业政策归于无效。为了建立国内自由贸易和高度统一的全国大市场，加强中央政府的集权，我国必须对中央与地方的关系进行根本性的改造，第九章从国内经济一体化的战略高度提出了相关政策建议。此外，第三编的第十七章从建立高度统一的国内市场、中央政府调控宏观经济等角度针对地方政府债务问题提出了中央与地方财政关系存在的缺陷，但并未展开讨论。

第十章“保护我国的自然资源产业”提出了这样的问题：出口自然资源的目的是什么？除了换取外汇，还有别的目的吗？如果没有，那么，换取外汇已经完全没有必要。在外汇储备不断贬值的时代，不可再生资源是一国财富保值和升值的最佳选择。我国是人均不可再生资源非常匮乏的国家，也是自然资源进口大国，资源问题越来越成为制约我国经济发展的致命“软肋”。但是，非常荒谬的是，在我们不断地呼吁利用外汇储备建立战略资源储备的同时，我国某些唯利是图的企业和地方政府竟置国家和民族利益于不顾，长期贱卖稀缺的自然资源。外资也在通过种种手段掏空我国的不可再生资源储备。该章指出，解决这个问题的唯一有效办法就是严厉整顿自然资源行业，不仅要适度回购该行业的部分外资企业，还必须限制不可再生资源的出口。

2018 年 4 月中兴事件爆发后，笔者经过深入研究，发表了《“中兴事件”对中国加入 WTO〈政府采购协定〉敲响了警钟》。[②] 实际上，长期以来，笔者是唯一的一位撰写学术文章公开反对我国加入 WTO《政府采购协定》的中国学者。第十一章“我国为什么不要急于加入 WTO《政府采

① 贾根良. 甲午战争败于晚清领导集团的发展战略观. 管理学刊，2015 (2).

② 贾根良. “中兴事件”对中国加入 WTO《政府采购协定》敲响了警钟. 学习与探索，2018 (8). 该文收录进了笔者的专著《中国绿色智能工业革命的战略与政策研究》(将于近期出版)，为了相互配合，本书收录《我国为什么不要急于加入 WTO〈政府采购协定〉》。

购协定》”是对科特尔和兰博文章的评论。[①] 与科特尔和兰博的建议相反，我国在过去十年中一直带着迫不及待的心情紧锣密鼓地加快加入 WTO《政府采购协定》的谈判。在该章中，笔者建议我国不要加入 WTO《政府采购协定》，至少在加入的时间上要大大推迟。除了科特尔和兰博所谈的一般原因外，笔者认为，国内市场不统一、相关法律不健全、政府采购市场混乱和对外国产品崇洋媚外盛行，所有这些情况都说明，我国目前加入 WTO《政府采购协定》的时机是非常不成熟的。该章建议，我国在今后很长一段时间内首先要做好国内改革，统一国内市场，整顿政府采购市场，改革和完善政府采购市场体制和政策，健全相关法律和法规，加强购买国货的爱国主义教育。只有在这些工作基本完成之后，如果我国政府还是执意要加入 WTO《政府采购协定》，才能对此加以考虑。在该章基础上，笔者曾发表有长文《我国推迟加入 WTO 政府采购协议的战略构想》。[②]

四、财政金融、主权信贷与新的发展模式

在前两编的一些章节中，笔者只是零星地讨论了美元霸权及其对我国经济的危害。在第三编中，笔者将对这一问题进行更系统的讨论，收录进本书的文章是按照时间先后顺序编排的。第一篇文章发表于 2012 年 3 月，是对当时热点问题的探讨。2019 年 1 月 28 日，该文在笔者的公众号“贾根良经济学”重新发表并由一些网站转载后，再次引起了人们的热议。在该文中，笔者指出，我国外汇储备的激增和购买美债是中国经济中正在迅速扩散的“癌细胞”，它不但导致了极难治理的通货膨胀，而且损害我国的货币主权，致使我国许多民营企业陷入困境，并夺走了我国在教育、医疗、社会保障和农业补贴等方面所急需的资金。寄希望于美国成为负责任的国家并继续购买美债是“政治幼稚病”的突出表现。目前人们所提出的解决外汇储备贬值问题的建议基本上都是治标不治本的办法，它将使中国

---

① 科特尔，兰博. 发展中国家为什么不要加入 WTO 政府采购协议?. 国外理论动态，2012（2）.

② 贾根良. 我国推迟加入 WTO 政府采购协议的战略构想//春秋研究院 . 战略：第 1 辑. 上海：上海人民出版社，2012.

经济日益病入膏肓。第十二章从国家利益入手，就如何解决我国外汇储备激增问题和购买美国国债问题提出了一套从短期到长期的战略构想。

第十三章“中国财政金融改革需要一场革命”是对上述问题的进一步深入研究。该章指出，从消灭多余外汇储备和回购部分外资企业入手，不仅可以解决外汇储备所带来的诸多严峻问题，还可以同时解决地方政府债务和土地财政问题，更重要的是这将引发一场为中国工业革命提供廉价融资的“金融革命”，这就是基础货币发行基本上依赖国债发行而进行。由于财政金融在国民经济中的枢纽地位，如果不采取这样一种财政金融改革战略，我们就无法在货币金融上配合和推动从出口导向型经济向国内经济大循环战略的大转型。但是，消除多余外汇储备是一项系统工程里面的一部分，它需要资本管制以及在实体经济方面如在粮食进口、发达国家具有垄断控制权的资源和核心技术等问题上有一个通盘考虑。

为了给以上两章的研究提供更深入的理论基础，2015 年下半年，受中央某部委的委托，笔者以 2003—2015 年的货币发行机制作为案例，运用“现代货币理论”，对人民币基础货币发行机制存在的缺陷、如何改革人民币基础货币发行机制、3%的财政赤字率红线和地方政府债务风险等问题进行了较深入的研究，并在 2015 年 12 月提交了研究报告。时隔三年多，在查阅相关资料后，笔者认为，这项研究的学术水平目前在国内仍处于领先地位，因此，在对其个别文字进行修改并更新“法国丧失货币主权的教训”一节中的相关数据后，收录进本书中，作为第十四至十七章的内容。① 货币主权是一国最重要的经济主权，突出的特征就是中央政府拥有货币发行的垄断权，它构成了货币权力、国家财政金融体制和整个国民经济体系运转的基础。在现代市场经济中，货币权力是最基本、最重要的配置资源的权力。我们说市场决定资源配置，实质上在很大程度上是说货币权力决定资源配置。从中国人民银行网站的数据，人们可以看到，在 2003 年至 2013 年期间，外汇占款占人民币基础货币发行的比例平均高达 95%以上，并且在 2005 年至 2013 年持续超过了基础货币的发行量，这被一些学者称作人民币基础货币发行机制的美元化。因此，针对这一时期的案例研究对于笔者在第十三章所倡导的中国财政金融革命具有重要的理论

---

① 2020 年 5 月又对相关文字略作修改，补充了新资料。

和实践价值。

本书第十四章的研究说明，2003 年至 2013 年期间人民币基础货币发行机制的美元化是导致许多经济乱象的主要根源，它不仅导致了我国货币信贷空转、大量资金不能进入实体经济领域、货币信贷快速扩张与流动性紧张、地方政府债务、影子银行爆炸性增长和企业债务高企，还因为这一时期新增货币供给来自通过倒入美元拥有人民币的跨国公司和“买办”利益集团，而不是来自国家主权信贷，从而造成了严重的产业安全问题。例如，如果我国基础货币的发行是通过国债形式进行，那么，由于中央政府开支无论是用于基础设施建设还是用于公共福利，它都必须通过购买私人部门的产品和劳务才能进行，私人部门就可以通过财政部门开具的支票获得实体经济发展所需的资金，在这种情况下，从 2003 年到 2013 年的十年间我国新增的 21 万亿元人民币基础货币绝大部分将会进入实体经济领域，而不会因外汇占款发行人民币产生货币信贷空转、大量资金不能进入实体经济领域和投机盛行等现象。

第十四章说明了所谓融资难和融资贵问题实质上是面向内需的广大中小型民营企业的融资难和融资贵问题，其主要原因就在于基础货币的发行机制，这在 2003—2013 年期间尤为明显。首先，在这一时期，由于外汇占款几乎成为基础货币发行的唯一途径，这导致了广大的非外向型企业的资金严重短缺。其次，在外汇占款增加的银行准备金利率低于存款利率的情况下，商业银行不得不通过大力发展商业银行理财产品提高贷款利率，从而催生了影子银行的爆炸性增长，面向内需的经济活动的借贷成本急剧上升。最后，在这十年中，中央政府的 1.18 万亿元和地方政府的 18 万亿元投资对内向型私人部门融资的“挤出效应”也是导致融资难和融资贵问题的重要因素。虽然《中国人民银行法》第二十九条禁止央行直接购买财政部的国债，但并没有禁止其从二级市场购入国债作为抵押发行基础货币。如果政府在这十年里的投资也是像美国和日本一样从二级市场购入国债发行基础货币进行投资的话，我国金融系统的总体利率水平不仅不会上升，反而会下降。但是，外汇占款堵死了这条道路，使得地方政府部门不得不与私人部门争夺已经由前面两个因素严重压缩了的信贷资金。综合来看，这三个因素都表明，在 2003—2013 年期间，我国面向内需的广大中小型民营企业融资难和融资贵问题尤其严重的根本性原因就在于人民币基础货币发行机制的缺陷。

那么，为什么中央政府对货币发行权的垄断如此重要？原因就在于主权国家的开支根本就不需要向私人部门借债，只要印刷和发行其不兑换货币就可满足其开支需要，只要印刷的货币不超过生产规模扩大的程度，或者整个经济未达到充分就业的水平，就不会产生通货膨胀。而且，主权货币国家发放主权信贷就能满足其资金需求，而无须引进外资。本书第十五章首先简要介绍了为之提供理论解释的“现代货币理论”（又称国家货币理论），其核心要点是：在中央政府垄断货币发行权的条件下，财政开支必须大于税收收入，这也就是说，国家财政必须处于经常性的赤字状态，才能满足经济不断增长对货币供给的需求，否则将会遭受不亚于通货膨胀的通货紧缩之苦。中央政府通过赤字开支新增货币发行并将买卖国债作为利率调控工具，是美国、日本和英国等国家通行的做法。但与美联储和日本央行主要是通过在二级市场上购买国债作为抵押发行基础货币不同，自2001年加入WTO之后，外汇占款迅速成为我国基础货币发行的主要途径，这是造成本书第十五章所讨论的我国经济安全问题的直接根源。基于现代货币理论、中国困境和历史经验的讨论，第十五章提出了改革人民币基础货币发行机制的建议，包括修改《中国人民银行法》第二十九条的建议。在此基础上，针对当时财政部朱光耀副部长质疑3%的财政赤字率红线问题，通过对世界各国赤字率和货币发行机制的比较，第十六章讨论了3%的财政赤字率红线为什么没有科学根据和缺乏经验基础的问题，提出我国可以通过扩大政府赤字开支规模并通过大力发展国债市场深化我国金融改革的建议；但笔者同时也指出，如果不从根本上抛弃赚取贸易顺差的发展模式，不在制度上杜绝外汇占款发行基础货币的机制，政府赤字开支规模将受到严重限制，中央政府通过赤字开支发行基础货币并将买卖国债作为利率调控工具的机制就无法实施。

那么，笔者的这种案例研究及其结论对目前和未来我国财政金融问题具有哪些重要的意义呢？由于2014年的外汇占款增速下降导致了流动性紧张，所以，中国人民银行在2015年1月不得不重启了基础货币发行的其他途径，主权信贷逐步得到了越来越大的恢复，理财产品的利率随着外汇占款的减少而大幅度降低。从时间上看，外汇占款的规模在2014年12月达到最高的27 068亿元人民币之后，随后逐步缩小。到2016年6月，外汇占款占人民币基础货币发行的比例滑落到了 69.9%；到 2020 年 4 月底，人民币基础货币（储备货币）为 31.16 万亿元，而外汇占款为 21.19 万亿元，外汇占款占比仍高达 68%。[①] 正是因为 2014 年 12 月开始出现外汇占款占比较大幅度地降低，2016 年底的中央经济工作会议才第一次明确提出“适应货币供应方式新变化”的问题。那么，在人民币基础货币发行机制上，替代外汇占款的新方式主要应该是什么呢？中央政府赤字开支发行人民币基础货币！如果因此造成银行系统准备金过多，从而导致不符合央行利率目标的利率下行，央行可以通过发行国债回收流动性，抬高利率。这是笔者长期以来就倡导的。但是，截止到本导论写作时，中国人民银行通过质押式回购在二级市场上发行基础货币仍非常有限，这与美国等发达国家形成了鲜明的对比，原因不仅在于外汇占款占比仍很高，而且也在于 2014 年 12 月外汇占款减少后，国债发行量没有相应增加。笔者在 2015 年底就讨论了国债在提供基础货币供给上优于再贷款的原因（见本书第十五章）。

通过中央政府赤字开支发行基础货币并通过发行国债回收流动性是我国货币发行制度改革无法避免的选择，因为国债买卖是央行调整利率的常规政策工具。据报道，2019 年 1 月 16 日，在由中央结算公司主办的“2019 年债券市场投资论坛”上，财政部国库司副主任郭方明表示，2019 年要拓展政府债券功能：准备研究将国债与央行货币政策操作衔接起来，同时扩大国债在货币政策操作中的运用，推动实施国债作为公开市场操作主要工具的货币政策机制，健全国债收益率曲线的利率传导机制，强化国债作为基准金融资产的作用，使国债达到准货币的效果。有报道称，郭方明的这个观点“一石激起千层浪，市场掀起了央行是否需要购买国债的大讨论”，央行某官员表示，“央行买国债意义不大，谨防重蹈财政赤字货币化覆辙”[②]。在笔者看来，这些讨论文章对于货币发行机制等许多问题的认识存在着错误。这位央行官员虽然一针见血地指出，“央行如果在二级市场大量购买国债，与在一级市场直接购买国债本质上是一样的”，但他

① 2020 年 5 月 10 日更新数据。

② 央行直面八大犀利问题：是否 QE、资管新规会否放松．（2019－01－31）. https：//finance. sina. com. cn/stock/marketresearch/2019－01－31/doc-ihrfqzka2790158. shtml.

对于国债的认识和财政赤字货币化的说法是错误的。

所谓财政赤字货币化是指用发货币的方式为赤字融资，它是基于这种逻辑：主权政府在支出之前需要通过税收为自己的支出融资，当税收不敷其开支时，政府就出现财政赤字了，当赤字过多时，就发生财政困难了。所以，为了解决财政困难，政府就不负责任地通过增发货币来弥补赤字，这种行为就被称作财政赤字货币化，它一般地被当作在发生财政困难和经济危机时的非常态的政策选择，并常常和滥发货币、通货膨胀联系在一起。

但是，财政赤字货币化概念完全是对美日等发达国家现代货币体系实际运转情况颠倒的认识。在美日等发达国家的现代货币体系中，作为主权货币发行的垄断者，中央政府开支是不受其财政能力限制的，但要受其可支配的实际经济资源限制，换言之，它是不会出现财政困难的。中央政府通过财政开支创造货币，从不需要通过税收和发行国债来为其开支融资。而且，从逻辑上来说，税收和发行国债也无法为其开支融资，因为只有政府通过开支发行货币，它才能征税和发行国债，而不是相反。只有在一个财政年度结束后，政府才能知晓到底出现了多少财政赤字。当政府开支大于税收时，就出现了财政赤字。税收的作用在于驱动货币、毁灭货币并保持货币的价值，而债券主要是作为一种利率保持机制的货币政策工具被引入的。主权货币政府通过开支发行作为其负债的货币，没有经济主体会通过得到自己的负债来获得融资，融资需要的是得到别人的负债，财政赤字货币化这个概念本身就是矛盾的。

本书第十四至十六章的讨论对于澄清这些问题具有重要的参考价值。笔者在2015年就认为，在外汇占款增长速度于2012年下半年下降后，人民币基础货币发行机制改革的窗口实际上就已经打开了，中国人民银行应该考虑通过为中央政府赤字开支提供货币供给发行人民币基础货币。很显然，在今后相当一段时间内，中国人民银行之所以无法将买卖国债作为主要的货币政策工具，原因就在于国债市场规模过小；而目前我国国债市场规模过小的主要原因就在于，在过去20余年里，外汇占款侵占了中国人民银行将国债作为基础货币发行和公开市场操作政策工具的作用。此外，对于认识央行在2018年与黄奇帆和财政部发生争论所涉及的问题，本书第十四至十六章乃至全书提出了完全不同的看法，由于篇幅所限，笔者在此就不做评论了。

第十七章是对财政可持续性与地方政府债务风险问题的讨论。目前的经济学界将财政可持续性定义为：在不改变税收收入和财政支出模式的条件下，政府能长期保持偿债的能力。这一定义并未抓住问题的实质，无法用于对地方政府债务的风险进行分析。我们认为，具有货币发行垄断权的主权货币政府即中央政府通过赤字开支发行基础货币，是一国中央政府有效调控经济、防范风险、治理危机和确保财政可持续性的制度基础。正是货币发行者与货币使用者的本质不同，导致了中央政府与地方政府在财政可持续性上的根本性区别。作为货币使用者，地方政府与私人部门一样，都必须受到预算硬约束的严重制约。欧元区各成员国相当于主权国家内部的地方政府。“欧猪五国”作为货币使用者，无法通过赤字开支发行货币，当其赤字率和负债率过高时，必然爆发主权债务危机，这是造成其财政不可持续的基本原因。

我国地方政府债务的风险目前总体可控，因此，针对我国地方政府的债务风险问题，我们在短期对策上提出了中央政府设立统一管理地方政府债务的机构、设立偿债基金应对潜在债务危机和统一监管主体并加强监管体系建设等具体的建议。但是，通过国际比较，我们发现，我国地方政府的负债率和地方政府债务占全部政府债务比例过高对我国财政的可持续性构成了严重的威胁。数据显示，2015 年底我国地方政府债务余额占 GDP 的比例大约为 33%（还有 32%的说法），比美国和日本的平均水平高一倍；我国地方政府债务占全部政府债务的比例为 60%，是主要发达国家地方政府债务占全部政府债务比例（大约 20%）的三倍，而且还有继续增加的趋势。

目前已有研究证明，地方政府债务占全部政府债务比例越高，政府债务的风险就越大，它所导致的地区收入差距就越大，并对中央政府在全国范围内合理配置资源、调控宏观经济和应对人口老龄化对于养老基金和医疗保险基金的挑战造成很大的困难。美国是地方政府高度分权的联邦制国家，按理说其地方政府的负债率会比我国高，但通常情况下其地方政府的负债率仍控制在 15%的范围之内（国际金融危机爆发后的 2010 年提高到了 19%）；而我国目前地方政府的负债率（33%）却比美国平时高出一倍，这是本书第二编第九章所讨论的在过去 20 多年里中央政府权威降低、地方竞争体制无法建立高度统一的国内市场等导致产能过剩等严重问题的重要根源。

基于上述分析，我们提醒注意新预算法因没有考虑到这一极其重要的问题而存在的缺陷。2015 年底，笔者提出，我国地方政府债务占中央和地方政府总债务的比例应该在 8～10 年内从现在的 60％逐渐地降低到 20％以内，地方政府的负债率应该从目前的 33％降低到 20％以内，并对各省、直辖市和自治区做出 8～10 年后其负债率不得高于这一比例的法律规定。这种调整涉及中央与地方财政关系的根本性改革，因此，笔者在第十七章中提出的建议是：严控地方政府赤字和债务，扩大中央政府的开支。将地方政府的部分公共开支责任更多地收归中央的工作实际上在 2015 年就已经在开展中，尤其是在公共安全、教育、环境保护、医疗健康等领域。因此，笔者建议，中央政府不但要承担起更多的社会开支的责任，而且也要承担起地方政府公共基础设施建设相当大部分的开支，这也有利于解决目前地方政府投资因债务限额管控而大幅度下降从而对稳增长不利的问题。我们提出的这一战略——“严控地方政府赤字和债务，扩大中央政府的开支”——不但是降低地方政府债务风险、建立合理的中央与地方关系的必由之路，而且也是企业债务高杠杆率“软着陆”和应对目前通货紧缩的重要举措。

五、应对中美经济战的战略与政策选择

第四编“应对中美经济战的战略与政策选择”收录了笔者在这方面研究的三篇论文。在特朗普当选美国总统不久的 2017 年 1 月 16 日，笔者就在《新李斯特学派：理解世界经济大变局的新学派》一文（在笔者的博客发表）中写到：“如果你了解 19 世纪的美国学派，你就会发现，特朗普的经济政策在经济思想上主要来源于这个学派的三大政策纲领（关税保护、内部改善和国民银行），但与其 19 世纪金融保护的‘国家银行’不同的则是，美国继续其美元霸权的金融自由化政策，从而形成了‘特朗普新政’的三大政策：贸易保护、内部改善（基础设施大建设）和美元霸权。这些

政策是符合美国实际的，‘特朗普新政’不会像一些人预测的那样将使美中两国都遭受重大损失，美国在实体经济方面推行逆全球化而在金融方面继续实行全球化政策对美国经济是十分有利的，但对未来中国的经济发展很不利：中国的出口导向型经济模式使大量产能过剩问题无法解决，人民币汇率贬值将促进中国对美出口，美国不用征收45%的关税，提高15%的关税就可以让中国人民为美国基础设施建设做出贡献，中国也不得不向美国出口，而美元霸权将有机会继续通过对中国的资本输入掠夺中国。”2018年4月以后，人民币汇率贬值和美国对来自中国的产品不断提高进口关税证实了笔者的看法，但美国并没有将这些关税收入像19世纪那样用于基础设施建设，而是用于对资本家的减税，反映出美国政府更加服务于资本家利益的本质。

但是，对来自中国的产品征收高额进口税只是美国施放的烟雾弹，正如2018年4月11日笔者在《美国对中国发动贸易战的真正目的是声东击西》一文（在笔者的博客发表）中指出的：美国战略家很清楚……对中国产品征税解决不了美国的贸易逆差问题；美国利用中国的思维定式，通过征收高关税这只“纸老虎”，一是给中国政府施压，利用其直接投资在中国国内压制中国价值链高端的发展，另一个主要目的是声东击西，迫使我国彻底开放金融市场。

2018年7月中旬，针对国内关于美国对中国发动经济战的流行看法，笔者在一份内参中提出了中美经济战“应对战略的革命”：既然美国高举关税保护、禁止中国在美投资等保护主义大旗，那么，我国就完全可以有正当理由采取对等的反制措施并对国民经济进行调整，待时机成熟后，重走英国、美国、德国、日本和韩国保护主义的独立自主、自力更生的成功崛起之路！2018年9月，笔者将这份内参的部分内容以《只有保护民族经济才是应对中美经济战的正确选择》（未收录进本书）为题发表于网络。在该文的按语中，笔者指出：对于应对中美经济战，实际上笔者在2009—2010年发表的大量论文中就提出了应对方案，这就是通过逐步取消出口退税、限制不利于我国经济转型升级的外国直接投资的政策，重走保护民族经济之路，从出口导向型经济转向内需主导型经济，并为此提出了一系列政策建议。

中兴事件爆发后，一些工科领域的专业人士提出：只有重新实行我国

“两弹一星”的举国体制，才能解决我国集成电路产业“缺芯少魂”的问题，从而引发了与吴敬琏等反对派的争论。然而，无论是赞同还是反对举国体制的人，可能都不了解举国体制在经济史上的来龙去脉。2016 年，笔者曾在清华大学技术创新研究中心学术委员的学术研讨会上做过一个“美国企业家型国家与我国‘新型举国体制’”的报告。在这个报告中，笔者指出，举国体制并非我国独有，而且与军工密切相关。与我国“两弹一星”一样，美国曼哈顿工程和阿波罗登月计划也属于高度集中的举国体制。但美国二战后高科技霸主地位的形成却是源自另一种相当不同的举国体制——相对分散的网络型举国体制。美国这种“网络型举国体制”为我国在市场经济条件下如何建设“新型举国体制”特别是军民融合国家战略的实施提供了重要借鉴，但存在着缺陷。我国应该发挥社会主义的体制优势，发挥国有企业作为创新驱动先锋和国家创新意志的政策工具的重要作用，建立比美国更加集中的网络型举国体制。2017 年，笔者将这个学术报告择要撰写成《借鉴美国经验在相关部委创建高级研究计划局》，被中国特色社会主义经济建设协同创新中心《成果要报》2017 年第 3 期（总第 125 期）所采用。2019 年，其修改稿又以《我国创新驱动发展战略亟须建立“新型举国体制”》为题发表于《改革内参》2019 年第 9 期，本书第十八章收录的就是这篇文章。

第十九章“揭露美国在对待‘中国制造 2025’上的双重标准”的内容出自 2018 年 9 月笔者与博士生楚珊珊合作撰写的文章。该文指出，在中美经济战中，美国将“中国制造 2025”肆意歪曲为国家资本主义发展模式并无端指责其对别国排斥的观点甚嚣尘上，这种谬论在国内学者间也有很大的市场，其原因就在于美国有意隐瞒了其在科技发展上实施强有力的国家干预的真相。在美国先进制造业计划和“中国制造 2025”中，制造业创新中心都是其核心构成部分，因而该文通过对中美制造业创新中心的比较研究，揭示出美国先进制造业计划在政府干预的程度和实施措施上要比“中国制造 2025”更加具体和周密详细。美国的指责实际上更适合于其自身。事实上，目前的美国在科技创新方面是世界上实施最强有力的政府干预的国家，美国先进制造业计划是美国二战后“发展型网络国家”进一步发展的结果。该文揭露了这种事实的真相。美国之所以有意隐瞒这种真相，目的就在于推行“按美国所说的去做，而不能按美国所做的去做”。它肆意歪曲和无端指责“中国制造 2025”，充分暴露了其“只许州官放火，不许百姓点灯”的强权逻辑。我国应该认识到“中国制造 2025”在广度、深度、力度和凝聚度上都与美国先进制造业计划存在着某些差距，但在借鉴其有益经验的同时，也要看到美国“发展型网络国家”所存在的根本性缺陷，充分发挥我国社会主义制度集中力量办大事的优势，建立比美国更加集中高效的“举国体制”，推动“中国制造 2025”取得更大的成就。

本书最后一章即第二十章“征收高出口税：中美经济战出奇制胜的‘杀手锏’”[①] 的初稿曾以《征收高出口税：中美经济战出奇制胜的杀手锏》为题，通过中国红色文化研究会《学术简报》2019 年第 1 期（总第 117 期）报送内参，正式发表于《武汉科技大学学报（社会科学版）》2019 年第 2 期（优先出版）。该章指出，特朗普的高关税恫吓是一只“纸老虎”，只要我国对 2017 年占对美出口 70%的两大类产品——机电类和纺织鞋帽家具类——征收高出口税，就可以从容应对特朗普咄咄逼人的挑衅，并将中美经济战转变为中国经济深刻性结构变革的重大历史机遇。本文讨论了征收高出口关税对我国经济的短期效应和长期影响：从短期看，我国对出口美国的产品征收高出口关税，不仅没有增加政府一分钱的开支，产品过剩也没有增加，局部性的失业问题也将得到妥善解决，而且，每位农民工年收入反而增加 8.67%，从而可以有力地扩大内需。从长期看，出口税战略将导致中国经济发生深刻的结构性变革，这包括中国的货币主权得到更完整的恢复，由此增加的“财政收入”将为核心技术研发提供雄厚的资金，在农业振兴中对农田水利基础设施进行大规模投资，给民营企业减税以及解决社保基金余额不足等问题；更为重要的是，这种战略将为民营企业的大发展提供巨大的国内市场空间，为我国在价值链高端和核心技术特别是集成电路方面的进口替代奠定基础，成为突破“中等收入陷阱”的必然选择。

笔者知道，第二十章提出的战略对我国应对中美经济战在短期内不会产生影响，反而会遭到许多人的反对。原因正如笔者 2019 年 1 月 16 日在网络上发表该文的后记中指出的，“对许多人来说，理解本文的逻辑可能

---

① 本文根据笔者在 2018 年 12 月 13—14 日给研究生授课的录音和 12 月 23 日所做学术报告的 PPT 整理修改而成，2019 年 1 月发表于笔者的公众号“贾根良经济学”。

存在较大的困难，原因就在于他们不了解推动和指导英国、美国直到韩国崛起的替代性经济学传统，不了解笔者创立的新李斯特学派，不了解世界经济史，不了解毛泽东思想‘实事求是’的精髓，不了解过去十几年现代货币理论学派的发展。例如，按照现代货币理论的逻辑，积累外贸顺差和外汇储备是损失。这是因为，主权货币的本质是国家通过银行系统创造的一种国家负债，它和金银贵金属——一般等价物（真正的超主权货币）——有着本质区别。在主权货币时代，贸易顺差国获得了逆差国的主权货币，这不是获利而是损失；相反，逆差国才是实际利益获得者。‘进口是受益，而出口是损失’，虽然这种概括有点绝对，但基本上是正确的。中国经济发展战略需要一场革命，这是笔者在过去十年一直倡导的”。

六、中美经济脱钩与国内大循环经济发展战略

2019 年 8 月 24 日，美国政府宣布拟将约 5 500 亿美元的中国输美商品的关税率再提高 5%，其结果是：美国在 2019 年底之前分别将 3 000 亿美元和 2 500 亿美元的中国输美商品的关税率提高到 15%和 30%。美国这种新的关税战行径引发了人们对“中美经济脱钩”的新一轮热议。在中文文献中，最早出现的“脱钩”（decoupling）一词与中美贸易摩擦或中美经济战没有关系，而是指因 2007—2008 年爆发的国际金融危机在全球投资者之间盛行的“脱钩论”（global decoupling theory），其含义是指：无论英美经济如何，亚洲新兴经济体仍能与英美经济“脱钩”，并保持强劲增长。

也许，“中美经济脱钩”的说法是笔者在 2010 年作为一种战略主张最早提出的。作为赫德森《保护主义》一书的总译者，笔者在为赫德森的文章加写的“摘要”中写道：“19 世纪的美国学派认为，只有当美国经济与英国以及其他发达的工业国隔离开来，美国才能相对于英国和其他欧洲国家保持真正意义上的独立；由于国内需求的增长可以为其经济扩张提供融资，因此美国不需要依赖外部市场，这种理论指导了美国在 19 世纪与 20 世纪之交崛起为世界工农业强国的经济政策制定。……按照赫德森这篇论

文的逻辑，译者认为，中国要摆脱美元霸权的支配地位并贯彻独立自主的发展方针，应该考虑中美经济‘脱钩’的可能性和途径。”①

在经济思想史中，“美国学派认为，只有通过高关税保护，使美国经济与英国经济脱钩，寄希望于国内市场而非着眼于海外市场，美国才有可能摆脱对英国的依附型地位，实现国民经济独立自主的发展。亨利·凯里甚至认为，对外贸易对美国来说不仅是没有必要的，而且也是不受欢迎的。这种自给自足的孤立主义思想支配了美国经济的崛起，为美国内向型工业化道路的成功提供了理论和政策指导”②。正是基于对我国流行一时的“国际经济大循环战略”严重弊端的批判，基于历史经验，笔者在2009年提出了加快从出口导向型经济向“国内经济大循环”的大转变③，并于2010年6月15日在清华大学召开的“中国经济社会发展智库第3届高层论坛”提交的会议论文《国内大循环经济发展战略与转变对外经济发展方式》中提出了国内经济大循环战略④，这是笔者对中美经济脱钩战略的另一种表述。

在该文中，笔者指出：我国亟须尽早做出战略规划，逐步实现从国际大循环经济发展战略向国内大循环经济发展战略的大转型：通过把注意力转向“内部改善”，在国内大循环经济的内部环境上下功夫。经过若干年调整和准备，对外抛弃出口导向型经济，使用美元储备适度回购部分外资企业，保护民族产业和国内市场，重新实施贸易保护模式和进口替代，限制乃至严禁包括稀土等在内的资源或原材料出口，大力支持我国高质量和高附加值产品出口的发展；对内则以工人和农民的收入增长、开发中西部和振兴高质量生产活动为三大引擎。通过让民族高质量生产活动和农村市场与原先用于出口的廉价工业制成品相互提供市场，实现国民经济的平衡发展，通过各产业民族企业的高质量生产活动的迂回生产、重工业（特别

---

① 赫德森.保护主义：美国经济崛起的秘诀（1815—1914）.贾根良，马学亮，邓郎，等译校.北京：中国人民大学出版社，2010：312-313.

② 同①“译者前言”6.

③ 贾根良.化危为机，中国外向型经济需作战略大转型.广东商学院学报，2009（5）.《马克思主义文摘》2010年第3期全文转载。

④ 该会议论文后来经修改，以《转变对外经济发展方式　呼唤经济发展战略的变革》为题，发表于《经济纵横》2010年第9期。

是资本货物工业、军工）的迂回生产和中西部城市化，创造比劳动密集型产品出口导向战略更多的就业机会。抓住在未来二三十年内将要爆发的第六次技术革命的机遇，大力推进以产业技术化为核心的创新型国家建设。实施主权信贷，实现工业中心向中西部转移。笔者在该文中提出的“大力支持我国高质量和高附加值产品出口的发展”和“振兴高质量生产活动”可以被看作目前“高质量发展”的先声。

随后，笔者于2011年对中美经济脱钩战略进行了初步讨论（请参见本书第六章和第七章），并对国内经济大循环战略进行了深入研究，阐述了其中的“高筑墙、广积粮、缓称王”和不对称全球化道路等战略构成要素，并于2014年将其凝练为二十四字纲领——“高端保护、内需市场、智能环保、国家领导、主权信贷、南南成长”。本书收录的论文对中国经济发展战略的这种革命进行了具体的讨论。

为了给这种全新的经济发展战略提供经济思想史的思想资源和经济史的历史依据，笔者和梅俊杰研究员在2011年开始主编一套“经济史与国富策译丛”。在出版的第一本译著中，作者迪特·森哈斯指出，欧洲的历史经验说明，与发达国家之间的“选择性脱钩是后发展取得成功必不可少的先决条件”①：西欧和中欧开启了现代发展进程，那里的发展是由“临时切断贸易主动脉”所决定的，这一点难道仅仅事出偶然？或者还是有深意？② 在经济思想史上，汉密尔顿和李斯特等都认为，或多或少地强制执行某种脱钩或隔断政策是努力实现国内有效发展的外部先决条件。迪特·森哈斯所指的“脱钩或隔断型发展”，是针对进一步融入世界市场的、自由贸易的联系型发展战略提出的。因此，从经济史来看，“选择性脱钩”战略一般是后发国家通过保护主义措施针对技术先进国家实施的；从经济思想史来看，这种战略也是后发国家倡导独立自主地搞工业化的经济学家提出的。因此，在2018年5月，笔者指出，中国与美国这对“夫妻”的“离婚”是中国走上独立自主、自力更生道路的基本条件。

但是，为什么美国经济战略家提出中美经济“脱钩”呢？就中美技术脱钩而言，笔者在2018年4月指出，“禁止中国高科技产品和中国直接投

---

① 森哈斯. 欧洲发展的历史经验. 梅俊杰，译. 北京：商务印书馆，2015：3.

② 同①243.

资进入美国是美国政府吸取了英国在 19 世纪末的教训”。为什么这样说呢？笔者和邓久根教授在 2015 年曾撰文指出：这是因为英国由于迷信自由竞争和自由贸易理论，在 1875 年开始的第三次技术革命浪潮中被实施保护主义的美国和德国在新兴产业和新兴技术上全面赶超。① 在 19 世纪末，英国历史学派经济学家和英国的有识之士呼吁英国政府放弃自由贸易政策，但由于自由竞争和自由贸易理论在英国深入人心，英国的关税改革一直无法推动；只是在“大萧条”爆发后，英国才重新回到重商主义时期的保护主义老路上，但已为时过晚。正是因为有对这段历史的研究，笔者提出了“发达国家产业保护说”，对李斯特在《政治经济学的国民体系》中提出的贸易与发展三阶段论进行了修正；并指出，美国在高调宣传自由贸易的“真理”的同时，仍在有选择地实施保护主义。②

那么，为什么要对 19 世纪末英国丧失第二次工业革命领先地位的教训进行研究呢？这不只是为了对美国等发达国家实施保护主义提供理论和历史经验的解释，更重要的是在于其对中国的重大警示意义。笔者曾谈到和邓久根教授合作撰写这篇文章的动机：“写作这篇文章的念头产生于 2012 年，我当时考虑到，当国外对中国制造业产品出口的保护主义兴起时，我国是否有可能重蹈英国的覆辙？何况中国目前在高端价值链上远不如当时的英国？别国会不会在通过保护主义保护自己的新兴产业的同时，却通过我国对自由贸易和自由投资教条的迷信，驱动其新兴产业产品大量占领我国市场，并通过直接投资控制我国新兴产业的价值链高端和核心技术呢?”正是基于这种历史观察，笔者在 2018 年 7 月指出，美国试图通过“高关税”恫吓，在禁止中国高科技产品和中国企业进入美国市场的同时，迫使中国接受美国提出的谈判条件，将中国变成美国跨国公司、美元霸权和美国垄断金融资本支配的天下。一旦达到目的，美国又会拿“贸易逆差”说事，不断地制造麻烦，进一步要求中国做出更重大的让步，最终将中国变成美国经济的依附者！

因此，我们需要问美国高调宣传与中国经济脱钩的真实意图是什么。

---

① 邓久根，贾根良. 英国因何丧失了第二次工业革命的领先地位?. 经济社会体制比较，2015 (4).

② 贾根良. 新李斯特经济学作为一个学派何以成立?. 教学与研究，2015 (3).

难道美国真的是像许多人理解的那样要与中国经济"脱钩"吗？非也。在笔者看来，美国的真实意图是通过实施关税保护和科技冷战①等"脱钩"措施，保护美国国内市场、国内产业和技术；与此同时，为了达到支配中国经济的目的，美国又要通过强化所谓知识产权保护、巩固跨国公司在中国市场价值链高端的垄断地位以及对美金融开放等措施对中国经济实行"紧密挂钩"。美国正在实行两个新的重大战略。第一个就是通过对来自中国的产品征收高进口税，隔离美国本土和中国市场，其目的就在于刺激美国在一定程度上恢复本土的中低端生产，重建创新所需的完整产业链，增加就业，缓和国内阶级矛盾，并增加用于抵补减税或政府开支所需的财政收入。因为美国在华跨国公司对美大量出口不符合美国整体的国家利益或国民利益，所以，美国对其在华跨国公司输出到美国的产品征收同样的高进口税也在所不惜，同时也是为了迫使这些跨国公司以占领中国以及其他国家市场为根本目标，以达到美国充分利用本土和海外两个市场的目的。第二个战略就是为了在对华贸易逆差减少的情况下继续在中国推行美元霸权，美国正在从通过贸易逆差输出美元为主的战略转变为通过贸易逆差和金融直接投资输出美元并重的战略，并有可能在未来转变为以后者为主。这是美国对华经济战略的重大变革，这就必然要求中国对美国实施金融开放。

对于美国高调要与中国经济"脱钩"的这种如意算盘，我们应该怎么办？2018 年 9 月，笔者为此曾公开撰文指出："中国比美国更需要保护自己的民族产业，保护价值链高端，保护国内市场！如果不是美国发起对我国的经济战，我国似乎没有理由采取同美针锋相对的措施。既然美国高举关税保护、禁止中国在美投资等保护主义大旗，那么，我国就可以完全有正当理由采取对等的反制措施。"② 显而易见，这就需要实施笔者早在 2010 年就已提出的国内经济大循环战略。如果要使美国的如意算盘落空，

---

① 包括禁绝中国对美高科技投资，对中国企业所需关键零部件实行禁运，限制中国籍的理工技术专业的留学生、访问学者或科研人员赴美，更严格的对华技术禁运措施，对中国 5G 和"中国制造 2025"实施精准打击，以及禁止中美之间在自然科学基础理论方面正常交流的"法西斯主义"措施，等等。

② 贾根良. 只有保护民族经济才是应对中美经济战的正确选择.（2018－09－05）. http：//www.cwzg.cn/theory/201809/44331.html.

这是我国不得不采取的根本性措施，否则，我们就很有可能最终出现几年前笔者就担心的结果：重蹈英国在 19 世纪末的覆辙。在美国禁绝中国对美高科技投资的同时，我国却要对美国跨国公司更加敞开大门，这种做法不但不符合国际惯例，而且也有失公平，更与历史上被欺凌国家奋起反击的行为截然相反。

在这里，笔者要对目前流行的三种观点提出质疑。

第一，有一种观点认为，全球价值链的发展已形成“你中有我、我中有你”的局面，如果中国不能深入地融入发达国家主导的全球价值链，试图建立独立自主的价值链，这种行为是违背市场规律的，是自绝于世界未来发展的。这种观点是不懂经济史的产物，阻碍了我国对美国做出正确的反击。全球价值链或更准确地说全球商品链并不是什么全新的事物，在英国崛起的时代就已存在，最明显的是 19 世纪的咖啡价值链。正如笔者早就指出的，与美国经济战略家倡导美国与中国经济脱钩的原理不同，作为总结英国因与其他国家“脱钩”而崛起的历史经验的经济学，“李斯特经济学从本质上来说不同于‘普世性’的市场经济理论，而是一种‘国家的’市场经济理论。这种经济学的宗旨就在于通过强有力的国家干预，建立关税壁垒，使欠发达国家经济与发达国家隔离开来，阻断发达国家通过自由贸易‘赢者通吃’这种高效率的市场机制毁坏欠发达国家的战略性新兴工业。国家干预的目的在本质上与纠正市场失灵或者提供短缺的生产要素是不相干的，而是为了确保对国家崛起至关重要的战略性新兴工业成长的战略性市场空间，从而重构国际经济秩序”①。

第二，有一种观点认为，如果中美经贸全面脱钩，“美国会彻底失去中国这个全球最大、最生机勃勃的市场。在当今世界，无论哪个国家都离不开中国，因为中国不但拥有庞大的市场，而且有完整的产业链，还有完整的制造业生态链；离开中国，就等于将自己隔离于全球贸易体系之外，就等于将自己隔离于全球产业链之外，哪怕是强大如美国也同样如此。美国要跟中国经贸全面脱钩，就是要脱离全球贸易主战场，脱离全球产业链主流，脱离全球制造业生态。可以说，美国如果跟中国经贸全面脱钩，失去的是中国市场，也是全球贸易主导权”。这种观点与“中国离开国外价

① 贾根良，等. 新李斯特经济学在中国. 北京：中国人民大学出版社，2015：17－18.

值链就无法发展”的第一种观点虽然截然相反，但同样是片面的。美国会彻底失去中国这个全球最大、最生机勃勃的市场吗？不会。正如笔者在前面指出的，美国在通过保护其本土市场、产业和技术并与中国“脱钩”的同时，正在不遗余力地试图控制中国市场，而我们却似乎缺乏对等的反制措施。美国怎会彻底失去中国这个全球最大、最生机勃勃的市场呢？除非采取笔者提出的针锋相对的战略。在各国都在保护自己的市场的时候，我国为什么不把自己广大的市场留给中国民营企业和国有企业，却反其道而行之？

第三，有一种观点说什么“我们应该转变传统的民族工业思维，转变‘御敌于国门之外’的产业安全观，不应用‘两弹一星’的思路发展全球产业价值链条件下的中国高技术产业，不应过度强调自主可控的技术创新，而应以开放创新、合规合作为原则，以市场为导向，打造全球产业链，而不是单纯打造中国价值链”。世界经济史和新中国成立70年来的正反两方面的历史经验说明，这种观点同样是站不住脚的。是的，我国的目的并不是要“单纯打造中国价值链”，而是要打造由中国企业控制的全球价值链。试问，如果不打造由我国企业控制的价值链高端，不痛下决心研发几乎所有产业的核心技术，我国如何才能打造“以我为主”的全球价值链？而如果在本土市场上不通过政府采购、产业政策、关税保护等政策保护民族产业和民族企业，我们又如何打造由我国企业控制的全球价值链？在这方面，迪特·森哈斯说得好，“纵然是在隔断情况下，也仍然可以跟生产力较发达、居支配地位的中心经济体进行贸易，可是，贸易应该由眼光向内的动态积累过程派生而来，它仅仅是权宜之计，不应该任其操控整个再生产过程的动力机制。换言之，贸易必须选择而为，合作必须选择而行，只有那种有利于亚非拉国家建立自主内在结构的国际合作，才应当加以实行”①。贸易应该由眼光向内的动态积累过程派生而来，这就是笔者在2010年提出国内经济大循环战略的本意所在。

正如余永定教授指出的，问题的关键不在于学者们反对还是拥抱中美经济脱钩，问题的关键是“美国要把你踢出全球价值链（GVC），你能不

① 森哈斯.欧洲发展的历史经验.梅俊杰，译.北京：商务印书馆，2015：244.

能抗得住”①。美国将中国踢出全球价值链除了采取前述措施外，还包括对中国产品在他国市场上的围堵。全球市场如此之大，特别是我国日益转向巨大规模的内需市场，中国不惧美国在他国市场上对中国产品的围堵。在笔者看来，余永定教授之所以担心“美国要把你踢出全球价值链（GVC），你能不能抗得住”，关键在于美国控制着中国许多对外开放产业的关键零部件供给。在余永定教授这篇文章中，他以我国大飞机零部件供应链说明了这个问题：在中美技术战中，我国商务部实施的“不可靠实体清单”面临着严重困境：“霍尼韦尔向台湾军售，我们有可能把它列入不可靠实体清单。……雷神后来被UTC兼并，UTC参加对台湾的军售，它也会被列入不可靠实体清单，但是它（和霍尼韦尔）在中国大飞机制造中是非常重要的供应商。中国的大飞机C919有200多万个零件，缺少一个零件大飞机都制造不了，更不要说发动机。”

因此，中国面临的问题就是：不管中国愿不愿意与美国经济和科技“脱钩”，美国已经坚决地与中国经济特别是科技进行脱钩了，但同时却要在控制中国市场和技术上与中国“严密挂钩”，在这种情况下，中国在许多产业的技术和零部件供应上面临困难是在所难免的。但笔者要问：是什么原因导致了我国在短期内不得不面对这种巨大的困境？是因为在价值链分工时代，一国已无法建立独立自主的完整价值链，而只能参与全球价值链分工吗？非也，这种价值链分工或美国中低端价值链外包从根本上来说并非技术上的原因，而是垄断资本和金融资本追求剩余价值的不正当行为及其高管阶层为了一己私利所使然，美国的“新经济模式”——也就是“解雇员工—外包—回购股票和股东分红—高管兑现期权”——在其中发挥了重要作用。② 而我国之所以在中美科技脱钩问题上面临种种困难，恰恰就在于笔者一直所批判的我国从价值链低端融入全球价值链，恰恰就在于我国长期以来放弃了建立完整产业链，或者用毛泽东时代的话语来说，恰恰就在于我国淡漠了建立独立自主工业体系的意识。同时，这也是我国错失国际金融危机爆发后大转型历史机遇的结果。熟悉中国“运-10”大

① 余永定：我反对脱钩，但问题是我们能否扛住被美国踢出全球价值链.（2019-08-28）. http：//www.sohu.com/a/336911633_115479.

② 拉让尼克.创新魔咒：新经济能否带来持续繁荣?.上海：上海远东出版社，2011.

飞机及其下马的人都知道，“运-10”建立的完全是中国独立的产业链。中国市场之大，任何一种产业都可以建立起具有竞争结构的、独立自主的全产业价值链，而打造这种独立自主的全产业价值链正是国内经济大循环发展战略的一个有机构成部分。

面对美国对中国的经济和科技“脱钩”，中国决不能屈服；而继续迷信新自由主义的药方，中国将会越来越深地陷入“中美经济脱钩”的困境之中。尽快实施笔者在十年前就开始提出的战略和政策建议，我国就能在今后的中美经济战中掌握主动权，并最终取得对美经济战的胜利。2019年6月13日，笔者在公众号“贾根良经济学”中对“中美经济脱钩”做出了如下评论：“正如毛泽东曾指出的，封锁吧，封锁十年八年，中国的一切问题都解决了。这就是历史的辩证法。因此，若美国对华科技冷战成为现实，中国将有机会全面走上独立自主、自力更生的科技腾飞和加快崛起之路，其竞争力将无人能比。”[①] 但要做到这一点，我国必须解放思想，在外资引进、出口退税、政府采购、金融开放和政府作用等诸多方面的政策上发生革命性变革，否则，美国旨在“中美经济脱钩”的如意算盘就会得逞，我国仍将会错失中美经济脱钩为中国经济发展战略的革命和中国经济大转型再次创造的重大历史机遇。试想，如果美国因为错误决策，错失了从1807年到1814年12月“美英经济脱钩”所创造的战略机遇期，还会有美国经济的崛起吗？现在的拉丁美洲的命运难道不就是美国的命运吗？一国的发展战略和政策制定如果不经过历史的省察，必将成为历史的悲剧和敌手耻笑的笑柄！

---

① 贾根良.中国经济大转型的“早春二月”已经到来.（2019-06-14）. http：//www.cwzg.cn/theory/201906/49577.html.

第一编

出口导向型经济发展模式的内在缺陷

第一章　国际大循环经济发展战略的弊端*

“国际大循环经济发展战略”一词始见于王建1987年在新华社内部刊物《动态清样》上发表的文章《走国际大循环经济发展战略的可能性及其要求》，该文提出的战略构想及其理论被推荐为2009年中国经济理论创新奖的候选理论。确实，按照推荐者的看法，王建提出的这种战略对中国“两头在外，大进大出”的出口导向型经济发展模式的形成产生了明显的影响。但笔者认为，国际大循环经济发展战略对中国经济的正面影响不能被高估，因为大约在20世纪90年代中期以前，我国主要是依靠内需而非“国际大循环”发展的，所谓的“中国经济奇迹”就是在那时奠基的；只是在20世纪90年代中期以后特别是加入WTO以来，国际大循环经济发展战略才得到了充分的实现。值得注意的是，正是随着这一理论的彻底贯彻，我们才陷入了日益难以摆脱的经济困境。很明显，在国际金融危机爆发后，“两头在外，大进大出”的出口导向型经济发展模式的弊端已经充分暴露，但作为其理论基础的国际大循环经济发展战略却仍然被推荐为中国经济理论创新奖的候选理论，这说明传统思维模式的影响是多么的根深蒂固！不破不立，为了贯彻党中央关于加快转变经济发展方式的战略部署，就必须对其进行深入批判。

---

* 本章第一节“化危为机：中国外向型经济需作战略转型”原文发表于《广东商学院学报》2009年第5期；其余部分最初发表于《中国社会科学内部文稿》2010年第4期，修改稿发表于《马克思主义研究》2010年第12期。收录进本书时，相关数据作了最新的更换。

一、化危为机：中国外向型经济需作战略转型

国际金融危机爆发后，我国以外部需求、自由贸易和引进外国直接投资为核心的外向型经济发展模式遭遇到了空前危机，政府采取了两年内投资 4 万亿元人民币等重大措施拉动内需并取得一些成效。但笔者认为，我们应对金融危机的措施仍没有跳出传统的外向型经济发展模式的思维。2008 年底，笔者曾提出重新恢复出口退税仅是饮鸩止渴和暂缓危机——它将使我国更深地锁定于依附美元霸权的外向型经济模式而推迟转型，并呼吁 4 万亿元人民币拉动内需的计划要坚决执行国货采购制度。但直到 2009 年 5 月，因国货在国家庞大的拉动内需的投资中受到歧视，国家发改委才对购买国货问题发出紧急通知，这反映了我们在应对国际金融危机方面缺乏长期战略。在这方面，英国和美国的历史经验值得我们深思。

英国在崛起前曾对外国商人、投资家和金融家控制其经济进行了反反复复的斗争。16 世纪上半叶，英国自由贸易的政策虽然带来了短暂的繁荣，但却造成了严重的不利后果：德国、尼德兰和意大利商人分享了伦敦半数以上的出口额，英国经济受制于低地国家，并自 16 世纪中期起陷入频发的经济与社会危机。这种外向型经济发展模式的危机最终引发了以保护国内市场和发展高端产业为核心的英国重商主义经济政策的革命，为后来的英国工业革命奠定了基础。

美国的崛起同样也得益于外向型经济发展模式危机的“因祸得福”。美国在独立后的 30 多年里实际上仍没有摆脱对英国经济的依附，建立的是一种以比较优势为基础的初级产品出口导向型经济。1807 年的《禁运法案》和 1812 年的美英战争沉重地打击了美国自身的对外贸易和航海业并引发严重的经济危机，此时的美国人才切实感受到了独立自主的工业发展对于民族独立和国家强大的重要性。危机导致了发展模式的重大转变，美国最终形成了以贸易保护、技术创新和资本生产率立国、排斥外国直接投资、工农业协同发展和内部改善（统一国内市场等）为核心的内需发展战略，经历一个世纪的发展，终成世界的产业帝国。

英美上述发展战略的革命性转变是其经济崛起的起点和基石，这种历史经验表明，当发展中大国遭遇重大外部需求危机时，对难以为继的外向型经济发展模式修修补补是无济于事的。历史具有惊人的相似性，当前我国外向型经济发展模式的基本特点是：制成品出口特别是劳动密集型产品出口的贸易条件一直在不断地恶化，其不但通过低廉的价格为发达国家的消费者提供了大量的福利补贴，而且由于价格竞争所导致的通过人为压低工资所产生的“冲向底部的竞争”，也使我国试图通过提高工人实际工资实现国民财富增进的目标成为泡影。更为严重的是，我国巨额的外汇盈余在美国金融市场上的再投资不仅为美国的过度消费及其在中国周边建立军事基地提供了资金支持，也为美国等发达国家的跨国公司大肆收购我国企业进而控制我国产业特别是高端产业提供了融资。对于我国经济发展来说，这种外向型经济发展模式无疑是弊大于利的，它不符合我国长期发展的根本利益。我国早在十年前就提出了启动内需的口号，却一直难以实现，这本身就说明：由于路径依赖，外向型发展模式根本不具备改弦更张的自我变革的动力。但愿目前的危机能够催生深刻的结构变革，引发我国从国际经济大循环到国内经济大循环的战略转型。

国际金融危机的爆发是世界经济的一个重大转折点，未来有可能迎来一个保护主义不断抬头的时期。美国将采取以下战略应对当前的金融危机：一是修复金融体系，继续奉行其剥削其他国家特别是剥削出口导向型经济体的金融帝国主义战略；二是通过对美国经济的“再工业化”，并牢牢控制以生物技术、生物电子、新材料和新能源为核心的第六次技术革命的主导权，恢复并保持其实体经济的霸主地位。在此情形下，美国的贸易保护主义必将进一步抬头。

针对美国的这种双重战略，为了中国经济的长治久安，我们不但要警惕并拒绝美国利用“引入战略投资者”和开放金融业等新自由主义的花言巧语掠夺我国财富，大力推进人民币结算以及作为国际储备货币的战略目标，更重要的是要及早做出战略规划，通过把注意力转向“内部改善”，经过若干年调整，逐步抛弃出口导向型经济，减缓引进挤压我国民族企业市场空间和转型升级空间的外国直接投资，保护民族产业和国内市场，转向国内经济大循环战略。国内经济大循环战略包含以下核心要素：以工人、农民以及中产阶级收入增长作为经济增长发动机，大力推进创新型国家建设，抓住第六次技术革命的机遇，实施主权信贷并实现工业中心向中西部转移，等等。笔者以为，这才是破解美元霸权和应对外向型经济发展模式危机的根本性措施。

二、“担水劈柴”的国际分工地位和美元霸权的掠夺

基于比较优势理论，国际大循环经济发展战略的构想旨在通过大力引进外资和发展劳动密集型产品出口，把农村劳动力转移纳入国际大循环，一方面解决农村剩余劳动力的出路问题，另一方面在国际市场上换取外汇，从而获得重工业发展所需要的资金和技术，以便通过国际市场的转换机制，沟通农业与重工业之间的循环关系。这种战略构想契合了 20 世纪 90 年代以来国际分工的一种深刻变化：由信息革命所催生的模块化生产在几乎所有产业（包括许多服务业甚至农业）都导致了国际分工的关键性变化，即生产和服务功能在地理上的分散推动了产业价值链分工的新发展，从而促进了跨国公司全球产业价值链的迅速扩张。在新自由主义的推动下，发达国家采取外包和国外直接投资的形式把大量生产活动转移到我国，从而使我国工业制成品出口特别是高技术产品出口的激增成为一种引人注目的现象，我国深深地卷入跨国公司的全球生产体系之中：贸易依存度高达 70%。在我国出口总构成中，加工贸易出口所占比重高达 50%，外商投资企业出口所占比重高达 60%。

如何评价我国通过国际大循环经济发展战略融入跨国公司全球产业价值链分工的利弊得失呢？许多经济学家和政策制定者都把国际金融危机前中国经济的高速增长看作托全球化之福。正如高柏教授指出的：当日本和韩国经济高速增长之时，国际分工的基础是最终产品，在工业制成品的国际贸易中，如果一国的企业无法制造出有国际竞争力的最终产品，那么，该国则无法参与国际贸易，因此日本人不遗余力地打造本国的创新体系。但到了中国改革开放的时候，国际贸易中分工的基础已经以生产要素为主。这种分工的基础极大地降低了发展中国家在参与国际贸易时发展本国创新体系的要求，它们可以通过廉价劳动力来加入全球化的生产体系，只

负担劳动力密集部分的任务就可以了。这在过去是根本不可能的。与日本的古典发展主义模式相比，中国的新发展模式在适应全球化这一新环境中表现出极大的优势，它依靠一种开放的经济体制迅速地提升了中国的经济结构，极大地增强了中国的国际竞争力。①因此，甚至有许多人认为，中国是全球化的绝对受益者。

但果真如此吗？让我们首先考察一下日本古典发展主义模式强国富民的基础。实际上，日本古典发展主义模式代表着从英国重商主义时期一直到全球产业价值链分工兴起之前落后国家脱贫致富的必由之路。在全球产业价值链的国际分工兴起之前，发达国家与发展中国家之间典型的国际分工形态是工业制成品和初级产品（农产品和自然资源）之间的垂直分工，所谓的殖民地在经济上就是沦为发达国家原材料的来源地和工业制成品的市场。因此，从 19 世纪指导了美国经济崛起的美国学派②和德国的李斯特一直到 20 世纪 70 年代以前的经典发展经济学都认为，落后国家经济发展的出路就在于工业化。从 20 世纪 80 年代以前的经济史来看，这种观点无疑是正确的，因为在那时，工业是高质量经济活动的基本载体、报酬递增的主要源泉和经济增长的发动机，它对一国实现强国富民的奋斗目标至关重要。通过保护幼稚工业和国内市场而相继崛起的英国、德国、美国和日本都深谙这种落后国家富强之道，日本古典发展主义模式只不过是它的一个晚近代表而已。

那么，跨国公司全球产业价值链的迅速扩张使发达国家与发展中国家之间的国际分工发生了什么变化？让我们首先通过工业制成品的产品研发与制造之间的分工来说明这个问题，这是发达国家与发展中国家之间的垂直分工从工业制成品和初级产品之间的分工深入到工业制成品内部分工的最重要的变化。由于模块化生产具有核心功能集成化、整体功能模块化的特点，因此，跨国公司可以通过“归核化”战略把制造的非关键性环节外包给发展中国家，这也就是说，跨国公司可以运用外部资源来进行它过去用本地的人力、物力所从事的非核心经济活动；而为了在控制技术专有权

---

① 高柏. 经济意识形态与日本产业政策：1931—1965 年的发展主义. 上海：上海人民出版社，2008：中文版序言 8，10.

② 贾根良. 美国学派：推进美国经济崛起的国民经济学说. 中国社会科学，2011（4）.

的同时降低人力资源成本，外包就成为跨国公司的最佳选择。但这种外包活动使得制造业的核心部件与其他生产环节在国家层次上发生了分离：发达国家从事高创新率、高水平进入壁垒和高附加值的核心部件生产，发展中国家则从事惯例化、低附加值和几乎没有进入壁垒的劳动密集型生产环节。显而易见，高知识密集型活动和高研发投入等高质量生产活动发生在核心部件的制造上，发达国家专业化于报酬递增的高质量生产活动，发展中国家则专业化于绝大部分是报酬递减的低质量生产活动。[1] 跨国公司就像在殖民主义时期开发自然资源一样把发展中国家的劳动力作为自然资源来“开发”。如果说当代国际分工的基础是生产要素为主，那么殖民主义时期也是以生产要素为主。只不过殖民地参与国际分工的是土地（自然资源），而今发展中国家参与国际分工的则是廉价劳动力而已。

值得注意的是，全球产业价值链的分工并没有局限于工业制成品内部的产品研发与制造之间的垂直分工，也没有局限于工业制成品本身。对于工业制成品而言，除了产品设计和加工制造外，它还包括原料采购、物流运输、订单处理、批发经营和终端零售等诸多环节。出于对全球产业价值链的掌控，跨国公司一直把发展中国家全面压制在报酬递减的低附加值活动中。同时，由于模块化生产，服务业和农业也出现了类似于上述工业制成品的跨国分工，即不同质量的生产活动在不同国家之间的垂直分工；特别是在过去被看作是生产和消费不能分离的服务业，也出现了服务提供的不同环节在地理上的分散，例如离岸服务外包的大量涌现。与此相关的一个重要问题是，相对于从英国重商主义一直到日本古典发展主义模式的五百年经济史来说，对于国家富裕至关重要的报酬递增的高质量经济活动不再局限于工业领域，也不再局限于所谓的高新技术产业，它广泛地存在于通常被人们看作中低技术的产业如服务业、传统工业和农业的某些环节中。例如，与高端制造业一样，知识密集型服务业和高端农业无疑是一国报酬递增的主要源泉和经济增长的发动机。

在这种新的历史条件下，我国通过大力引进外国直接投资和发展劳动密集型产品出口融入跨国公司全球产业价值链，还能像英国、德国、美国和日本那样达到强国富民的目标吗？要回答这个问题，我们首先要弄清

① 贾根良，秦升．中国“高技术不高”悖论的成因与政策建议．当代经济研究，2009（5）．

楚：从英国重商主义一直到日本古典发展主义模式，为什么抓住了工业就抓住了国家致富的关键？原因就在于，在那时，由于整个工业的产业价值链都在一国之内，抓住了工业就等于抓住了具有报酬递增之特征的高创新率、高水平进入壁垒、高附加值、高工资和高就业的高质量生产活动。当时的宗主国对殖民地的政策就是不允许它们从事这种报酬递增的工业活动，强迫殖民地从事报酬递减的初级产品生产活动，从而使殖民地锁定在了贫困的境地之中。按照同样的道理，由于国际分工的新发展，发达国家在今天通过诱使发展中国家从事报酬递减的产业价值链低端活动而自己却牢牢地控制住产业价值链的报酬递增部分，同样也能达到"殖民主义"的目的。正是通过对当代全球产业价值链分工的这种透视，我们才终于明白了，在历史上曾经也是欠发达国家的英国、德国、美国和日本之所以能够崛起，本质上并不在于它们抓住了工业，而在于它们抓住了隐藏在工业背后的本质：只有抓住报酬递增的高质量经济活动，国家才能致富；否则，国家将陷入贫困之中而不能自拔。

按照上述逻辑，在我国通过采取国际大循环经济发展战略融入跨国公司全球产业价值链分工的情况下，即使我国高技术乃至全部工业制成品出口飞速增长，也无法从根本上摆脱贫困的境地，因为这种出口活动已经丧失了工业本身原先所具有的高创新率、高附加值、高利润、高工资以及我们随后将要谈到的系统协同效应。因此，可以观察到，即使同样是30年的高速经济增长，我国已经不可能再像二战后的日本和韩国那样使全体国民的福利得到普遍提高了。日本在经济快速增长时期，其工资的增长速度比美国快70%，到1980年就已经与美国持平，这一段历程大概用了30年时间；而从1978年到2004年，中国经济也高速增长了近30年，工资却只有美国的1/20、日本的1/24。在制造业，中国的劳动力价格甚至比20世纪90年代才开始快速增长的印度还要低10%。[①] 有人可能会说，不要着急，通过产业升级，中国迟早会升级到全球产业价值链的高端，目前有关全球产业价值链的研究都是集中在这个方面。但正像历史上欠发达国家从没有沿着从初级产品到工业制成品的垂直分工链条实现产业升级一样，今天的中国也不可能沿着工业制成品内部的垂直分工链条实现从加工制造到高附

① 王红领. 工资为何落后于GDP增速?. 人民日报海外版，2006-08-14.

加值环节的升级；而要达到产业价值链的高端，首先就要从这个高端入手控制整个产业价值链。就像历史上英国、德国、美国和日本通过幼稚工业保护来建立自己的工业一样，中国同样需要保护高端产业并孜孜以求其独立发展。

因此，我们不得不说，正像历史上英国在取得工业领先地位后，以比较优势和自由贸易理论劝诱德国和美国不要建立报酬递增的工业，而是以初级产品生产加入与英国工业制成品相交换的老式垂直分工的“全球产业价值链”一样，在模块化生产导致产业价值链出现新式垂直分工的新形势下，以美国为首的国际垄断资本集团向发展中国家同样推荐了一种“唯一”正确的经济发展模式：通过利用廉价劳动力、自由贸易、引进外国直接投资和出口导向型经济融入全球产业价值链分工。其目的无非是在新的形势下达到发达国家及其跨国公司控制国际分工格局的目标，因此，如果发展中国家通过廉价劳动力和大力引进外国直接投资融入与发达国家及其跨国公司的这种国际大循环之中，其就无法摆脱在国际分工中“担水劈柴”的国际地位，其受剥削和受掠夺的被动地位也就无法彻底改变。特别是在美元霸权的支配之下，国际大循环经济发展战略的这种致命弊端就彻底暴露出来了。

从英国重商主义一直到日本古典发展主义模式，落后国家脱贫致富的国际环境并没有根本性的改变。但自 20 世纪 80 年代特别是 90 年代以来，国际经济环境却出现了两个重大的结构变化：一个就是我们上面谈到的全球产业价值链分工的出现，另一个则是美元霸权的形成。美元霸权的形成起源于 20 世纪 70 年代布雷顿森林体系的崩溃。1971 年，美国总统尼克松在持续的财政和贸易赤字将耗尽美国黄金储备的压力下，放弃了美元与黄金的挂钩，以美元可兑换黄金的关键货币本位制为基础的布雷顿森林体系解体了。但是，由于美国的军事、经济和地缘政治霸权的支配作用，美元作为国际储备货币的地位并没有改变。然而，一直到 20 世纪 90 年代，“全球市场猛然向美国公司和金融机构开放，跨国界的资金流动由于金融市场的解除管制而成为惯例，美元霸权才得以形成”①。美元霸权彻底颠覆了重商主义时期的英国和二战后日本以及“亚洲四小龙”出口导向型

① 廖子光. 金融战争：中国如何突破美元霸权. 北京：中央编译出版社，2008：译序 11，12.

经济的性质：美国生产不被任何实物支撑、只由美国军事力量支持的美元纸币，而世界其他国家生产美元纸币可以购买的产品。按照美元霸权的逻辑，只有在其他国家通过出口导向型经济对美国贸易存在着持续出超的情况下，美国才能通过印刷美元纸币，不劳而获地坐享别国的劳动成果。

因此，基于美元霸权的战略，美国政府就通过新自由主义意识形态的强大攻势，蓄意地把以自由贸易、加入全球产业价值链和引进外国直接投资为核心的出口导向型经济作为“唯一”正确的经济发展模式推荐给发展中国家，以便使其成为剥削和掠夺的对象。在这种情况下，出口导向型经济体出口量越大，积累的美元储备就越多，被剥削和被掠夺的程度就越严重。由于我国推行国际大循环经济发展战略，自 20 世纪 90 年代末以来，我国实际上已经成为美元体系的主要支撑国：据外媒报道，中国 2009 年外汇储备余额突破 2 万亿美元，达到 2.399 万亿美元。中国外汇储备占全球储备比重达到 30.7%。美元霸权迫使我国用巨额的美元外汇储备购买了大量美国从不打算偿还的美国国债，然后，美国再利用向我国等国家发行的美国国债等筹集到的资金，不仅支持美国人的过度消费，支持颠覆中国政权的活动，也为美国等发达国家的跨国公司大肆收购我国企业并进而控制我国产业特别是高端产业提供融资。对于我国经济发展来说，这种出口导向型的经济发展模式无疑弊大于利。因此，令国际大循环经济发展战略的提出者始料未及的是，这一战略无意间竟然与美元霸权的战略意图相吻合，美好的初衷竟然使该战略成为一条中国通向“依附型经济”的道路，这岂不令人悲叹！如果我们再考察一下国际大循环经济发展战略在以下两方面的弊端，这种认识就将变得更加清楚。

三、内需长期难以启动和泡沫经济的根源

在国际金融危机爆发之时，笔者就思索这样一个问题：我国早在 1998 年就提出了启动内需的口号，但内需为什么却越来越萎缩？固然，收入分配的两极分化与教育、社会保障体系和住房的过度市场化是其中的

两个主要原因，但人们并没有注意到：与国际大循环经济发展战略紧密相关的出口导向型经济发展模式和外国直接投资则是另一个主要原因①，而国际大循环经济发展战略又是造成收入分配两极分化的重要因素之一。概括起来说，国际大循环经济发展战略主要通过资源、工资和投资机会三个方面严重地抑制了内需经济的发展。第一，它把资金、资源和劳动力虹吸到沿海的出口导向型部门，造成了内需发展的资金和资源严重不足，这与它旨在解决沿海与内地之间争资源和争市场的矛盾南辕北辙。第二，它还造就了一种低工资的“血汗工厂”体系，从而成为内需长期难以启动的主要原因之一。第三，我国目前严重的泡沫经济在很大程度上也是实施国际大循环经济发展战略的严重后果。我们下面就依次讨论国际大循环经济发展战略所产生的这些严重弊端。

首先，国际大循环经济发展战略造就了金融危机之前繁荣的出口导向部门与萎缩的内需发展之间相分割的“二元经济”。如果说我国巨额的美元储备只不过是由于美元的不断贬值而遭受损失，虽然令人心痛，那倒也罢了，但问题是造就这种巨额美元储备的出口导向和以出口为目的的外资②仍在损害我国内需经济的发展，特别是引进的外资仍在把国内储蓄转变成几乎没有用处的外汇储备，继续加重这种畸形的“二元经济”。对于引进外资和出口导向型部门如何损害内需发展的问题，我们可以通过举例说明：假如沿海地区引进外资 1 000 亿美元，它必须兑换成人民币比方说 6 000 亿元才能在国内使用，如果我国货币发行总量不变，这相当于从全国其他地区吸走了 6 000 亿元人民币，这说明沿海地区增加了 6 000 亿元的投资，其他地区就减少了 6 000 亿元的投资；同样道理，出口创汇 1 000 亿美元也具有同样的影响。

上面假定我国货币发行总量不变，但如果中国人民银行因为引进外资或出口创汇 1 000 亿美元而增发这 6 000 亿元人民币，新增人民币会带来通货膨胀，由于沿海地区的货币供给比其他地区增加了 6 000 亿元，其他地区的货币供给量表面上不变，但因为购买力下降了，资源的利用还是减

---

① 贾根良. 评佩蕾斯的技术革命、金融危机与制度大转型. 经济理论与经济管理，2009 (2).

② 本文中“外国直接投资”或“外资”没有包括港澳台资本，港澳台资本不属于外资。但由于港澳台资本也是通过美元进入内地（大陆），因此港澳台资本对内需的不利作用也具有同等影响。

少了，资源就从别的地方流向了沿海地区。因此，沿海地区的“两头在外，大进大出”战略实际上是一种与内地和内需产业争资金、争资源和争夺劳动力的资源配置机制：沿海地区吸引的外资和出口创汇越多，从内地或内需产业吸走的资金和资源就越多，内地发展就越缓慢，内地或内需产业也就越贫困。[①] 出口创汇和以出口为目的的外国直接投资所积累的巨额美元储备不但一直在虹吸国内发展所需要的资金和资源，导致内需发展严重不足，而且也说明，内地或内需产业一直在补贴沿海地区和出口导向型部门，造就了金融危机之前繁荣的出口导向部门与萎缩的内需市场，并加重了沿海地区与内地经济发展的严重不平衡，使西部大开发战略不能充分发挥作用。

其次，国际大循环经济发展战略造就了一种低工资的“血汗工厂”体系，从而成为内需长期难以启动的主要原因之一。全球产业价值链由跨国公司的生产者驱动和购买者驱动所构成，当国际大循环战略以廉价劳动力融入跨国公司的全球生产体系之时，它不得不受跨国公司的生产者驱动所支配。既然我国出口导向型经济的竞争优势体现在低廉的劳动力成本上，那么，竞争压力将刺激资本家使用廉价劳动力而不是成本更高的有技能的大学毕业生。劳动密集型产业发展战略导致了这种低水平专业化的自我强化，导致了中国以及其他发展中国家的“竞次”活动。这种持续的对工资水平的挤压迫使工人不得不通过消费更少并尽可能工作更多来增加他们的“自我剥削”，这不但对工人及其家庭是损害，而且也产生了国内需求的严重不足。而在全球产业价值链的购买者驱动情况下，中国企业也是通过被迫压低工人工资竞相融入国际大循环的。例如，沃尔玛几乎每年都要把从中国进口的大部分货物的价格压低5%，国内企业家也就不得不把这种成本降低的负担转嫁给工人，从而再次产生对工资水平的挤压，造成国内需求的严重不足。

当经济发达的沿海地区出口部门作为中国经济增长的引擎之时，其工资水平的长期被挤压必然对全国劳工阶层的工资增长产生严重的抑制作用，从而成为工资与利润在收入分配上严重两极分化的推动力。

---

① 黄树东. 选择和崛起：国家博弈下的中国危局. 北京：中国人民大学出版社，2009：345-347.

按照刘易斯剩余劳动无限供给条件下经济发展理论，在自由贸易的情况下，从理论上说，只有当全世界的剩余劳动都吸收完毕时，中国农民工的工资和农民收入才能上涨，这也就是说，中国由于具有世界上最大量的农村剩余劳动力，在世界经济发展中将处于“垫底”的地位。以廉价劳动力参加国际分工的比较优势理论无疑是西方主流经济学给发展中国家特别是中国布下的陷阱，国际大循环经济发展战略正是通过上述低水平专业化的自我强化使中国锁定在了工人和农民实际收入长期停滞的“贫困的恶性循环”之中。因此，以中国工人和农民收入增长为动力的内需将很难启动，这就是我国早在1998年就提出了启动内需的口号，但内需却越来越萎缩的基本原因。

在图1-1中，横轴OL代表农村剩余劳动力，纵轴OD代表实际工资，SW代表传统部门中供维持生存之用的平均实际收入，WS代表现代部门的实际工资（这种工资水平高于传统部门中供维持生存之用的平均实际收入，因此农村劳动力才流入现代部门）。按照这项工资，农村劳动力的供给假定是“无限的”，即具有完全的弹性（WS），由于资本投资，生产可能性曲线D_1F与WS相交于F，由此导致农村劳动力转移OL_1。随着资本投资的不断扩大，一直到生产可能性曲线D_3S与WS相交于S点，所雇佣的劳动力为OL_3。在这时，农村剩余劳动力被转移完毕，农业部门就成为与现代部门一样由市场所决定的经济部门，因此S点又被称为商业化点，在这一点上，现代部门的工资水平开始上升，由SS_1表示。需要说明的是，刘易斯的这个模型存在着严重的缺陷，不能反映日本和韩国在二战后工业化时期工人的实际收入（WS向右上方倾斜）乃至农民收入（SW也向右上方倾斜）与工业（资本）扩张同步增长的事实。但是，这个图比较好地反映了新自由主义（自由贸易）政策时期拉丁美洲和我国（大约1993年以后）工人和农民实际收入停滞的状况。由于我国仍存在大量的劳动力，所以，在自由贸易的开放经济条件下，工人和农民实际收入的提高肯定是异常缓慢的，只有实行类似于二战后日本和韩国的保护民族经济的经济体制，他们实际收入的持续和较大幅度的提高才能得到保证。

最后，由于我国工业制成品的贸易条件不断恶化和外国直接投资把我国民族企业压制在低端产业，本土制造业缺乏有利可图的投资机会，积累

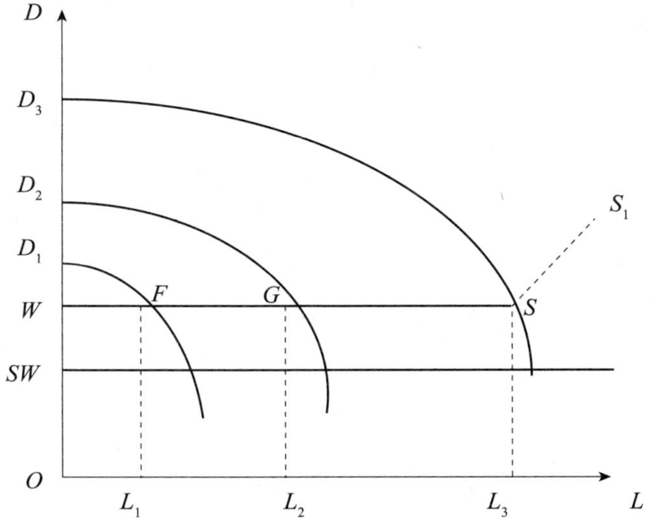

图 1－1　刘易斯二元结构模型

起来的资金不得不投入股市和房地产等投机活动中，从而成为制造严重经济泡沫的基本力量。作为世界经济领域的一个新现象，自 20 世纪 80 年代末以来，发展中国家的工业制成品贸易条件开始出现全面的和持续的恶化趋势，这也就是说，发展中国家的工业制成品出口价格相对于发达国家工业制成品出口价格不断下跌。"在 1988 年至 2001 年之间，收入越低的群体，遭遇的价格下跌趋势越严重；但是中国制造的产品的价格下降趋势甚至超过最低收入组国家，与此相似的是，技术含量越低，价格可能下跌得越厉害。出乎意料的是，资源依赖型产品的价格不如技术含量低的产品的价格那样趋向于下降。"① 但大约从 1998 年开始，发展中国家总体的国际贸易条件趋于改善，而我国总体的国际贸易条件却急剧恶化（见图 1－2）。导致这种变化的主要原因是自然资源和原材料的价格大幅度攀升，而工业制成品的价格却持续下降，由于加工贸易出口占我国总出口的 50%，所以自然资源和原材料价格的上升与工业制成品价格的下跌交互作用，严重地挤压了出口企业的利润空间，再加上 2005 年后人民币的升值，使得原本利润率就很低的劳动密集型出口企业的生存就更加困难了，大量的资金

① 卡普林斯基. 夹缝中的全球化：贫困和不平等中的生存与发展. 北京：知识产权出版社，2008：200.

不得不寻求新的投资机会。2014 年之后，我国贸易条件改善，但与发展中国家的总体国际贸易条件仍有很大差距。

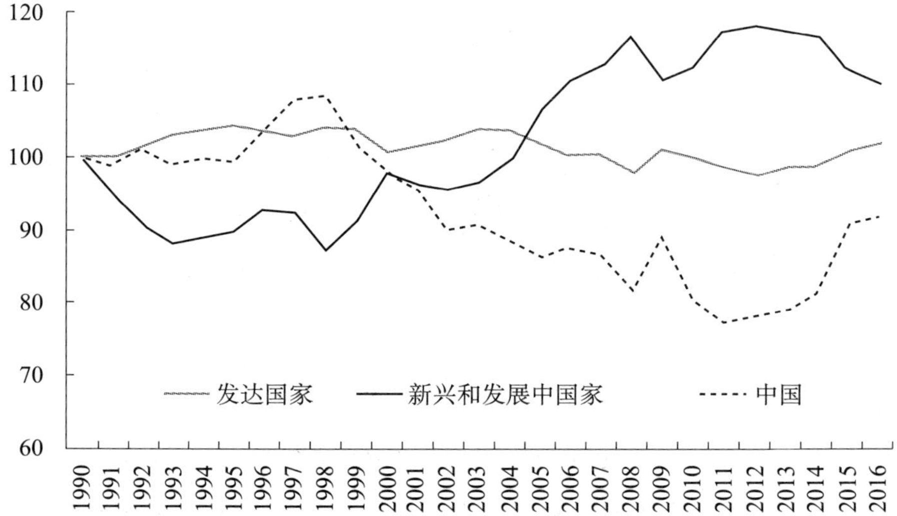

图 1-2 发达国家、中国与发展中国家的国际贸易条件（1990 年＝100）

资料来源：IMF. World economic outlook，various issues；World Bank. World development indicators，accessed 23th May 2018。转引自 DIC LO. Perspectives on China's systematic impact on late industrialization：a critical appraisal. Department of Economics，SOAS University of London，February 2019。

1993 年之后，外国直接投资大量涌入中国，外资企业把持了我国国民经济中最有盈利前景的产业环节。据报道，在中国 28 个主要产业中，外国直接投资占多数资产控制权的已经达到 21 个，每个已经开放产业中的前五名企业几乎都是由外资所控制。与跨国公司在中国的外包活动相比，外国直接投资更直接地通过控制这些产业，把高创新率、高附加值和高水平进入壁垒的高质量生产活动牢牢地掌握在自己手中，本土企业则被压制在产业链的低端。例如，2009 年，在我国本土企业因国际金融危机发生严重经营困难并有几十万乃至上百万家企业倒闭的同时，据中国美国商会在 2010 年 4 月初发布的《2010 年商务环境调查报告》，2009 年，71％的美资企业实现了盈利，82％的美资企业对在华业务前景表示乐观，91％的美资企业对未来 5 年的发展前景表示乐观。在这种情况下，从劳动密集型出口产业中游离出来的大量资金或者不得不投资于可以在短期内就能产生回报的产业，因而加剧了钢铁、水泥、煤炭和建材等产业的大量产能过剩；或者转向股市和房地产等投机活动，特别是在前者的产能过剩日趋明显的情况下，无形中又加剧了房地产的投机活动。而国家又不得不把房地产业作为经济发展的支柱产业，地方政府则靠卖地增加财政收入，从而不断推高房价，更加助长了房地产业的投机活动，加剧了社会的不和谐。此外，由于国内缺乏有利可图的投资机会，富人阶层把大量资金挥霍在奢侈品的消费上，以至于还存在大量贫困人口的中国竟然在 2009 年成为世界第二大奢侈品消费国，占到全球市场份额的 25%以上。

四、高等教育缺乏出路和“三农”问题难以解决

国际大循环经济发展战略的设想是：通过在国际市场上换取外汇，从而获得重工业发展所需要的资金和技术，以便通过国际市场的转换机制，沟通农业与重工业之间的循环关系。然而，这种战略实施的结果却造成了重工业的低端产品产能过剩和高端技术仍被跨国公司所垄断，造成企业服务业严重落后，而这又直接成为我国大学生和研究生就业越来越困难的主要原因，因而堵塞了中国高等教育的出路。与此同时，东部沿海地区的“大进大出”造就了一种低工资水平的“血汗工厂”体系，导致城市化严重地滞后于“工业化”，一般服务业落后，中西部的城市化受到严重抑制，再次造成就业问题日益严重。而城市化和服务业发展的严重滞后又延缓了农村人口向城市的流动，因而成为“三农”问题的直接症结所在。即我们无法通过减少农民提高农业生产率，无法通过增加城市人口扩大农产品的国内市场，也无法通过提升城市劳工阶层的整体收入水平推动对高附加值农产品需求的增长，更无法通过提高农产品价格使农民分享高质量生产活动的生产率增益。由于认识不到“三农”问题与国际大循环经济发展战略之间这种曲折但又具有根本性的联系，所以目前大多数学者认为“三农”问题无解。但实际上并非如此。我们下面就依次对此进行讨论。

一般来说，重工业可以被划分为资本货物制造业（包括新出现的先进

制造业)[①] 和以资源为基础的重工业，后者主要是指石油化工、冶金和建筑材料工业等。近年来我国出现的比较严重过剩的钢铁、石化、氧化铝、水泥和煤炭等工业部门都属于以资源为基础的传统重化工业。由于国际大循环经济发展战略的实施，我国资本货物制造业扮演了发达国家的高端组装和中低端加工基地的角色。在技术绝对垄断的外资挤压下，中国装备制造业的发展呈现“低端混战、高端失守”的状态，自主创新困难重重。资本货物制造业自身所需要的核心基础元器件、大型铸锻件和自动化控制装置发展滞后，关键配套受制于人，大型、精密、高效装备仍依赖进口，这是《瞭望》新闻周刊记者走访沿海省市装备制造业后梳理出的判断。[②] 资本货物制造业的落后造成了我国“进口高附加值的资本货物，出口低附加值的消费品和低附加值的资本货物”的局面。例如，据科技部提供的数据，截止到2004年，我国全社会固定资产中，设备投资的2/3依赖进口，其中，集成电路芯片制造装备的95%，石化装备的80%，轿车制造业装备、数控机床、纺织机械及胶印设备的70%都依赖进口。

目前，我国“低端混战、高端失守”的状态已经发生一些变化。[③] 以机床工业为例，中国机床工具工业协会常务副理事长陈惠仁2019年发文指出：“由于与国际先进水平差距很大，我国机床工业被称为是‘低端混战，高端失守’。但近些年来，这一情况正在发生积极的变化，产品结构水平和市场竞争能力明显提高。从专业的角度重新审视近十年来中国机床市场的实际竞争状态，可以概括为：‘低端内战、中端争夺、高端失守’。……在高端领域，由于差距悬殊，国产机床基本上还不具备市场竞争能力。而中端市场领域一直是国产机床与进口机床争夺的主战场，也是我们曾经濒临全面失守的领域，争夺这一领域的市场份额，是多数机床企业长期以来的主攻方向。随着我国数控机床技术的全面普及，中档数控机床技术不断趋向成熟，再加上本土优势的助力，国产中档数控机床产品的市场竞争力逐步增强，市场份额逐渐扩大，市场地位日益巩固，逐步扭转

① 资本货物制造业是相对于消费品工业而言的，是指制造所有机器设备的工业，在我国又被称作“装备制造业”。

② 陈冀，贾远琨.外资垄断“锁喉”中国装备业.瞭望，2009 (48).

③ 本段是根据2019年最新研究成果增加的，也是本章对原文的唯一修改之处，证明了笔者2010年观点的正确性。

了长期被动挨打的局面。近十年来，国产机床已经在本土中端市场占据了半壁江山，基本实现了由被动防守到长期相持再到积极进攻的战略转变。”①

造成我国资本货物制造业不断萎缩的原因主要有三个方面。第一，两头在外的加工贸易（大进大出）必须按照外包公司的技术标准、产品规格和国外消费者的偏好进行生产。在一般情况下，外包公司以提供相关技术和机器设备作为加入其全球产业价值链的条件；即使外包公司不要求，我国的资本货物制造业也不大容易满足为国外消费品进行生产的技术和机器设备要求，再加上在技术上本来就与发达国家资本货物制造业有差距，其结果是我国消费品工业越来越多地从国外进口机器设备，这导致了我国资本货物制造业的衰落。第二，进口冲击。非出口的内需部门也减少购买国内资本货物制造业的产品，如铁道部对高铁“中华之星”的百般刁难——无论你怎么说，我就是不用国产品；在医疗设备方面也是如此。再如，在2008年政府采取投资4万亿元人民币大规模刺激内需时，笔者就提出要坚决执行国货采购制度。但直到2009年5月，因国货在国家庞大的拉动内需的投资中受到严重歧视，国家发改委才不得不就购买国货问题发出紧急通知。第三，外国直接投资的购并和全面挤压。在我国高端资本货物制造业基本上没有国外市场的同时，其国内市场也越来越丧失的情况下，它怎么能经营好？怎么能生存？人们不明就里，还以为我国资本货物制造业特别是国有企业天生就没有效率呢，因此各地竞相把相关企业出卖给虎视眈眈的外资，这更是雪上加霜。如果不改变目前这种状况，我国大部分资本货物制造业恐怕只有死路一条。

正如罗森堡对19世纪美国经济增长的研究所证明的，资本货物制造业不但是技术创新和报酬递增的主要来源②，而且由于资本货物制造业是技术密集和知识密集的产业，它也是知识劳动者等高质量就业者就业的主要领域之一。此外，它在制造新的生产工具、生产更多种类的中间产品过程中插入了越来越专门化的知识生产部门，提供越来越专门化的服务活动

① 陈惠仁. 中国机床工业40年. 经济导刊，2019（2）.

② ROSENBERG N. Technological change in the machine tool industry，1840—1910. The journal of economic history，1963，23（4）.

等，导致企业服务业特别是知识密集型服务业迅速发展，从而使之成为知识劳动者就业的又一重要领域。例如，在过去的 20 年中，企业服务业的就业增长占到欧洲就业增长的一半多，特别是自 20 世纪 90 年代下半叶以来，企业服务业的就业在欧盟总的就业净增长也占到一半多。在 1979 年到 2003 年期间，欧盟所有部门的年均就业增长率为 0.6%，制造业年均增长率为−1.0%，而企业服务业年均就业增长率却达到 4.4%。[①] 因此，正如埃德奎斯特等指出的，在那些与创新的制造业部门有密切关系的服务部门中，产品创新是最快的，因此，在制造业的“高技术”部门与服务业的“知识密集型”部门之间以创新为基础的交互作用对就业增长具有重要的影响。新服务对于新产品来说，更可能是补充而非竞争关系，它对就业产生了积极的效应。[②]

既然资本货物制造业和企业服务业是知识劳动者就业的基本领域，那么，我国愈演愈烈的大学生就业困难问题就很容易理解了。我国资本货物的大量进口不仅使发达国家获得了高额的“创新租金”或超额利润，把我国知识劳动者所需要的大量就业机会让渡给了发达国家，也使我们丧失了资本货物工业作为迂回生产过程的“增长极”在我国整个经济系统中通过前后向联系创造出的大量就业机会。笔者认为，这种通过前后向联系所创造的就业机会主要包括两个方面。一是企业服务业。由于资本货物工业的落后，我国企业服务业处于滞后的状态。两头在外的加工贸易（大进大出）导致资本货物制造业举步维艰。皮之不存，毛将焉附？企业服务业如何发展？由于跨国公司把我国压缩在全球产业价值链的加工制造环节，在购买者驱动的全球产业价值链中，企业服务业基本上由国外来提供；而在生产者驱动的全球产业价值链中，国外的企业服务业作为外国直接投资跟随跨国公司来到中国，根本就不需要中国的企业服务业；再加上国家对企业服务业没有支持和保护，反而是优待诸如审计行业的“四大”等外国直接投资企业。在这种情况下，由于资本货物制造业和企业服务业发展严重

① KOX H L M，RUBALCABA L. Analysing the contribution of business services to European economic growth. BEER paper 9，2007：2，6，27，28. http：//www. coleurop. be/eco/publications. htm.

② 以上观点依次参见 EDQUIST C. et al.. Innovation and employment：process versus product innovation. Cheltenham：Edward Elgar，2001：163 脚注 41，19，117。

落后，中国高等教育的出路何在？

资本货物工业通过前后向联系所创造的就业机会还包括在中间产品生产和第三产业的一般性服务业中所创造的就业机会。我国加工贸易出口和外商投资企业出口在我国出口中分别占比 50%和 60%，而这种出口基本上又是以来料加工和进料加工为特征的，因此，我国把中间产品生产所创造的大量就业机会再次让渡给了外国。不仅如此，根据国外城市化的经验，城市第二产业 1 个劳动力的就业往往伴随 2～3 人在第三产业（一般性服务业）的就业。即如果 1 个就业人口赡养 2.5 人，1 名劳动者在第二产业就业（包括就业者本人），可以增加 7～10 名城市居民。[①] 然而，由于我国以大量农村剩余劳动力为基础的劳动密集型产品出口产业是建立在农民工低收入的基础上，所以国际大循环发展战略严重地抑制了第三产业的发展。一方面，由于农民工抛妻别子在城市打工，对城市服务业的需求很小；另一方面，由于农民工的低收入，尤其是作为第二产业生力军的农民工工资未包含正常需要的城镇购房开支和足额养老医疗保险等，所以这些农民工及其家庭就无法向城市迁居，中国的城市化进程就被大大地推迟了。

目前，关于究竟有多少农民工在城市第二产业包括东部沿海城市第二产业打工，并没有准确的数字，有的说是大约 1.5 亿，也有的说是大约 1.2 亿。考虑到一些农民工家庭已经移民城市，我们假定目前还有 0.7 亿农民工在城市第二产业打工。根据国外城市化的经验，我们可以做一个保守的估算：1 位第二产业的农民工实现城市化，将增加 2 名第三产业的就业者，而 1 位就业者赡养 2 人，那么，0.7 亿的第二产业农民工实现城市化将增加 1.4 亿的第三产业就业人口，而 2.1 亿（0.7 亿加 1.4 亿）的城市就业人口将使城市化人口增加 4.2 亿！显而易见，国际大循环经济发展战略是导致我国服务业发展严重落后和城市化严重滞后的主要原因，因而也是造成我国就业问题越来越严重的基本原因。我们知道，国际大循环经济发展战略曾把解决农村剩余劳动力的出路问题作为主要目标之一，林毅夫也一直从解决就业的角度为劳动密集型产业发展战略进行辩护。然而，现在看来，这些观点都是不能成立的，原因就在于它们所基于的比较优势

① 王小强. 重提西部大开发：启动内需与产业升级的方略. 绿叶，2009（6）.

理论实际上是一种静态的经济理论，存在着根本性的缺陷。

此外，国际大循环经济发展战略还严重地抑制了我国中西部的城市化，拉大了地区之间的收入差距，造成了难以解决的“春运”等交通问题，加剧了地区之间经济发展的不平衡。国际金融危机爆发后，一些学者还在为出口导向型的国际大循环经济发展战略进行辩护，坚信这种发展模式仍将维持下去。但是，即使不考虑我们在上面谈到的诸多弊端，中国的城市化也不可能大部分集中在东部沿海地区；即使东部沿海地区能够使在当地打工的农民工实现城市化，也将对中国农业和交通业造成灾难性的影响。因此，中国工业中心必须向中西部转移！这就像美国历史上在抛弃出口导向型经济后狂飙突进的工业化过程所展现的那样，工业中心向中西部转移是历史的必然。我国只有抛弃国际大循环经济发展战略，十多年前提出的西部大开发战略才能得到真正的展开，我们才能加快我国的工业化进程！

更为严重的是，国际大循环经济发展战略还是导致我国“三农”问题难以解决的主要原因。

首先，由于我国城市化进程和服务业发展的严重滞后延缓了农村人口向城市的流动，因而我们无法通过减少农民提高农业生产率，也无法通过增加城市人口扩大农产品的国内市场。按照我们前面的计算，如果不只是0.7亿的第二产业农民工在城市打工，而是0.7亿的第二产业农民工带动城市化人口增加4.2亿，那么，由于农民减少一半，农业生产率将至少提高一倍，而城市人口增加3.5亿（4.2亿减去0.7亿），这又将给农产品提供多么大的市场！

其次，由于我国是通过加入跨国公司全球产业价值链的低端融入国际大循环的，所以我们将无法通过系统协同效应把高质量生产活动的创新和生产率增益“普惠”到农业部门和农民那里。在经济史中，我们之所以可以观察到：在工业发达的地方，农民也比工业不发达的其他地方的人更富裕，原因就在于当时的工业能够收获高质量生产活动的所有收益——高创新率、高附加值、高利润、高税收、高工资和高就业。而在全球产业价值链分解的今天，所有这些收益都不再能得到了，因而，普通城市居民的收入增长缓慢或停滞不前，就无法推动对高附加值农产品需求的增长；政府也就不能够像当今发达国家那样通过大幅度补贴和提高农产品价格，使农民分享高质量生产活动的生产率增益了。

因此，目前大多数学者认为“三农”问题无法解决，原因就在于没有认识到国际大循环经济发展战略正是其症结所在。

五、结语

2010 年 3 月 1 日，在我国人大和政协两会召开前夕，《人民日报》发表署名为“任仲平”的政论文章《决定现代化命运的重大抉择——论加快经济发展方式转变》。文章将“经济发展方式的转变”与中国 20 世纪以来曾有的两次决定现代化命运的重要转型——新中国的成立及改革开放相提并论，把转变经济发展方式看作我国第三次社会经济大变革。笔者认为，经济发展方式的转变不但源于国际金融危机等外部环境的急剧变化，而且也是革除原有经济发展方式所存在的弊端的内在要求。不破不立，由于我国“两头在外，大进大出”的国际大循环经济发展战略或出口导向型发展模式是原有经济发展方式的重要基础，所以，深刻认识国际大循环经济发展战略的致命弊端是加快转变经济发展方式和探索中国经济发展新战略的重要基础。

有比较才有借鉴。在英美经济崛起的过程中，英国和美国也曾面临类似我国目前所遭遇的严峻挑战，这种挑战导致了这两个国家经济发展方式和经济发展战略的革命性转变，其历史经验值得我们借鉴。16 世纪上半叶，英国低附加值产品的出口导向型经济虽然带来了短暂的繁荣，却造成了严重的不利后果：德国、尼德兰和意大利商人分享了伦敦半数以上的出口额，英国经济受制于低地国家，并自 16 世纪中期起陷入频发的经济与社会危机。这种危机最终引发了以保护国内市场和发展高端产业为核心的英国重商主义经济政策的革命，为后来的英国工业革命奠定了基础。美国的崛起也同样是以这种外向型经济发展模式危机的“因祸得福”为起点的。美国在独立后的 30 多年里实际上仍没有摆脱对英国经济的依附，建立的是一种以比较优势为基础的初级产品出口导向型经济。1807 年的《禁运法案》和 1812 年的美英战争沉重地打击了美国自身的对外贸易和航海业并引发严重的经济危机，此时的美国人才切实感受到了独立自主的工业发展对于民族独立和国家富强的重要性。危机导致了美国发展模式的重大转变，美国最终形成了以贸易保护、技术创新和资本生产率立国、工农业协同发展和内部改善为核心的内向型发展战略，经历一个世纪的发展，终成世界的工农业帝国。①

笔者认为，为了加快经济发展方式的转变，我国应该及早做出战略规划，借鉴英国和美国的历史经验，逐步实现从“国际大循环”向“国内大循环”的战略转型：把注意力转向“内部改善”，经过若干年调整和准备，对外抛弃出口导向型经济；保护民族产业和国内市场；减缓引进挤压我国民族企业市场空间和转型升级空间的外国直接投资；使用美元储备回购部分外资企业；选取适当时机就世贸条约中不利于我国的部分条款重新进行谈判，大力支持我国高端产品出口的发展，对内则以工人农民的收入增长、开发中西部和振兴高质量生产活动为三大引擎；通过让民族高质量生产活动和农村市场与原先用于出口的廉价工业制成品相互提供市场，实现国民经济的平衡发展；通过民族高质量生产活动的迂回生产和中西部城市化，创造比劳动密集型产品出口导向战略更多的就业机会；抓住在未来二三十年内将要爆发的以纳米、生物电子、新能源等为代表的第六次技术革命的机遇，大力推进以产业技术化为核心的创新型国家建设，实施主权信贷并实现工业中心向中西部转移。

---

① 赫德森. 保护主义：美国经济崛起的秘诀（1815—1914）. 贾根良，马学亮，邓郎，等译校. 北京：中国人民大学出版社，2010.

第二章 中国出口导向型经济与重商主义背道而驰*

近年来，国内外经济学界普遍指责我国出口导向型经济是重商主义的表现。特别是 2009 年 12 月 31 日，诺贝尔经济学奖得主、《纽约时报》专栏作家保罗·克鲁格曼在其专栏文章《属于中国的新年》中把这种谬误推向了高潮，他指责中国政府“遵循重商主义政策，人为地将贸易顺差保持在高水平”，并称“这样的政策是掠夺性的”。以此为基础，他呼吁世界各国迫使人民币升值并对中国实施贸易保护主义。不幸的是，无论是克鲁格曼还是他在中国的反对者，都被西方经济思想史教科书对重商主义的错误批判所误导，在认识中国出口导向型经济的性质上发生了根本性的错误。澄清这种错误，对于落实科学发展观，加快我国经济发展方式的转变，具有重大的理论和实践价值。本文首先为富国强民的重商主义经济政策正名，然后论证我国出口导向型经济如何与重商主义背道而驰，最后则扼要讨论重商主义经济政策革命对我国加快转变经济发展方式的重大意义。

一、流行的错误看法抛弃了重商主义的实质

在经济思想史中，曾经存在着两种针锋相对的对重商主义的评价：一

---

* 原载《天津商业大学学报》2010 年第 5 期。

种是以亚当·斯密为代表，认为重商主义把金银或货币与财富混为一谈，追求贸易顺差是其经济政策的首要甚至唯一目标，这种看法被目前的经济学教科书所采纳；另一种评价则对重商主义持赞赏态度，其代表人物是19世纪著名的经济学家李斯特和德国“新历史学派”的领袖古斯塔夫·施穆勒，后者还曾专门写了一本对重商主义高度评价的著作，著名经济学家凯恩斯和发展经济学家罗斯托对重商主义也持肯定态度。长期以来，亚当·斯密对重商主义妖魔化的评价一直占据着经济思想史教科书的位置。但在最近的20多年中，国际学术界出现了一股为重商主义平反的思潮，其代表人物是著名演化经济学和经济政策史家埃里克·S.赖纳特以及著名经济思想史家拉尔斯·马格努松[①]。这种思潮复兴并发展了李斯特等人对重商主义经济政策的评价。

李斯特指出，把重商主义指责为对别的国家尽可能地多卖出和尽可能地少买进“并不能获得事实上的印证；不论就科尔伯特或就英国从乔治一世以来政府的施政方针来说，都不能说他们对于贵金属输入这一点的重视是超出了合理程度的”[②]。笔者认为，所谓没有超出合理的程度，是指重商主义强调一国要保持适当的贸易顺差，这在重商主义时期是十分合理的，因为在当时金本位制的情况下，国际贸易是由黄金结算的，国内发行的硬币是以黄金作为基础的，如果长期发生贸易逆差，就会导致黄金外流，这不但将导致本国货币的对外贬值，更严重的是将产生通货紧缩、利率上升和资本短缺，从而使商品生产无法扩大，生产、就业和消费都会萎缩，国民经济发展陷入停滞。相反，贸易顺差所产生的黄金流入可以使盈余国增加更多的投资、增加就业和提高工资，而由黄金流入所导致的本国货币升值不但使进口原材料更便宜，而且如果企业要保持或增加出口，其就必须进行技术创新，从而推动其国际竞争力的提高，而国际竞争力的提高又将带来更多的黄金流入，从而使生产、就业和消费在更大规模上展开，由此带来国民经济的良性循环。

但是，如何保持这种由黄金流入所代表的贸易盈余呢？正如意大利重

---

① 他们主编的两本著作已经被翻译成中文，参见赖纳特、贾根良主编《穷国的国富论：演化发展经济学论文选》（上下卷，高等教育出版社，2007年版）、马格努松主编《重商主义经济学》（上海财经大学出版社，2001年版）。

② 李斯特.政治经济学的国民体系.北京：商务印书馆，1961：286.

商主义者伯特罗在1589年指出的，“工业的力量如此强大，西班牙及秘鲁的金矿和银矿都比不上它。意大利是一个没有金矿和银矿……的国家，法国也一样，但这两个国家都因为工业而拥有大量的金钱和财富”[①]。这也就是说，对重商主义而言，真正的“金矿”是制造业。重商主义者提出了三大政策主张：第一，要使国家富强，就必须保护和发展本国的制造业；第二，进口原材料并出口工业制成品；第三，要建立一个强有力的国家，并借助国家力量比如强大的军事力量保护本国工业和市场，并防止外来势力对国家战略的干预。李斯特指出，这样一种经济政策体系和学说无疑是“工业主义”的，亚当·斯密把它错误地命名为重商主义实在是令人费解。按照李斯特的看法，亚当·斯密妖魔化重商主义的秘密就在于“踢掉梯子”，目的是防止落后国家在了解了历史的真相后通过模仿英国的重商主义而成为其竞争对手。

只要具有经济史常识的人都知道，重商主义是从文艺复兴时期一直到英国工业革命时期西欧各国竞相采纳的经济政策，这是一个西欧各国群雄并起、争霸西欧的时代。正如著名经济学家罗斯托指出的：在欧洲工业现代化之前的历史中，每一个国家都经历过特殊的、发奋图强的阶段，对于后来政策的形成和经济本身都留下了重要的印记。这些互相竞争的民族国家所采取的经济政策混在一起，统称为重商主义。[②] 经济史确凿的史实也说明，英国从1485年亨利七世即位到1830年工业革命完成时，一直在实施重商主义政策。因此，重商主义不但是英国崛起而且也是英国工业革命诞生的基本原因，这也就是说，没有英国的重商主义，也就不会有改变世界的所谓产业革命。因此，亚当·斯密对重商主义的妖魔化是根本站不住脚的。

那么，重商主义为什么要抓住工业而不是农业呢？原因就在于：在当时，工业的创新机会窗口大，具有最高的进入壁垒，因而是收益递增的；农业则很少有创新机会，几乎没有什么进入壁垒，因而是收益递减的。那么，重商主义又为什么强调进口原材料并出口工业制成品呢？这是因为，

---

① 赖纳特，贾根良.穷国的国富论：演化发展经济学论文选：下卷.北京：高等教育出版社，2007：253.

② 罗斯托.这一切是怎么开始的：现代经济的起源.北京：商务印书馆，1997：47，33.

相对于原材料生产而言，工业制成品包含着更高的附加值、更高的利润、更长的产业链、更多的就业机会和更高的工资。因此，英国在其经济崛起的过程中，一直在限制乃至禁止原材料（或自然资源）出口并实施工业保护。在重商主义看来，只有抓住了工业，贸易盈余才能得到保证，换言之，贸易盈余是工业领先的表征而非本质特征，这是重商主义不遗余力地保护并大力发展工业的原因。正因为这个原因，赖纳特指出，“重商主义政策是一个国家从贫困到富裕的必由之路，它是从 1485 年的英国到 20 世纪 80 年代的韩国所奉行的经济政策”①。但是，我国的出口导向型经济走的却是一条与之相反的道路。

二、中国出口导向型经济怎样与重商主义背道而驰

（一）美元霸权条件下的贸易顺差与重商主义大相径庭

前面已经谈到，在金本位制条件下，由于国内工业的强大，所以出口导向型经济可以成为扩大规模经济并带动国内经济良性循环的发动机之一，(适当的）贸易顺差就成为这种经济发展模式的自然表现。但是，由于布雷顿森林体系在 1971 年的崩溃并没有改变美元作为国际贸易和国际储备货币的地位，而美国却可以不受限制地印刷美元，所以，美国政府就蓄意地以国际收支赤字作为剥削其他国家特别是出口导向型经济体的工具。美国政府之所以能够这样做，原因就在于国际贸易的增长需要美元作为国际结算的工具，只有在美国连年保持贸易逆差的情况下，才能把大量美元注入世界经济体系中；而美国的贸易盈余将回笼美元并导致国际贸易的萎缩。因此，美国政府发现，只有在保持其贸易逆差不断扩大的条件下，美国才能够通过没有成本地印刷美元无偿地占有世界上其他国家生产的产品。

为了使上述剥削和掠夺其他国家的可能性成为现实，美国政府不仅大

① 赖纳特，贾根良. 穷国的国富论：演化发展经济学论文选：下卷. 北京：高等教育出版社，2007：34－35.

力地推动自由贸易和金融自由化，还蓄意地诋毁内需主导型经济，把出口导向型经济推荐为经济发展唯一正确的道路，因为按照美元霸权的逻辑，只有在其他国家通过出口导向型经济对美国贸易存在着持续贸易顺差的情况下，美国才能通过印刷美元纸币，不劳而获地坐享别国的劳动成果。因此，美元霸权就彻底地颠覆了重商主义时期的英国和二战后日本以及“亚洲四小龙”出口导向型经济的逻辑，中国通过贸易顺差换取的大量美元不仅不能在国内使用，反而由于外汇占款引发国内通货膨胀，而这些不断积累的美元储备却因为美国的通货膨胀和美国财政状况的急剧恶化而不断贬值，从理论上说未来将变得一文不值。显而易见，美元霸权条件下的贸易顺差与重商主义大相径庭，但克鲁格曼却对美国政府蓄意利用美元霸权掠夺中国财富的现实视而不见，反而倒打一耙，指责中国政府实施的是掠夺性的重商主义政策。这说明，克鲁格曼的言论如果不是因为无知，就是出于贼喊捉贼的目的。

（二）中国的贸易结构违背重商主义的基本原则

重商主义政策之所以成为从 18 世纪的英国到 20 世纪的日本、韩国经济崛起的必由之路，原因就在于重商主义反对落后国家遵循比较优势理论，强调高创新率和高附加值的产业价值链对落后国家脱贫致富的决定性作用。但在全球产业价值链的国际分工于 20 世纪 90 年代兴起之前，为什么说抓住了工业就抓住了国家致富的关键呢？原因就在于，在那时，由于整个工业的产业价值链都在一国之内，抓住了工业就等于抓住了具有报酬递增之特征的高创新率、高水平进入壁垒、高附加值、高工资和高就业的高质量生产活动，因此，当时的宗主国对殖民地的政策就是不允许它们从事这种报酬递增的工业活动，强迫殖民地从事报酬递减的农业和自然资源的生产活动，从而使殖民地锁定在贫困境地之中而不能自拔。

按照同样的道理，随着全球产业价值链作为国际分工新形态而出现，发达国家在新的历史条件下仍可以通过诱使发展中国家从事报酬递减的产业价值链低端活动，而自己牢牢地控制住产业价值链的报酬递增部分，达到“殖民主义”的目的。因此，当代全球产业价值链分工给我们的启示是：在历史上也曾经是欠发达国家的英、德、美、日之所以能够崛起，本质上并不在于它们抓住了工业，而在于它们抓住了隐藏在工业背后的本质，即只有抓住报酬递增的高质量经济活动，国家才能致富，否则，国家将陷入贫困之中而不能自拔。这是重商主义的一项基本原则。而我国遵循比较优势理论，通过廉价劳动力参与全球产业价值链分工的低端环节，进口产业价值链高端产品，出口报酬递减的低端产品，这严重地违背了重商主义的基本原则，因而走的是一条专业化于贫困的道路。

（三）中国的自由贸易和外资政策与重商主义相冲突

重商主义是一种民族主义的经济政策体系，它之所以强调保护民族产业、反对自由贸易并严格限制乃至禁止外国直接投资进入本国市场，原因就在于：对于落后国家来说，高附加值和创新机会窗口大的民族产业非常弱小，如果没有国家的保护主义政策，扶强抑弱的国际自由竞争就将使其无法发展起来。因此，我们可以看到，现今发达国家在历史上无一不是通过保护主义而从贫困走向富裕的，这种保护主义包括两个方面：高关税贸易保护和排斥外国直接投资。在高关税贸易保护方面，英美堪称楷模。而在排斥外国直接投资方面，读过李斯特的《政治经济学的国民体系》的人都知道，英国在崛起前曾对外国商人、投资家和金融家控制其经济的行为进行了反反复复的斗争；而美国在 19 世纪对外国直接投资甚至采取了仇视的态度，以至于 1913 年的美国总统伍德罗·威尔逊指出，曾有人说拉丁美洲给外国资本以特许权，但从未听人说美国给外国资本以特许权，这是因为我们不给它们这种权利，因为投资于某个国家的资本会占有并且统治该国。①

反观我国，在贸易关税方面，1993 年的进口关税为 39.9%，但在加入 WTO 后，我国的关税水平降低：2007 年我国的关税总水平是 9.9%，而全球的关税总水平是 39%；我们的非农产品关税水平是 9%，而全球是

① 贾根良.美国经济崛起之前排斥外国直接投资原因解析.广东商学院学报，2010（3）.

29%；我们的农产品关税水平是15%，而全球平均是60%。作为落后的发展中国家，我国最需要贸易保护，特别是需要保护我国的高端产业和知识密集型服务业。而在引进外国直接投资方面，我国对其弊端认识不够。自1993年以来，我国引进外国直接投资量连续17年位居发展中国家之首，其结果是：据国务院发展研究中心2006年的研究报告，在中国28个主要行业中，外国直接投资拥有多数资产控制权的已经达到21个，每个已经开放产业的前五名企业几乎都是由外资所控制；有关中国大量产业有可能被外资控制的报道频频出现，如《流通业主渠道盛世危言：外资已占60%》《外资控制我2/3信用评级市场》《中国粮仓的钥匙决不能让外资抢走》……这种状况怎能说我国实行的政策是重商主义的呢？

（四）中国贱卖自然资源和黄金流失使重商主义者错愕不已

重商主义的一项基本准则是限制和禁止自然资源出口，乔塞亚·塔克提出了如下重商主义原则："出口品税率的高低应与其加工制成的程度成反比，直至绝对禁止原料的出口，而进口品税率的高低应与其加工制成的程度成正比。"① 在英国通过奉行重商主义而崛起的过程中，政府一再颁布原材料出口禁令，例如，为了发展当时其作为国际竞争中支柱产业的本国羊毛纺织业，政府制定了严刑峻法，规定："羊毛之外，绵羊、毛线、精纺毛纱、漂泥等'都在禁止出口的清单上。法律的实施十分严厉，首犯者要被砍去左手，再犯者则被处死'。"② 英国还曾把限制羊毛出口作为政治武器和打击竞争对手的武器。据分析，佛兰德作为欧洲纺织品霸主地位的丧失就与英国的原材料政策有关。

将中国指责为奉行重商主义，无疑会使重商主义者错愕不已，因为我国贱卖自然资源和黄金流失的情况恰好与重商主义的黄金和自然资源政策截然相反。据报道，在金银方面，我国实际上的政策是限制金银进口，鼓励金银出口。更令人痛心疾首的是，位于贵州、云南、辽宁等省的多个世界级的特大型金矿已经被外资所控制。在自然资源方面，我国珍贵的稀土

① 梅俊杰. 自由贸易的神话：英美富强之道考辨. 上海：上海三联书店，2008：106.

② 同①57.

资源被贱卖已是众所周知的事情：我国的稀土出口曾经便宜到每公斤价格仅18元人民币，而国际市场价格竟高达每公斤1 000美元。我国是自然资源非常匮乏的国家，但许多资源如煤炭、木材和有色金属等却被大量地廉价出口，被许多国家作为战略物资储备起来。

三、转变经济发展方式呼唤中国的重商主义经济革命

本文的讨论旨在说明，我国出口导向型经济发展模式不仅不是重商主义的，反而是与重商主义背道而驰的。与重商主义反对自由贸易政策和比较优势原则、严格限制和禁止自然资源出口、通过关税保护和排斥外国直接投资大力扶植本国高端产业的做法相反，我国的出口导向型经济则具有如下特征：放弃对高端产业的保护；坚定地捍卫自由贸易；大量引进外资；按照比较优势原则专业化于以廉价劳动力和耗竭自然资源为基础的全球产业价值链低端，并放任自然资源的自由出口。我国的出口导向型经济发展模式不但使我国在国际分工中被锁定在产业价值链的低端，而且使我国遭受到美元霸权的掠夺，这是我国经济虽然高速增长，但已经无法再像二战后日本和韩国那样使全体国民的福利得到普遍提高的基本原因。中央提出转变经济发展方式的目的，就是要从根本上扭转这种经济发展模式对国民经济造成危害的严峻局面。

要从根本上实现经济发展方式的转变，首先就必须解放思想，从根本上破除对重商主义和内需主导型经济根深蒂固的偏见。重商主义与外向型经济没有必然联系，这从因继承重商主义遗产而在1894年实现成功崛起的美国经济史中可以看得很清楚。正如赖纳特指出的，“自1791年的亚历山大·汉密尔顿开始，重商主义的核心原则支配美国经济长达一百多年之久。在那一时期，最具影响力的美国经济学著作的标题都证实了重商主义是其思想的源泉”①。这些最具影响力的美国经济学著作就是由19世纪的

① 赖纳特，贾根良.穷国的国富论：演化发展经济学论文选：下卷.北京：高等教育出版社，2007：34.

美国学派经济学家撰写的。正如维基百科在谈到决定美国经济崛起的“美国制度”时指出的，美国制度是以汉密尔顿的“美国学派”思想为基础提出的一种重商主义经济计划。而由汉密尔顿开创的美国学派则指导了美国经济的崛起①，其核心思想是反对比较优势，提倡贸易保护并大力发展高端产业。在对外经济关系上，它具有两个基本特征：第一，长期贸易逆差。只是在1876年之后，这种贸易逆差状况才开始被逆转。这再次证明贸易盈余并不是重商主义的基本特征。第二，美国经济崛起过程中的外贸依存度一直不高，长期维持在12%～14.1%区间，这说明美国经济的崛起是通过内需主导型经济而非出口导向型经济实现的。

其次，要从根本上实现经济发展方式的转变，就必须实现经济政策体系的重商主义革命。既然与重商主义背道而驰的出口导向型经济发展模式已经给我国经济造成了危害，既然重商主义已经被历史证明是落后国家赶超先进国家的必由之路，那么，我国就必须改弦更张，推动我国政策的重商主义革命。在这方面，美国在19世纪通过内需主导型经济崛起的成功经验就特别值得我们借鉴。笔者认为，对于发展中大国来说，以保护主义和内需为核心的内向型发展战略才是其经济崛起的正确道路。为此，我国必须加快经济结构调整过程，从根本上扭转由于低端产品大量过剩而导致的对国外市场严重依赖的状况。在实现了这种调整之后，我国就可以从自由贸易政策转变为重商主义的经济政策：对外严格限制甚至禁止资源出口，保护民族产业和国内市场，大力发展高端产业并大力支持高端产品的出口，扭转进口高附加值产品和出口低端产品的贸易结构。对内则以工人农民的收入增长、开发中西部和振兴高质量生产活动为三大引擎；通过让高端产业和农村市场与原先用于出口的廉价工业制成品相互提供市场，实现国民经济的平衡发展，实施主权信贷并实现工业中心向中西部转移，通过我国庞大的国内市场规模实现国民经济的腾飞。

---

① 赫德森.保护主义：美国经济崛起的秘诀（1815—1914）.贾根良，马学亮，邓郎，等译校．北京：中国人民大学出版社，2010.该书主要是一部关于美国学派经济学家的传记性著作。

第三章　从经济史看自由贸易与贸易保护*

熊彼特曾指出，“如果一个人不掌握历史事实，不具备适当的历史感或所谓的历史经验，他就不可能指望理解任何时代（包括当前）的经济现象”①。世界经济史表明，历史上所有的大国都是通过保护民族工业和保护国内市场而崛起的。作为一个发展中大国，中国企图通过自由贸易实现经济崛起是与这种历史规律背道而驰的，这有可能成功吗？历史上尚无先例，在理论上也是不可能的。因此，笔者在 2010 年就发表长篇论文，阐述了笔者有关中国保护民族经济的经济理论，提出中国保护主义经济崛起的十大战略方针，并明确指出这是应对美国等国家对中国实行保护主义的唯一正确途径。2014 年，笔者在博客中呼吁“国家保护是我国经济发展战略的当务之急”。对于我国目前如何应对中美经济战，笔者提出的仍是这种针锋相对的战略，笔者曾发表博文《只有保护民族经济才是应对中美经济战的正确选择》。

一、不对称全球化战略是落后国家崛起的必由之路

许多人甚至包括大多数经济学家都认为，英国是在亚当·斯密《国富论》的自由贸易和自由放任理论指导下崛起为第一个工业化国家的。这种

---

* 原载《经济导刊》2014 年第 10 期。

① 熊彼特. 经济分析史：第 1 卷. 北京：商务印书馆，2001：31.

看法完全是颠倒黑白的。稍有经济史常识的人都知道，英国至少从1721年开始，不但对工业而且对农业都实施全面的高关税保护，在这个过程中，英国却迫使其印度殖民地实施自由贸易；只是在其工业革命于1830年完成后，英国才在1846年通过废除《谷物法》开始了自由贸易的进程。英国推销自由贸易完全是为了其民族国家利益，目标不可谓不宏大：把世界上所有国家都变成作为其“工业品销售市场和原材料来源地”的殖民地。

但是，美国和德国却看破了英国的伎俩，在对英国工业品实行关税保护的同时，它们也照葫芦画瓢，同样要求比其落后的国家实行自由贸易，这两个国家因此成为第二次工业革命的领导者；而英国却因对其自身所宣传的自由贸易信条的迷信，全面实施自由贸易，1900年在工业实力上被美国和德国全面超越。这时，那些被迫接受自由贸易制度或者被英国宣传所欺骗的国家都沦为了发达国家的殖民地；日本虽然和中国一样关税不自主，但在美国和德国战略的启迪下，一方面对英国和美国等西方列强的经济侵略进行了强有力的抵抗，另一方面则致力于把东亚特别是中国变成其殖民地，从而成为后起的工业化国家。从这些历史经验来看，不对称全球化战略是落后国家崛起为发达国家的一条基本历史规律。

二、自由贸易和贸易保护是经济民族主义的不同手段

目前流行的思潮把贸易保护或保护主义看作民族主义而加以诋毁，却把自由贸易看作反对民族主义的灵丹妙药，这是完全错误的观念，是受新自由主义经济学欺骗性宣传的结果。16世纪西欧民族国家的竞争是资本主义兴起的推动力，正如美国学者格林菲尔德指出的，经济民族主义而非韦伯的新教伦理才是资本主义兴起的真正动因，只不过在那时，经济民族主义表现为贸易保护主义而已。英国在与其他国家的长期竞争中，摸索出了“进口原材料、出口工业制成品”的国家致富原则，但由于印度棉纺织品在18世纪是高科技和高附加值的国际贸易大宗商品，英国竞争不过印度，才不得不实行保护主义以培育和提升其纺织业的竞争力，第一次工业

革命就是在这种贸易保护之下爆发的。

英国在取得工业领先地位后，才把亚当·斯密的自由贸易理论打扮成具有普世价值的经济理论。但正如19世纪著名经济学家李斯特指出的，亚当·斯密的“世界主义”代表的只不过是英国的利益而已，有学者甚至指责英国推行的是“自由贸易帝国主义”。所以，英国的自由贸易理论实质上也是一种经济民族主义，更确切地说，是一种站在领先国家立场上的经济民族主义。

目前的发达国家吸取了英国因为实行没有限制的自由贸易而导致国家衰落的教训，在政策制定上采用了具体情况具体分析的“实事求是”的指导思想。例如，美国虽然在1894年就崛起了，但其工业保护关税在1820年至二战爆发时一直高达40％～50％，如果从这种意义上说，目前的美国不是保护主义国家；但是，从选择性地实施保护主义意义上看，目前的美国在贸易、外国直接投资、金融等方面无疑是一个保护主义程度相当高的国家。

由此看来，自由贸易和贸易保护只不过是经济民族主义的不同手段而已，在何时何地选择哪种手段，国家利益是决策的基本原则。对发达国家来说，当某种产业的国家竞争力受到其他国家威胁时，它们就会不遗余力地采取保护手段；但当其他国家无法与其竞争时，为了打开别国市场并获取垄断地位，祭起自由贸易的大旗就成为其必然选择。

三、自由贸易和贸易保护的内涵已发生巨大变化

“贸易保护”这个术语完全是19世纪“关税保护”的产物。那时，国家间的经济关系基本上是商品贸易关系，英国为了摧毁美国的工业力量，主张自由贸易；美国却因经济发展阶段落后于英国，所以实施贸易（关税）保护。这种因时因地而制宜的政策从“各为其主”的角度看无疑都是正确的。但与关税保护作为推动英国、美国和德国等国家崛起的核心手段不同，自20世纪初至今，对于处于落后地位的发展中国家来说，投资保护的重要性超过了关税保护；而自国际货币制度的布雷顿森林体系在

1971 年崩溃以来，金融保护则成为最重要的了。

自 19 世纪末 20 世纪初开始，资本主义发展到帝国主义阶段，资本输出日益重要，外国直接投资（FDI）开始成为帝国主义对经济落后国家进行经济掠夺的重要手段。在外国直接投资情况下，发达国家的跨国公司将会轻而易举地摧垮发展中国家的高端产业，这是因为，即使是在自由贸易的情况下，发达国家的企业也不得不使用成本高昂的本国劳动力进行生产并与发展中国家低劳动力成本的产品进行竞争，这在某种程度上削弱了其产品的竞争力；但在直接投资的情况下，发达国家的跨国公司可以直接使用发展中国家的廉价劳动力，与发展中国家的本土企业展开短兵相接的直接竞争，发展中国家的民族企业仅有的一点劳动力成本低廉的优势就荡然无存了，其绝大部分高端产业还没有走出国门就在本土被发达国家直接“剿灭”了，只能在全球价值链分工中被固化在价值链低端“担水劈柴”的地位上。

当代世界，在发达国家和发展中国家之间，金融保护还是金融自由化（包括资本项目开放）成为国家利益斗争的制高点，这与美元、欧元、日元和英镑成为国际储备货币密切相关。以美元为例，在布雷顿森林体系崩溃后，美元变成了没有黄金和任何实物支撑的不兑现货币；国际金融危机爆发后，美国增印美元的“量化宽松”做法在本国没有催生通货膨胀，却把通货膨胀输出到中国等新兴经济体。更严重的是，从理论上说，通过热钱流入和直接投资的途径，美国只要印刷美元纸片，在一国换成该国货币，就可以买下该国的全部资源、商品和企业。与过去通过殖民地或半殖民地的方式掠夺落后国家财富相比，这种办法何止“事半功倍”！这就是美国等发达国家极力诱骗发展中国家实行金融自由化的重要原因，而那些拥有大量外汇储备的发展中国家则无疑把大量财富输送给了发达国家。

四、中国需要经济民族主义的启蒙

通过以上讨论，我们可以明白，自由贸易和贸易保护是经济民族主义的不同手段，它们与自由民主无关，把自由贸易与自由民主联系在一起是完全错误的。正如凯恩斯在 1933 年指出的，“思想、知识、科学、好客和旅行，这些事情就其本性而言应该是国际的。但是，商品应该尽可能在国内生产，最重要的是，金融应该是国家的。……更大程度的国家自给自足和国家间的经济分隔要比其他方式能够更好地促进和平事业”①。就其本质而言，保护主义主要是防御性的，自由贸易则更多的是进攻性的，它往往与强迫和暴力联系在一起。在近代史上，英国通过鸦片战争迫使中国实行自由贸易，何谈自由民主？又哪有一点“普世价值”的影子？

贸易保护与闭关锁国也毫无关系。一直以来，流行的思维之所以拥护自由贸易而对保护主义深恶痛绝，一个主要原因就是不加深思地把保护民族产业或保护国内市场等同于清朝的闭关锁国。这种观点同样是站不住脚的，目前的发达国家在历史上都是通过贸易保护而崛起的，难道它们也是闭关锁国吗？这些国家的高关税保护之所以不会导致落后，主要原因有二：其一，现代工业和科技力量推动的巨大作用；其二，采取不对称全球化战略，其不仅没有禁绝国际贸易，反而对别国是进攻性的。不对称全球化战略，这是笔者从历史中总结出来并推荐给我国的对外经济发展新战略。

经济民族主义是一个经济学问题，它只与关乎国家利益的国际分工战略和政策有关，与种族、文化和所谓的民族主义的情感宣泄无关。例如，它与 2012 年抵制日货、烧砸日系汽车以及人身伤害等所谓的民族主义思潮无关，因为在近代史上也多次发生这种事情，但都改变不了日本通过自由贸易对中国经济的控制。真正能发挥作用的只能是用通过保护主义发展起来的高端产品去占领日本市场，而不是被日本所控制。从文化角度强调民族主义也不会使中国崛起，尤其是近代史上“中学为体、西学为用”反而成为中国现代化的障碍。

经济史告诉我们，前两次工业革命都是在相对落后国家通过保护主义爆发的。而现在对于工业已经领先的美国来说，保护主义仍是推进第三次

---

① KEYNES J M. National self - sufficiency//KEYNES J M. The collected writings of John Maynard Keynes. London：Macmillan，1971：XXI.

工业革命的重要基础。这难道不令奉自由贸易为真理的中国知识界反思吗？在笔者看来，中国知识界对保护主义深恶痛绝，只不过是被发达国家的新自由主义经济学洗脑的结果罢了。对于在经济发展阶段上处于相对落后地位的中国来说，自由贸易、自由投资和金融自由化显然是弊大于利。对于当代中国知识界来说，经济民族主义的启蒙已刻不容缓。

第四章　中国为什么要远离“请君入瓮”的TPP*

自2009年特别是2011年美国入主TPP以来，在中国是否加入TPP的问题上，国内出现了赞成和反对这两种对立观点，但无论是赞成还是反对，双方都没有从国际金融危机爆发后我国转变经济发展方式和扩大内需这种重大战略部署的高度对能否加入TPP问题进行专门研究。经济发展方式和扩大内需都涉及参与国际分工的方式。经济史研究说明，作为参与国际分工的不同方式，“好的贸易”和“坏的贸易”对国家贫富均具有决定性的影响。为了能够对“为什么加入TPP与我国转变经济发展方式的战略方针背道而驰”问题做出深入分析，本文首先从经济史的角度讨论“好的贸易”在我国转变经济发展方式（包括扩大内需，以下同）总体战略中的重大意义；然后，对我国加入TPP为什么会瓦解我国转变经济发展方式的原因做出具体分析；最后，通过对赞成加入TPP观点的批驳，揭露TPP的“纸老虎”性质，并指出我国政府应该做出的正确选择。

一、我国转变对外经济发展方式的经济史透视

自20世纪80年代以来，经济全球化的迅猛发展催生了以全球价值链

---

* 原载《探索与争鸣》2013年第9期。

分工为特征的“新国际分工”。与原先以原材料（初级产品）与工业制成品分工为特征的“旧国际分工”不同，“新国际分工”是以产品内分工为特征的。目前国内外流行的看法是，全球价值链分工降低了发展中国家参与国际分工的门槛。中国在 20 世纪 90 年代末通过成功嵌入全球价值链，实现了经济腾飞。在 2013 年 6 月 24—26 日召开的“全球价值链与经济结构调整国际讨论会”上，商务部某位领导在致辞中说，世界各国应该反对各种形式的保护主义，维护自由贸易秩序，加强国际经济政策协调，通过全球价值链推动建立国际经济新秩序。① 这些流行的看法对经济理论的研究提出了两个关键性的问题：其一，“新国际分工”是否改变了“旧国际分工”时代国家致富的基础？其二，中国能否通过自由贸易秩序之下的全球价值链分工实现经济崛起？

我们首先回答第一个问题，这必须从世界经济史谈起。在历史上，英美的经济战略家区分了对国家贫富具有决定性作用的“好的贸易”和“坏的贸易”这两种参与国际分工的不同方式。英国是世界上第一个工业化国家，在经济崛起前，英国的精英阶层经过长期摸索，终于认识到，“出口原材料并进口工业制成品”是“坏的贸易”，而“出口工业制成品并进口原材料”则是“好的贸易”②。恰如 1721 年英国议会开幕时英国国王乔治一世经人授意在开幕词中对英国这种经验的概括：“输出制成品并输入原料，对于公共福利的促进显然是再有利也没有的。”③ 确凿的经济史研究说明，这种对外贸易的基本原则不但是英国崛起而且也是产业革命在英国爆发的前提条件。

从 18 世纪初一直到 20 世纪 80 年代全球价值链的兴起，英、美、德、日、韩等目前的发达国家在其处于欠发达地位时，无一不是通过对民族工业的扶植及对其国内市场的保护，在国际分工中促成从“出口原材料、进口工业制成品”到“进口原材料、出口工业制成品”的历史性转变，最终实现国家崛起的。在当时，与报酬递减和完全竞争的原材料生产不同，制造业则因具有熊彼特所说的“历史性报酬递增（技术创新加规模报酬递

① 张娜. 全球价值链推动建立国际经济新秩序. 中国经济时报，2013-06-27.

② 赖纳特. 富国为什么富　穷国为什么穷. 北京：中国人民大学出版社，2010：67，105.

③ 李斯特. 政治经济学的国民体系. 北京：商务印书馆，1961：41.

增)”和不完全竞争的特点，而成为富国裕民的基础。那么，为什么发达国家要遵循“进口原材料并出口工业制成品”的基本原则呢？这是因为，相对于原材料生产而言，工业制成品包含着更高的附加值、更高的利润、更长的产业链和更多的就业机会。而工业制成品的附加值又为什么高于原材料呢？原因就在于，制造业在当时具有最高的进入壁垒，例如最高的固定成本、熟练的技术工人等。

在20世纪80年代以来全球价值链大发展之前，由于整个工业的价值链主要局限在一国之内，所以，一国只要抓住了工业，也就抓住了高创新率、高附加值、高工资和高就业的高质量经济活动，这是英、美、德、日、韩在其工业落后时期对其幼稚工业及其国内市场实施保护的根本原因；如果没有这种保护，这些国家的工业不仅不可能具有国际竞争力，更不可能取得国际领先地位。但在20世纪80年代以来的“新国际分工”中，由于全球价值链在国家之间的分解，原先只有制造业才具有的历史性报酬递增和不完全竞争之特征在农业和服务业中也出现了，但它们都集中在了发达国家在所有产业中所掌控的全球价值链的高端环节，而发展中国家则在这种“新国际分工”中处于那些惯例化的、低附加值的、几乎没有创新机会窗口和进入壁垒很低的价值链低端环节。

那么，这种“新国际分工”是否已经改变了发达国家与欠发达国家之间的“中心—外围”结构？实际上，全球价值链并不是什么新生事物。在19世纪的旧殖民主义时代，西欧殖民者就是通过贸易驱动（购买者驱动）的咖啡价值链把拉丁美洲的咖啡种植者纳入其全球商品链之中的。在经济学文献中，早在“全球价值链”的概念出现之前，“全球商品链”就被用于描述这种经济结构，两者的区别只不过是对产品内分工和产业间分工的不同描述而已。就其经济学含义而言，在旧殖民主义时代，所谓的殖民地就沦为宗主国工业制成品的销售地和原材料来源地；而在全球价值链分工的今天，发达国家与欠发达国家之间的经济关系也就从“旧国际分工”时代的工业制成品与原材料之间的进出口结构转变成了“新国际分工”时代的价值链高端与低端的交换关系，但其报酬递增活动与报酬递减（至多是报酬不变）活动之间的不平等交换关系并没有发生根本性的改变。

正是由于上述世界经济结构的重大变化，发展经济学的经典命题即“经济发展的出路在于工业化”已经不再成立。现在，只有各产业的价值链高端环节才具有富国裕民的机会窗口，虽然工业的价值链高端环节在其中仍居于核心地位。因此，作为国家致富的基本原则，“进口低端产品、出口高端产品”的准则就替代了过去五百年世界经济史中屡试不爽的“进口原材料、出口工业制成品”的格言。在全球价值链分工的时代，“进口低端产品、出口高端产品”是“好的贸易”，而“进口高端产品、出口低端产品”无疑是“坏的贸易”。不幸的是，由于我国遵循比较优势原则，通过引进外资和大力发展劳动密集型产品出口嵌入全球价值链，所以我国在国际分工中一直被压制在国际产业价值链的低端，造成了外贸结构的严重失衡，在国际金融危机爆发前就已经陷入了低端产品出口大量过剩和高端产品大量进口的“坏的贸易”的陷阱。

这种“坏的贸易”的陷阱使我国日益陷入“贫困化增长”的境地。所谓“贫困化增长”，就是虽然经济高速增长，但国民福利不仅没有增加，反而持续减少。

现在，苹果手机价值链全球分布的故事可以说是尽人皆知：公开资料显示，在苹果 17 个生产工厂中，有 14 个工厂位于中国境内；在 2010 年，苹果公司每售出一台 iPhone 手机，就独占其中 58.5%的利润，而作为其组装地的中国的相关业者却仅能获得 1.8%的利润。另据报道，在过去的十年中，中国手机出口增长了 10 倍，占全球市场的比重接近八成，但 99%的利润都被美国的苹果和韩国的三星两家公司赚去。2012 年，出口非洲一部售价 300～400 元人民币的手机，获取的纯利润大约在 2～3 元，利润不到 1%。[①] 而即使是这不到 1%的手机出口利润也是靠出口退税获得的，“手机等家电行业的出口退税率是 17%，有业内人士告诉本报记者，这就是为什么只有 2%的毛利率，大家都还在这个行业里继续挣扎的原因”[②]。这也就是说，内销产品必须交纳 17%的税，而出口却不需要纳税，这无异于我国用纳税人的钱补贴外国消费者。至少自国际金融危机爆发以来，我国的出口在很大程度上都是靠出口退税维持着，一直在从事着这种“赔本赚吆喝”的生意。这种出口增长的结果如何呢？截至 2010 年

① 王攀，范超. 中国手机出口 10 亿部　换不来 1% 利润?. (2012 - 10 - 23). http: //scitech. people. com. cn/n/2012/1023/c1057 - 19361284 - 1. html.

② 陈海玲. 谋退税挤破头也要出口. 广州日报，2012 - 12 - 15.

底，中国社保基金管理的资产总额仅为 8 566 亿元人民币，养老金的空账规模高达 1.3 万亿元人民币；而 2010 年一年的出口退税是 7 300 亿元人民币，2012 年已经超过 1 万亿元人民币。

综上讨论，我国这种从价值链低端融入全球价值链的出口导向型经济已经走向了荒谬的地步，同时它也证明了“新国际分工”并没有改变“旧国际分工”时代国家致富的基础。在全球价值链分工的时代，我国只有抓住高附加值的价值链才能摆脱在这种“新国际分工”中“担水劈柴”的地位，这是我国之所以提出转变经济发展方式的深刻根源。在这当中，转变对外经济发展方式起着举足轻重的作用。显而易见，如果要改变这种“进口高附加值的高端产品并出口低附加值的低端产品”的贸易格局，我国只有通过压缩低端产品的出口和扩大内需的结构调整，逐步实现向“出口高端产品并进口低端产品”的高级对外经济发展方式的转变。问题是：我国将通过哪种途径才能改变目前在全球价值链分工中的不利地位呢？

二、加入 TPP 将瓦解我国转变经济发展方式的可能

现在，笔者再来回答文章开头时对流行观点提出的疑问：中国能否通过自由贸易秩序之下的全球价值链分工实现经济崛起？流行的观点对这个问题的回答是肯定的。流行的观点虽然也看到了我国处于全球价值链低端的困境及其转型升级所面临的巨大挑战，却认为自由贸易是解决这些问题唯一正确的途径。其提出的对策无非是：通过营造公平竞争的市场环境、加大对核心技术的投入和反对贸易保护主义等措施，从目前利润微薄的加工和组装等价值链中游环节，向利润空间丰厚的上下游延伸，在跨国公司所掌控的全球价值链中实现从低端到高端的逐步升级。但是，许多学者如格雷菲①和刘志彪②等通过案例研究发现，发展中国家的企业参与全球价值链分工可以实现工艺和产品的升级，但对发展中国家能否实现功能升级

① GEREFFI G，MEMEDOVIC O. The global apparel value chain：what prospects for upgrading by developing countries?. Vienna：United Nations Industrial Development Organization，2003.

② 刘志彪. 中国贸易量增长与本土产业的升级. 学术月刊，2007（2）.

和部门间升级却缺乏经验支持，而这两种升级对于从产业价值链低端到高端的升级至关重要。霍布迪[①]和刘志彪、张杰[②]的研究说明，全球价值链甚至构成了本土企业推进这两种升级的障碍；宋磊[③]和贾根良、秦升[④]认为，模块化生产阻断了落后国家试图从全球价值链低端入手对发达国家进行追赶的道路。

既然流行的观点只不过是不可行的"一厢情愿"而已，那么，发展中国家是否就无路可走了呢？多亏发达国家崛起的经济史给我们指明了另一条道路：无论是英国、美国，还是德国和日本，这些历史上的发展中大国在其处于欠发达地位时，无一不是拒绝从初级产品生产入手融入当时领先国家以工业为龙头的"全球价值链"，而是通过关税保护等措施在国内创建新生的工业并构建工农业国家价值链实现崛起的。美国的经验是非常典型的：在美国独立前后，亚当·斯密和萨伊按照比较优势理论，反对美国用人为手段发展工业。用现在的"全球价值链"的语言来说，亚当·斯密给美国提出的建议就是：通过给英国提供工业原材料和农产品加入到由英国主导的全球工业价值链之中，自由贸易会自然而然地使美国实现从农业到工业的转型升级。[⑤]

但正如李斯特指出的，"在美国方面，健全的常识与对国家需要的直觉认识，胜过了对理论主张的信从，他们对理论家的论据作了彻底考察，结果发现这种理论的信徒对于自己所坚持的理论要点，却不愿意付诸实施，这就使他们发生了极大的怀疑"[⑥]，因而，美国人民坚定地拒绝了自由贸易理论。在美国工业无法与英国等发达国家的工业在国际市场上竞争的情况下，"美国的制造商不能企望那些较老的国家供给一个大市场，而

---

① HOBDAY M. Innovation in East Asia：the challenge to Japan. Cheltenham：Edward Elgar，1995.

② 刘志彪，张杰. 从融入全球价值链到构建国家价值链：中国产业升级的战略思考. 学术月刊，2009（9）：59－68.

③ 宋磊. 中国版模块化陷阱的起源、形态与企业能力的持续提升. 学术月刊，2008（2）.

④ 贾根良，秦升. 中国"高技术不高"悖论的成因与政策建议. 当代经济研究，2009（5）.

⑤ 要查证亚当·斯密和萨伊所使用的传统经济学语言，请参见李斯特．政治经济学的国民体系．北京：商务印书馆，1961：92。

⑥ 李斯特. 政治经济学的国民体系. 北京：商务印书馆，1961：92－93.

必须在国内创造市场，同外国的产品进行竞争”①。因此，美国对外经济政策的基调从一开始就是为国内制造商保留国内市场，而排斥外国竞争的，美国采取的手段就是关税保护和排斥外国直接投资。②

继英美崛起之后，德国、日本和韩国的后发工业化之所以获得成功，还得益于一系列制度创新。例如，除采取工业关税保护外，这些国家还采取了兴建国有企业、对农业保护以及政府通过银行业分配和协调工业信贷等措施。著名经济史学家格申克隆通过对 19 世纪到第一次世界大战前欧洲国家工业化史的研究，得出结论说：一国经济越落后，特殊制度因素如政府干预和银行分配信贷在工业化中的作用就越大，其强制性和内容的广泛性也就越显著。在目前的 WTO 框架下，虽然这些先发工业化国家曾经采取过的一些措施被禁止了，但仍允许发展中国家在上述国有企业、农业保护和金融业等方面拥有自主权，允许未加入 WTO《政府采购协定》的国家使用政府采购支持自主创新。③ 因此，在 WTO 框架下，虽然发展中国家对发达国家技术经济追赶的空间被大大压缩了，但仍存在着追赶的可能。

然而，在美国主导的所谓高标准自由贸易协定的 TPP 中，发展中国家在 WTO 框架下对国有企业、农业保护和金融业等方面的自主权被禁止了，发展中国家技术经济追赶所能采取的政策空间被极大地压缩了。TPP 的覆盖面远远大于一般自由贸易协定，谈判中涉及的议题除工农业产品贸易零关税外，还包括投资协定、政府采购、国有企业、知识产权保护、金融自由化、环境、服务贸易、劳工、原产地标准和电子商务等。我们下面就针对 TPP 的一些主要议题，讨论为什么中国加入 TPP 将瓦解自身转变经济发展方式的努力。

首先是无例外的工农业产品贸易零关税和知识产权问题。TPP 的零关税将为美国、日本、韩国和新加坡等国家的高端产品全面占领我国市场创造条件，我国产业的价值链高端将彻底地被跨国公司所控制，我国将完全丧失在全球价值链中从低端向高端转型升级的可能性。不言而喻，加入

---

① 福克讷. 美国经济史：下卷. 王昆，译. 北京：商务印书馆，1964：45.

② 贾根良. 美国经济崛起之前排斥外国直接投资原因解析. 广东商学院学报，2010（3）.

③ 科特尔，兰博. 发展中国家为什么不要加入 WTO 政府采购协议?. 国外理论动态，2012（2）.

TPP与我国转变对外经济发展方式的既定战略是背道而驰的。在知识产权方面，以美国为代表的发达国家通过“反向工程”甚至技术“偷窃”行为取得领先地位后，1995年推动世贸组织制定《与贸易相关的知识产权协定》以全面遏制发展中国家的自主创新。人们形象地把美国等的这种行为称作“由过去的偷猎者转变为狩猎者”。恩道尔指出，奥巴马已经把《反仿冒贸易协定》秘密编入遏制中国的TPP之中，美国贸易代表署的协定发起人宣称《反仿冒贸易协定》旨在确立国际性法律框架，以打击假冒品、学名药和互联网侵权行为，并在现有体制（如世贸组织、世界知识产权组织、联合国）外新建一个管理机构。事实上，多国政府、议会机构和其他组织的调查显示，《反仿冒贸易协定》旨在避开世贸组织和其他国际性仲裁机构，并捏造理由来查封中国、印度等发展中国家的商品，甚至无须确凿的仿冒证据，只需宣称有“合理理由”怀疑。①

其次是国有企业问题。TPP提出了全新的关于国有企业的提案，该提案要求消除国有企业补贴、消除对国有企业海外投资所给予的特惠融资措施、保护外国私营企业经济活动、撤销政府采购的优惠偏好等，其目的就是扼杀发展中国家与跨国公司相抗衡的力量。按照格申克隆的理论，一国经济越落后，它就越缺少现代企业组织与发达国家富可敌国的国际垄断企业相竞争，这就需要国家建立国有企业，创造比较优势，引导私人经济部门进入报酬递增的高端经济活动之中。在这方面，国有企业发挥着特殊企业家的作用，是发展中国家先进技术和先进组织的引导者，这就是目前国有企业的产值在新加坡的GDP中仍占20％的原因。即使是资产阶级经济学家桑巴特也高度赞扬国有企业在资本主义发展中的作用，他指出，国有企业“不仅有助于建立一种工业的原型范例，而且也有助于确立这种新型组织的步调和形态。由于国有企业创造的需求，国有企业常被用作资本主义工业发展的催化剂。这些企业是如此的不可或缺，以至于对资本主义发展的解释不能将之忽略——尽管国有企业的观念起源并不在于推动资本主义——它们却通过成千上万的途径促进了资本主义的发展”②。

最后是投资争端解决机制和政府采购。在投资争端解决机制上，美国

---

① 恩道尔.目标中国：华盛顿的“屠龙”战略.北京：中国民主法制出版社，2013：第6章.

② 霍奇逊.制度与演化经济学现代文选：关键性概念.北京：高等教育出版社，2005：266.

拒绝在TPP中采用WTO的“国家间争端解决”方式，主张当外资企业遭遇争端时，诉诸“投资者—国家争端解决”方式，直接委托国际投资争端解决中心（ICSID）解决。由于“投资者—国家争端解决”机制赋予企业起诉国家的权利，弱化了东道国对外来投资及其投资者的控制权，而且ICSID是世界银行集团的机构，受到美国支配，其裁决有利于美国及其公司在所难免，所以该条款引起了TPP谈判方的极大争论。例如，澳大利亚就指出，本国不会赋予美国投资者在超国家机构下对澳大利亚提出仲裁或司法程序的权利。TPP要求成员国都必须开放政府采购市场，而在WTO框架下，《政府采购协定》（简称GPA）属于自愿加入。自1994年以来，由于绝大多数发展中国家仍然反对GPA的构想，GPA并没有取得任何大的进展，目前其成员主要是发达国家或地区，拉丁美洲没有一个国家加入；“金砖五国”（巴西、印度、俄罗斯、南非和中国）除中国外，无一打算加入GPA。笔者曾撰文反对我国加入GPA。①

三、企图以TPP围堵中国只不过是“纸老虎”的行径

从上述讨论中，我们可以看出，TPP是给广大发展中国家造成巨大危害的“华盛顿共识”的升级版，其制度规则只有利于处于优势地位的发达国家。如果我国加入TPP，美国和日本将联手通过TPP全面遏制中国转变经济发展方式的努力。发达国家经济崛起的成功经验揭示了这样一条历史规律：当一国的高端产业或价值链高端产品无法与领先国家竞争时，就必须通过各种政策措施对其加以保护、扶植和培育。按照这种规律，高度自由贸易的TPP在二三十年甚至更长时期内显然不适合于中国经济发展的需要。但是，在国内占统治地位的新自由主义经济学家们无视中国国情，无视“华盛顿共识”给广大发展中国家造成的巨大灾难，武断地和教条地认为经济自由化程度的不断提高对发达国家和发展中国家同样是有益的，这就为美国经济战略家针对中国所采取的TPP战略创造了条件。

---

① 贾根良.我国为什么不要急于加入WTO政府采购协议.国外理论动态，2012（2）.

在笔者看来，美国在TPP上对中国采取了“欲擒故纵”的战略，故意不邀请中国，使中国产生在国际贸易中被孤立、将丧失海外市场的焦虑感。美国经济战略家深知，在这种情况下，中国国内占统治地位的西方主流经济学按照其理论则会不断地渲染和夸大不加入TPP的严重后果，最终在新自由主义思潮的推动下，诱使中国政府在经历较长时期的犹豫、观望之后，下决心加入到TPP谈判中。然而，一旦中国介入TPP谈判，就会被美国牵着鼻子走，陷入再也无法转变经济发展方式的陷阱之中，最终达到美国经济战略家“请君入瓮”的目的。近期国内舆论在加入TPP谈判上的呼声高涨已经证明了这一点：自2013年6月以来，从过去大多数学者认为中国加入的时机不成熟，已经转变到媒体上发表的文章大多数认为中国应该尽快加入。

但是，目前国内提出的赞成加入TPP的理由都是不成立的。[①]

首先，那种把TPP看作先进贸易制度的观点缺乏最起码的历史常识。这种观点似曾相识，英国取得工业领先地位后在19世纪40年代就曾大力宣传这种观点，但经济史学家们早已揭露了其“自由贸易帝国主义”的实质，揭露了其目的只不过是为了英国自身利益而打开别国市场而已。如果说自由贸易代表先进发展方向，那么，英国在历史上大肆宣传这种观点后，为什么又通过1915年的“工业保护关税”和1932年的“渥太华协定”，最终重新走上了贸易保护主义的老路呢？在世界经济史上，自由贸易和贸易保护之争是一个经久不衰的主题，它们只不过是代表着处于不同经济发展阶段的不同国家的利益诉求而已，并无什么先进制度与落后制度之说。有人建议我国在2014年主办APEC峰会时提出融合TPP和RCEP（“区域全面经济伙伴关系协定”的简称）的倡议，这个馊主意显然无视这两个组织不同的利益诉求，恰好正中美国经济战略家的下怀，却置中国国家利益于不顾，这就是迷信TPP是先进贸易制度的恶果。

其次，那种认为替代TPP的思路不可行、早日加入TPP可以提升中国对新一代贸易规则制定话语权的观点是天真的和草率的。这种观点既不考虑TPP的性质，也不考虑加入TPP是有害还是有利于中国国家利益，而是盲目相信强者设定的规则范围是不可挑战的，中国只能在美国画的圈

① 对于从“开放倒逼改革”角度提出加入TPP的观点，笔者将有专文加以批驳。

中讨价还价。如果 TPP 不符合中国国家利益，不符合亚太地区广大发展中国家的利益，加入它难道不是“助纣为虐”吗？而且，在美国主导、美日联盟的情况下，所谓提升中国对贸易新规则制定话语权只不过是幻想而已。在对外经济关系上，RCEP 在亚太地区显然是替代 TPP 的一种思路，而且是比 TPP 更可行的道路；除此之外，我国还可以实施比 RCEP 更有发展空间的“亚欧大陆发展战略”，甚至可以向“拉丁美洲及加勒比共同体”提出与拉丁美洲 33 国建立“33＋1”自由贸易区的动议。中国并不是除了 TPP 无路可走，而是可走的路很宽广。从这个角度来看，企图以 TPP 围堵中国只不过是“纸老虎”的行径而已。

最后，那种认为如果中国不加入 TPP 将丧失对美日一部分出口市场的观点严重地夸大了 TPP 的影响，而没有认识到这种贸易转向的某种“积极”作用。按照流行的观点，如果 TPP 在中国不加入的情况下成功地签署实施，那么，中国对美国和日本的出口企业将受到直接影响，因为它们将直接面对来自越南、马来西亚等国生产商的不平等竞争。日本人斋藤德彦在分析中国缘何改变对 TPP 置之不理的态度时，甚至把这一因素看作关键性的：“中国开始谈及此前从未涉及的参加《跨太平洋战略经济伙伴协定》（TPP）问题。这一动向的背景是，中国对本国可能被排除于世界贸易秩序之外感到焦虑。‘中国模式’就是作为‘世界工厂’而大量出口产品，但这一模式并非坚如磐石。中国国内的人力费用正在急剧上升，在‘廉价’这一领域已被东南亚赶超。如果越南加入 TPP 并获得关税减免，今后中国在竞争中还将陷入更加不利的局面。”① 如果我国商务部把这一因素作为考虑加入 TPP 的主要理由，那是没有眼光的。

确实，由于越南等国的低端产品向美日出口的增加，TPP 将减少我国低端产品对发达国家的出口，但我国没有必要为这种贸易量的减少而担心，因为这正是我国结构调整所要压缩的出口。赞成加入 TPP 的人之所以对这种贸易量的减少大惊失色，原因就在于他们没有从我国转变经济发展方式的角度认识这一问题。试想，如果要实现从“进口高端产品、出口低端产品”到“进口低端产品、出口高端产品”的历史性转变，不压缩这

① 斋藤德彦. “世界工厂”暗中焦虑. 朝日新闻，2013－06－01. 请参见外媒分析：中国缘何对 TPP 改变姿态. 新华国际，2013－06－02。

种出口怎么有可能达到这一目标呢？既然这种低端产品出口的减少是与我国压缩这种出口的目标不谋而合的，我们还有必要对TPP恐惧吗？如果从我国转型升级的角度思考这一问题，我们恰恰可以得出与赞成加入TPP相反的结论：为了与越南和马来西亚等国争夺对美国和日本低端产品的出口而加入TPP，无疑将阻碍我国转变对外经济发展方式；而不加入TPP，TPP国家的这种贸易转向将"倒逼"我国加快转变经济发展方式。这再次证明了对中国来说，TPP只不过是一只"纸老虎"而已。

正如2012年底中央经济工作会议指出的，当前我们面临的机遇，不再是简单纳入全球分工体系、扩大出口、加快投资的传统机遇，而是倒逼我们扩大内需、提高创新能力、促进经济发展方式转变的新机遇。笔者认为，这才是我们正确认识TPP的指导思想，而西方主流经济学教条则误国误民、贻害无穷。按照国际金融危机爆发后我国应对危机的战略部署和2012年底中央经济工作会议精神，我国应该通过国内经济一体化[①]加快结构调整和自主创新，从而加快进出口结构的调整。自国际金融危机爆发以来，由于新自由主义思想在很大程度上仍支配着政策制定，所以，我国在转变对外经济发展方式上进展缓慢。如果我国在几年内仍不能取得明显的进展，那么，一旦TPP国家谈判完成，我国的出口导向型经济发展模式将面临巨大困难，美国通过TPP围堵中国产品海外市场的目的确实将有可能得逞。因此，笔者希望我国政府明察秋毫，不要被赞成加入TPP的错误观点所误导，不要做出失误的决策，坚定地拒绝加入TPP，把精力完全集中到加快进出口结构的调整和新的战略布局上，否则，我国将丧失转变对外经济发展方式的可能。

---

① 贾根良. 国内经济一体化：扩大内需战略的必由之路. 社会科学战线，2012 (2).

第五章 警惕自主创新战略重蹈洋务运动的覆辙*

2014年是洋务运动破产也即甲午战争失败120周年。洋务运动试图在帝国主义列强强加给晚清政府的“自由贸易”制度下，通过购买和引进国外先进技术和机器设备实现自强和求富的目标，但这种违背落后国家经济追赶历史规律的现代化道路因甲午战争的失败而破产。1992年开始的“市场换技术”是向洋务运动发展思路的“回归”，或者说是“新洋务运动”的开端。2006年1月，我国政府明确地提出自主创新战略，其目的就在于试图扭转这种发展趋势。然而，在过去的八年中，虽然我国在自主创新上取得了一些成就，但由于按新自由主义理念融入全球价值链分工并依靠外国直接投资实现经济增长的传统发展模式不仅没有改变，反而在“用开放倒逼改革”的名义之下被进一步强化，自主创新战略存在着落入“新洋务运动”彀中的危险。如果这种状况不能得到根本性的改观，笔者怀疑自主创新战略能否取得最后成功。过去一段时间，自主创新的政策环境表现出与洋务运动时期相类似的“洋务”特征。以下是笔者观察到的四个比较突出的方面。

---

* 原载《天津商业大学学报》2014年第1期。

一、创新成本畸高和民营企业缺乏资金的根源

在过去的十多年中，人民币基本上是以贸易顺差特别是外资在华企业的贸易顺差、引进外国直接投资和热钱等美元流入为基础发行的。截至2012年12月底，我国的外汇占款为236 670亿元，基础货币为252 345亿元①，外汇占款与基础货币的比例高达93.8%，外汇占款已经成为人民币发行的基本机制。这说明美元已经掌控了人民币的发行权，它是2011年温州版“次贷”危机和2013年6月“钱荒”的根源。笔者在相关论文中已经讨论了传统的出口导向型发展模式和中国人民银行的货币政策是导致我国货币发行美元化的原因，讨论了由此所产生的五大严重后果，此不赘述。②

就自主创新而言，中资企业因创新的资金成本畸高和缺乏资金，根本就无法与在华跨国公司竞争。流入我国的美元大部分是跨国公司拥有的，它们在中国人民银行兑换成人民币才能在国内流通，这导致了过去十年我国增发的基础货币远远超过了1949年到2003年54年间发行的数量，从而产生了所谓的“流动性过剩”现象。为了避免因“流动性过剩”导致过高的通货膨胀，央行没有采取笔者一直在建议的从源头上堵住美元流入的政策，相反，却采取了提高商业银行存款准备金率并发行央票的信贷紧缩措施。笔者早在2011年的文章中就分析到，信贷紧缩打击的是我国的民营企业，却为外资企业在我国建立了一种不受我国央行货币政策调控的“经济空间”。在民营企业因商业银行存款准备金率的提高，无法从银行系统贷到流动资金之时，它们不得不依靠高利贷解燃眉之急，这犹如饮鸩止渴，其结果是民营企业大量倒闭，或者在生死存亡线上挣扎；而外资企业却因把美元导入中国，变相地拥有了货币发行权和通过高利贷提供信贷的权力。外资企业不但放高利贷，而且乘机收购民营企业，这导

① 参见中国人民银行2012年“货币当局资产负债表”。

② 贾根良．外储问题的根本在于外资和美债.中国经济周刊，2011（38）.

致了外资对我国实体经济的控制权得到了迅速的扩大和加强。美元霸权和我国央行的货币政策而非“国进民退”才是我国民营企业发展困难的主要原因。

由于美元霸权对中国经济的支配，民营企业极度缺乏资金，生存已很困难，还谈何创新？那么，这对国有企业将会产生什么影响呢？有人认为，国企获取信贷没有很大困难，即使如此，国企也无法与外资竞争，因为国企贷款的资金成本也远远高于在华跨国公司。由于美联储的基准利率长期停留在不超过0.5%的水平，美国跨国公司可以低息如平均利率1.5%在美国贷到美元，在中国可以无成本地兑换成人民币；而我国银行一年期存款利率就达到3.2%①，国企获取的贷款利率至少是4.5%，国企的资金成本至少要比跨国公司高两倍。因此，当美国企业可以低息为科技创新融资之时，中国企业却没有足够资金或者要在比美国企业高得多的资金成本条件下进行科技创新，这怎么能够竞争过美国企业，怎么能够竞争过在华的跨国公司呢？

我国货币发行的美元化对我国国家创新体系的破坏，还导致了我国在教育、科技投入、医疗、社会保障和农业补贴等方面严重缺乏资金。由于人民币的发行和信贷是由流入的美元所支配的，它绝不会直接用于没有直接利润收入的中国国内的社会公共开支或社会公共服务，而只能在中国境内营造一种以美元为核心并服务于外资和出口导向的经济。例如，早在1993年，中央政府在制定20世纪90年代教育改革与发展规划时，曾明确提出到2000年国家财政性教育经费占GDP的4%。然而，这个鼓舞人心的奋斗目标一直到2012年才实现。社会公共开支的不足和长期欠债使国家创新体系的支持系统受到严重破坏，这无形中又大大提高了中资企业的创新成本。在过去三年中，笔者②以及其他一些学者在如何摆脱美元霸权的支配、实施主权信贷、为科技和工业创新提供廉价融资等问题上提出了许多针对性的建议，但并不被货币当局所采纳。

---

① 由于美元流入导致的通货膨胀，高达3.2%的存款利率也不能使存款保值。

② 贾根良．世界经济大萧条与中国经济发展战略的革命．国外理论动态，2011（12）．

二、关于价值链高端产品的国内市场自主权

价值链高端是科技创新特别是核心技术突破的基础和平台，但是，我国由于遵循比较优势原则，大力发展劳动密集型产品出口，在国际分工中一直被压制在国际产业价值链的低端，造成了贸易顺差过大等外贸结构的严重失衡，目前已经形成了低端产品出口大量过剩和高端产品大量进口的不利局面。核心技术突破因缺乏市场的诱导和丰厚利润的刺激，在我国长期受到压制。低端产品出口的大量过剩造成了恶性竞争，企业之间竞相削价，从而在过去十多年内造成我国工业制成品贸易条件严重恶化，陷入了"贫困化增长"的陷阱。

为了解决我国过大的贸易顺差特别是中美贸易不平衡问题，我国政府在 2010 年采取了扩大进口战略。扩大进口战略首先扩大的是先进技术设备进口，而且并无进口替代的战略考虑，因此，这无疑将使我国的进出口结构进一步被固化在"出口低端产品并进口高端产品"的"坏贸易"结构中，使我国长期以来就存在的"引进—落后—再引进—再落后"的困局进一步被强化，这对转变经济发展方式和自主创新是非常不利的。如果现在不终止扩大进口战略，实施笔者所建议的国民经济平衡增长战略，那么，这必将使我国在这种"坏贸易"的陷阱中越陷越深，我国科技创新赖以生存的价值链高端产品国内市场的自主权将被损害。①

笔者对我国光伏产业和机器人产业的案例研究说明，由于民族企业普遍缺乏核心技术，在全球价值链中被跨国公司所"虏获"并在国内市场上处于完全竞争状态，我国的战略性新兴产业普遍陷入了"高端产业低端化"的陷阱之中。所谓"高端产业低端化"，是指仍旧依靠廉价劳动力和不计生态环境代价等低端要素参与战略性新兴产业的国际分工，这使战略性新兴产业丧失了它在发达国家崛起中所发挥的决定性作用。战略性新兴产业的发展模式实际上仍是信奉比较优势和依赖发达国家核心技术的"洋

① 贾根良．扩大进口战略的隐忧与国民经济平衡增长新论．当代经济研究，2012 (12).

务运动”的发展模式。如果不对这种发展模式进行革命，我国必将痛失“第三次工业革命”的历史机遇。①

从发达国家成功崛起的历史经验来看，我国要想摆脱“高端产业低端化”的困境，就必须利用国内巨大的市场规模为价值链高端的自主创新创造领先市场，并以此为核心建立独立自主的国家价值链，这是我国实施“创新驱动发展战略”的基本条件。然而，我国主流经济学界和部分政策制定者由于接受了比较优势理论，从没有认识到价值链高端环节对国富国穷的决定性作用，这是我国把价值链高端的国内市场拱手让给发达国家的跨国公司，从而陷入“高端产业低端化”的根本原因，从而使我国巨大的国内市场成为为他国高端产品“做嫁衣”的工具。

例如，韩国和芬兰这些小国由于国内市场狭小，在信息技术范式迅速变革的时代——20 世纪 80 年代——不得不主要通过国际市场为其技术创新提供动力，但它们是在保护国内市场（芬兰在 1987 年之前禁止外国电子产品进入本国市场）的情况下，通过严格限制外国直接投资并从核心技术自主创新和价值链高端入手切入全球价值链的。而全球自由贸易特别是中国等许多发展中国家开放国内市场，则为其价值链高端的发展提供了前所未有的历史性机遇：按照“分工（技术创新）受市场规模限制”的斯密定理，如果各国实行贸易保护主义，也就没有中国低端产业价值链为其高端产品提供市场，那么，由于国内市场狭小，韩国和芬兰的高端信息技术创新根本就不具有取得成功的机会——正是全球自由贸易特别是中国开放广阔的国内市场为这两个国家核心技术自主创新和价值链高端发展战略提供了根本性的市场保障。中国广阔的国内市场规模成就了他国高端产业的发展。

我国的新自由主义者大力鼓吹加入美国围堵中国的“跨太平洋伙伴关系协定”（TPP），如果政府被他们所误导，那么，TPP 将导致美日韩的高端产品大量涌入我国，我国产业价值链高端将在更大程度上被发达国家跨国公司所控制，科技创新的空间将被极度压缩，我国将丧失转变经济发

---

① 贾根良．迎接第三次工业革命的关键在于发展模式的革命：我国光伏产业和机器人产业的案例研究与反思.经济理论与经济管理，2013（5）.

展方式的可能。[1] 20 世纪 90 年代中期以来形成的“进口高端产品、出口低端产品”和 2010 年开始实行的扩大进口战略在某些方面类似于洋务运动的发展思路：通过购买国外先进技术和设备，达到“师夷长技以自强”的目的。然而，洋务运动的失败教训和日本明治维新的成功经验都说明，现代化是买不来的，一国从国外购买的核心技术和关键设备越多，该国与发达国家之间的技术差距就会越大。

三、过度依赖外国直接投资抑制了自主创新

上述讨论已经说明，在自由贸易也就是发展中国家没有关税保护的情况下，发达国家的企业凭借着技术、生产率、品牌和管理等诸多方面的绝对优势，必将摧垮发展中国家的价值链高端产业，这就是目前的发达国家在历史上从落后走向发达的过程中都采取了贸易保护的原因。而在发展中国家引进外国直接投资的情况下，如果对外资不采取适当的限制措施，发达国家的跨国公司将会更加轻而易举地摧垮发展中国家的价值链高端产业。这是因为，在自由贸易但没有直接投资的情况下，发达国家的企业将不得不使用成本高昂的本国劳动力进行生产并与发展中国家低劳动力成本的产品进行竞争，这在某种程度上削弱了发达国家产品的竞争力；但在直接投资的情况下，发达国家的跨国公司可以直接使用发展中国家的廉价劳动力，与发展中国家的本土企业展开短兵相接的直接竞争，发展中国家民族企业仅有的一点劳动力成本低廉的优势就荡然无存了，其大部分价值链高端产业在没有走出国门之前就被发达国家直接“剿灭”了。

上述情况就是过去 20 年间正在中国发生的事情，我国政府不仅没有采取足够的产业政策对作为“幼稚产业”的本土高端产业进行有效保护，反而对外资采取了税收优惠、廉价出让土地、压低劳动报酬、降低环保要求等一系列对中资企业不平等的政策，大力引进外资，从而在过去的十几年里形成了过度依赖外国直接投资推动中国经济增长的出口导向型发展模

① 贾根良. 中国为什么要远离“请君入瓮”的 TPP. 探索与争鸣，2013 (9).

式。那么，是否中资企业天生就竞争不过外资企业，因而中国经济发展就必须依靠外国直接投资呢？路风和余永定的研究说明，在华外资企业在中国之所以比中资企业表现出更高效率的竞争力，原因主要在于两个方面：挤出效应和政策扭曲。一方面，挤出效应是指占据技术和生产率等诸多绝对优势的外资获得高回报的投资项目，而许多中资企业由于无法在获得这些项目上与外资竞争，只好把资金用于劳动密集型产品的出口并尽可能地增加投资量。这是中国始终难以摆脱外延式增长的原因。而另一方面，在华外资企业的竞争力（表现为较高的赢利能力）在相当程度上是由中国为吸引外资而执行的一系列超国民待遇的政策扭曲环境所造成的。① 这两方面的原因都说明，大部分中资企业在本土竞争不过外资企业与政府的政策有直接关系。

那么，中国经济对外国直接投资的这种高度依赖是如何形成的呢？路风和余永定引用岳健勇、黄亚生、周黎安的研究成果对此进行了说明：20世纪90年代初，中国经济处于转轨和发展的双重矛盾之中，多种瓶颈致使国有企业及其管理体制的转变，无法像急于加快经济增长的决策所期待的那么迅速。于是，借外资之力来加快经济增长速度，并摆脱无法在短期内克服的体制改革之困，就成了引进外资的重要动机。当保持高增长率成为压倒一切的政治目标后，以当地 GDP 增长绩效作为衡量政绩标准的"晋升锦标赛"，更使各地"招商引资"的竞争成为不计成本地引进外国直接投资的一大动力。② 但是，这些研究没有注意到，我国货币发行的美元化是造成各级地方政府不计成本地引进外国直接投资的另一重要原因：当外汇占款成为人民币发行和信贷的基本途径时，地方政府只有搞到美元，才会有发展的资金；而搞不到美元，该地区将因缺乏资金而无法发展。我国货币发行的美元化驱动着地方政府竭力引进外国直接投资。

显而易见，无论是理论逻辑，还是来自实践的经验证据，都证明外资企业不是中国自主创新能力的组成部分。路风和余永定得出的结论是：中国经济增长对外资产生依赖的真正原因是政府把依靠外资当作实现发展的手段。这个结论可能会令某些人震惊，但在笔者看来，这是不可争议的现

---

①② 路风，余永定．"双顺差"、能力缺口与自主创新：转变经济发展方式的宏观和微观视野. 中国社会科学，2012（6）：108.

实。2006 年 1 月我国提出的自主创新战略不仅没有遏制这种趋势，反而遭到了在社会上流行的下述论调的坚决抵制：在华外资企业就是中国企业，在华外资企业的创新就是中国的自主创新。在这样一种思想指导下，高度依赖外国直接投资必然会成为目前“新洋务运动”的新特征和突出特征。

对待外资的不同态度是决定晚清洋务运动失败和日本明治维新成功的重要因素。近代史上，在西方帝国主义列强炮舰政策的胁迫下，日本和中国一样都丧失了关税自主权，因此，对外资的不同态度就成为两者之间产生重大差别的决定性因素之一。在日本明治维新时期，由于日本人痛恨为外国人办事的本国人，所以，在当时的日本，根本就不存在买办利益阶层生存的土壤。对明治政府来说，不论是发展军工产业还是发展民用产业，一个基本的原则是：日本领导者们害怕日本在经济上受到外国资本的控制，而没有引进外资。而对于已经进入日本的外国直接投资，明治政府的目标也很明确：通过支持日资企业，把外资企业排挤出日本。例如，日本政府通过扶植和资助三菱汽船会社，在 19 世纪 70 年代打败了势力强大的美国的太平洋邮船公司、英国的半岛东方轮船公司，把外国势力从日本沿海航线上彻底赶走了。独立的工业体系不但是日本在甲午战争中打败清政府的经济基础，而且也是日本在 1911 年废除外国列强强加给自己的不平等条约的前提。

但与日本对外资的态度不同，清政府的目标却是“稍分洋商之利”，并给予洋商、洋货“超国民待遇”。正是在这种思想指导下，外国资本不但在“洋务运动”时期控制了晚清时期中国的大宗产品出口，而且在晚清时期的中国国内获得了“超国民待遇”。正如郑观应在《盛世危言》中指出的，“自道光二十二年①大开海禁……洋人各货……迨咸丰八年十一月中西重订条约……每百两征银二两五钱……斯乃体恤洋商，恩施格外，较之华人其获利厚矣。……于是，洋商获利，华商裹足不前，迫令纳费洋人，托其出名认为已化，洋商坐收其利……同一洋货，在洋人则无厘捐，在华人则纳厘捐”②。也正是在这种思想指导下，晚清时期中国的轮船招

① 道光二十二年即 1842 年，清政府在该年签订《南京条约》。

② 弘治，等. 盛世之毁：甲午战争 110 年祭. 北京：华文出版社，2004：112－113.

商局与英国太古、怡和洋行签订的“齐价合同”不但使这两家外资企业的实力大大超过轮船招商局，而且也因其合同的垄断性质扼杀了其他民族资本发展现代航运业的可能。[①] 甲午战争的失败标志着这种依附于西方列强的洋务运动彻底破产，其教训值得我国深刻反思。

四、关于自主创新产品政府采购的自主权

2011 年 6 月 28 日，在跨国公司、美国在华商会、欧盟在华商会和美国政府的重压之下，我国财政部宣布，自 2011 年 7 月 1 日起停止执行财政部 2007 年颁布的《自主创新产品政府采购预算管理办法》《自主创新产品政府采购评审办法》《自主创新产品政府采购合同管理办法》这三份文件。在此之前，曾有报道说，2011 年 5 月 11 日，美国《华盛顿邮报》在拿到第三轮中美战略与经济对话的成果单后，激动地宣称：“（这）是里程碑式的。”但是，对于中国自主创新战略真正的倡导者来说，这无疑是一个噩耗，它标志着我国自此将丧失自主创新产品政府采购的自主权，无法使用政府采购支持本国企业的自主创新。

使用政府采购支持本国企业自主创新是世界各国需求方创新政策的主要手段，被很多人视为当代最有潜力的创新和产业政策工具，它对于美国在高科技领域的国际领先发挥了关键性的作用。对于发展中国家来说，虽然自由贸易使本国企业的自主创新能力受到严重抑制，但不受世界自由贸易体系和 WTO 所禁止的自主创新产品的政府采购仍然使发展中国家存在着技术追赶的某种可能。正如赖纳·科特尔和韦科·兰博指出的，许多发展经济学家认为，WTO 的规则限制了发展中国家实施东亚成功发展所采取的经典产业政策。但是，他们的研究说明：虽然 WTO 对发展中国家成员产生了严重的限制，但是，如果发展中国家不加入 WTO 的政府采购协议，WTO 还是保留了一些发展中国家可以利用的政策空间；而发展中国

---

① 江秀平. 中国洋务运动和日本明治维新创办近代企业的比较. 中国社会经济史研究，1992 (2).

家如果加入 WTO 的政府采购协议，要在对国家竞争力和经济增长起决定作用的领域实施自主创新产品政府采购政策将变得非常困难。因此，他们建议发展中国家不要加入 WTO 的政府采购协议。①

我国没有加入 WTO 的政府采购协议，自然可以实施财政部在 2007 年颁布的关于自主创新产品政府采购的三份文件，这是我国政府面对跨国公司在中国的技术垄断地位所采取的自主创新具体举措。但是，在这三份文件颁布后，美国和欧盟的在华商会对我国自主创新的政府采购政策极尽污蔑和攻击之能事，掀起了大规模干涉我国内政的活动，它们到处散布外资在中国经营环境恶化的言论，把中国政府采购中资企业的自主创新产品污蔑为贸易保护主义，唆使发达国家媒体对中国政府群起而攻之。2011 年 5 月，美国国际贸易委员会发布了《中国：知识产权侵权和自主创新政策对美国经济的影响》的报告，称中国的自主创新政策使美国企业和其他外企在中国市场处于竞争劣势，并形成新的壁垒，危害美国等国家对中国的直接投资和出口。在 2010 年第二轮中美战略与经济对话召开之前的 5 月 3—6 日，中国美国商会还开展了对华盛顿智库、奥巴马政府以及国会的游说之旅。

发达国家在华跨国公司认为："如果中国政府在自己的国土上通过政府采购支持本土企业的技术创新，那么，我们的技术垄断地位和统治中国经济的地位将如何保持?"因此，在允许那些加入了 WTO 政府采购协议的发达国家运用政府采购支持本国技术创新的情况下，美欧跨国公司也决不允许中国实施这种政策，决不允许在中国存在对跨国公司的统治地位哪怕是一丝一毫的威胁。这就是美国政府和跨国公司要不屈不挠地打掉中国自主创新政府采购政策的原因。美欧跨国公司终于在 2011 年 5 月的第三轮中美战略与经济对话中达到了它们的目的，我国因此难以使用政府采购对中资企业的技术创新进行支持，发达国家跨国公司在我国的技术垄断地位得到了进一步的巩固和加强。

① 科特尔，兰博．发展中国家为什么不要加入 WTO 政府采购协议?．国外理论动态，2012 (2).

第二编

国内大循环经济发展战略与政策选择

第六章 世界经济大萧条与中国经济发展战略的革命*

一、21世纪世界经济大萧条的五大根源与变化的三大趋势

笔者认为，由2007年美国次贷危机作为先导的国际金融危机正在使世界经济陷入大萧条之中，发生于21世纪第一个十年的这次世界经济大萧条不会亚于20世纪30年代的大萧条。这次大萧条与20世纪30年代的大萧条具有共同的原因，它们都是由贫富差距两极分化达到极限所导致的，这已经引发了许多国家的骚乱和政权更迭。但是，与20世纪30年代的大萧条相比，这次大萧条拖延的时间将更长，解决起来将更困难，因此，这次大萧条也更难以度过，原因就在于导致这次大萧条的四个新根源是20世纪30年代的大萧条所不具备的，这就是金融资本对产业资本史无前例的支配和控制、债务经济、美元霸权和跨国公司对世界经济的支配。这四个新的根源不但难以消除，而且也将使解决作为大萧条基本根源的贫富两极分化问题比20世纪30年代更加困难。

因此，由于过去30年新自由主义的破坏性影响，目前的世界经济出

* 原载《国外理论动态》2011年第12期。

现了严重的五大结构性失调：第一，资本与劳工之间收入分配的严重两极分化。这导致了有效需求的严重不足。第二，金融资本对产业资本史无前例的支配和控制。它把投资引向了金融赌博，对生产企业产生了短期视野的压力，阻塞了许多国家通过恢复实体经济的支配地位从而实现经济增长的道路。第三，债务经济。这不但表现为美国许多家庭举债消费，从而成为美国次贷危机的重要根源，而且这种债务经济也使美国、欧盟和日本等陷入了主权债务危机。第四，美元霸权是世界经济动荡的主要根源。美元霸权建立的是一种类似于古罗马的掠夺和剥削体系。美国不但靠发货币剥削世界各国人民，而且这种剥削行为也导致了美国产业空心化、大量失业和中下层的贫困化。第五，跨国公司对世界经济的支配。跨国公司把制造业大量地转移到发展中国家，不但导致发达国家的失业率居高不下和中下层收入的停滞不前，而且也导致发达国家与发展中国家之间的差距日益扩大。正是这五大结构性失调导致了目前世界经济的大萧条，从而导致世界经济的发展具有不可持续性。

显而易见，国际金融危机爆发后的世界正处于一个重大的转折时期，为了解决21世纪第一个十年的世界经济大萧条问题，世界经济乃至各国经济急需重大的制度改革。具体地说，这种改革主要体现在三个方面：第一，各国都要以民生作为推动经济发展的驱动力，缩小劳工与资本之间的收入差距。第二，从金融经济向实体经济的转变。各国都要削弱金融资本对产业资本的支配力量，缩小金融资本与产业资本之间的利润率差距。第三，各国都要采取保护占人口大多数的中下层收入者利益的国家保护主义措施，这包括破除美元霸权和抑制跨国公司对世界经济的支配作用，恢复国民经济对国际贸易的优先地位。正如笔者早就指出的，经济全球化发展到今天，它实际上已经演变成了只有利于国际垄断资本而对各国劳工不利的状态①，各国回归国民经济是世界经济健康发展的内在要求。由于跨国公司对世界经济的垄断性支配结构，它通过“两头通吃”的方式把绝大部分收益都集中在了垄断资本的手中。一方面，跨国公司通过卖主垄断排除了在最终产品市场上的竞争；另一方面，它同时又在生产者市场创造了买

① 贾根良.评佩蕾斯的技术革命、金融危机与制度大转型.经济理论与经济管理，2009 (2).

主垄断，迫使发展中国家生产者的产品价格不断被压低。其结果是：技术进步的成果基本上都以利润形式转移到了在世界经济中作为中间商的跨国公司手中，这既没有增强发达国家消费者的购买力，又导致了广大发展中国家的工人和农民的收入长期停滞甚至下降。这就是为什么在国际金融危机爆发之前我们可以观察到：在世界贸易高速增长的同时，各国劳动者的收入增长缓慢。跨国公司不但造成了发展中国家而且也造成了发达国家的内需严重不足，是资本与劳工之间收入分配严重两极分化的重要推手。因此，要解决21世纪的这次大萧条问题，世界各国都必须恢复国民经济优先于国际贸易的基本原则，这是笔者说保护主义的全面回潮最终将不得不成为解决这次大萧条问题的重要途径的基本原因。

二、我国“两头在外，大进大出”经济发展战略的穷途末路

目前的世界经济大萧条已经使我国“两头在外，大进大出”的发展战略走到了穷途末路的地步。中国实行的以发达国家市场特别是美国市场为主体的出口导向型经济实际上是对“亚洲四小龙”的机械的和教条的模仿，笔者已经对这种发展思路给中国所带来的危害进行了详细的讨论①，此不赘述。掌控高端产业及其技术是步入发达经济阶段的必由之路，而我国不可能按照所谓雁阵模式，在出口导向型经济中遵循比较优势，通过产业的逐步升级发展高端产业的。因为发达国家没有办法为我国的高端产业提供庞大的市场，它们也绝不会为我国高端产业的发展提供市场，相反，跨国公司总是要千方百计地把我国压制在价值链的低端。因此，对于中国这样一个庞大的经济体来说，日本人提出的以日本经济为领头雁的雁阵模式实际上是一种现代版的殖民主义经济结构，在世界经济格局特别是东亚地区经济格局中，它使中国固化在了“日本掌控高端技术和资本品，韩国提供资本品和中间产品，中国则提供劳动密集的低端产品”这样一种“担

---

① 贾根良.国际大循环经济发展战略的致命弊端.马克思主义研究，2010（12）.

水劈柴”的国际分工地位上。

在美元霸权的支配下，我国“两头在外，大进大出”的经济发展战略使我国成了发达国家特别是美国“剥削和掠夺”的对象。出口导向型经济发展模式曾是重商主义时期的英国和二战后的日本以及“亚洲四小龙”成功发展的原因，但是，美元霸权的出现已经彻底颠覆了出口导向型经济的性质：美国生产不被任何实物支撑，只由美国军事力量支持的美元纸币支撑，而世界其他国家生产美元纸币可以购买的产品。按照美元霸权的逻辑，只有在其他国家通过出口导向型经济对美国贸易存在着持续出超的情况下，美国才能通过印刷美元纸币，不劳而获地坐享别国的劳动成果。在这种情况下，出口导向型经济出口的越多，积累的美元储备就越多，被剥削和被掠夺的程度就越严重。由于我国推行“两头在外，大进大出”的经济发展战略，自 20 世纪 90 年代末以来，我国实际上已经成为美元体系的主要支撑国。截至 2011 年 6 月，我国外汇储备余额已经突破 30 000 亿美元。我国外汇储备的激增和购买美债不但导致了极难治理的通货膨胀，而且损害了我国的货币主权，致使我国民营企业陷入困境，并夺走了我国在教育、医疗、社会保障和农业补贴等方面所急需的资金。更为严重的是，我国购买美债的行为实际上是我国在为美国在中国周边建立围堵中国的军事基地以及周边小国“哄抢”中国提供资金，实际上是中国自己出钱帮助美国政府从事颠覆中国政府的活动，我国的外汇储备和所购买的美国国债已经成为美国对我国实施“金融核讹诈”的战略武器。①

三、保护主义与内需主导型经济：中国经济发展战略的革命

如果通过融入发达经济体的市场实现经济崛起这条路已经走不通了，那么中国应该怎么办呢？美国经验为我们提供了借鉴。19 世纪，落后的美国为了避免发达的英国经济对美国经济的掠夺和压迫，通过高关税保护

① 贾根良. 外储问题的根本在于外资和美债. 中国经济周刊，2011（38）.

和排斥外国直接投资与英国经济隔离开来。到了 1894 年，美国不但成功地崛起为工农业帝国，而且拥有竞争力极强的高端和新兴产业产品，得以大肆入侵欧洲市场，以至于 1901—1902 年在欧洲出现了大量的渲染这种威胁的图书，向人们敲响了警惕“美国化”的警钟。[①] 与我国目前以自由贸易、依靠外国直接投资和出口导向型经济为特征的经济发展战略截然相反，美国在 19 世纪末和 20 世纪初的经济崛起却是在高关税保护、排斥外国直接投资和内需主导型经济的条件下实现的，突出的标志是美国引领了 1875 年开始的第三次技术革命浪潮和 1908 年开始的第四次技术革命浪潮。美国经济的崛起是在保护主义与内需主导型经济的条件下实现的。在世界经济危机导致我国出口导向型经济不得不终结的今天，美国崛起的历史经验值得我国高度重视。

美国经验说明，经济活动的质量是国富国穷的决定性因素。如果不是通过掠夺性地开发自然资源，也不是通过掠夺别的国家，那么一国的社会各阶层的共同富裕和社会和谐取决于什么呢？只能取决于通过科技进步开发大自然所带来的租金分享。只有高端产业才是科技创新的载体，而我国按照比较优势理论所从事的劳动密集型产业几乎没有创新机会，是低质量的经济活动。当我国把这些高质量生产活动及其创新收益拱手让渡给发达国家的时候，社会各阶层收入提高和共同富裕就成了无源之水和无本之木了，政府就必然要与民争利，企业主就必然要压榨工人，因此，各方就必然会在利润、工资和税收之间相互倾轧。正是按照李嘉图的比较优势理论以所谓的低工资竞争优势参与国际分工，才造成了今天社会不和谐的局面。正是由于技术创新的大部分成果被跨国公司所攫取了，所以我国各级政府无法通过来自工商业税收的增加分享这种技术创新的收益，因此，不得不愈来愈靠出让土地获取财政收入，从而成为房价越来越高的重要推手。这是我国土地财政得以产生的重要根源，也是我国地方政府债务不断增加的深层次根源。

因此，借鉴历史上发达国家脱贫致富的历史经验，笔者提出了中国保护主义经济崛起的战略方针，包括：第一，抓住高端产业和各产业价值链的高端环节，特别是要把资本货物工业也就是马克思所说的生产资料工业

---

① 纳尔森. 经济增长的源泉. 北京：中国经济出版社，2001：275.

在国际经济中的领先地位作为奋斗目标。第二，提高某些行业的关税保护水平，停止加入 WTO《政府采购协定》的谈判，拒绝在中国推广转基因农产品技术。第三，减缓引进挤压我国民族企业市场空间和转型升级的外资，适度回购部分外资企业。第四，重新恢复国民经济平衡发展的基本方针，其目的是为我国高端产业和各产业价值链的高端环节创造国内市场。第五，严格限制原材料和不可再生资源出口，并适度回购部分资源型外资企业。第六，中国最大的“比较优势”在于丰富的人力资本和潜在的科技优势而非廉价劳动力，这为中国开发这种最丰富的要素禀赋并崛起为世界科技创新第一大国创造了别国难以匹敌的优势。第七，以国内经济大循环为特征的内需主导型经济发展战略要以工人农民的收入增长为引擎。第八，大力发展国内区际分工和区际贸易，以开发中西部为重点，工业中心向中西部转移，从根本上改变我国工业特别是高端产业集中在沿海地区的不合理状况。第九，内部改善。以保护主义为特征的国内经济大循环战略需要我国在国内流通体制、基础设施、打破地方保护主义等内部环境的改善上痛下苦功。

四、金融保护主义和建立国际经济新秩序

与我国保护主义和内需主导型经济发展新战略相配合，我国需要实施金融保护主义和建立国际经济新秩序的对外经济发展新战略。我国深陷“美元陷阱”的主要根源在于出口导向型经济，在于实体经济。显而易见，如果中国的进出口保持长期的动态平衡，也就是外汇储备够三个月进口的需要就可以了，这样我国就不会积累这么多的美元储备，也不会陷入“美元陷阱”。因此，如果没有终结我国出口导向型经济，那么，在纸币经济的时代，无论是储备货币多元化还是不切合实际地建立与主权脱钩的世界货币，都无法解决美元霸权问题。要解决美元霸权问题，就必须破除对出口导向型经济或外向型经济的迷信，就必须重走保护主义的内需主导型经济之路。

金融保护主义是应对货币战争的根本性措施，为了避免美元霸权和金

融自由化对我国经济的掠夺，我国应该继续实行资本项目管制，严格审查国内企业到海外上市，严厉打击热钱活动，为主权信贷的实施创造条件。主权信贷是与美元霸权相对立的。我国拥有广阔的市场，主权信贷具有得天独厚的条件。单就人口来说，我国的人口规模就超过美国、欧盟、日本和俄罗斯的人口总和，我国拥有世界上任何国家都无法企及的最大的内需市场，完全可以在任何产业上实现规模经济，不必过度依赖对外贸易，达到贸易平衡就可以了。这就是我国要重走内需主导型经济之路的原因。在内需主导型经济和贸易平衡的情况下，美元霸权就对中国无计可施了。

那么，技术问题将如何解决呢？主要是靠国内市场的竞争和自主创新。中国地域广阔、人口众多、市场纵深很大，在创造新技术上，竞争能充分发挥作用。美国在经济崛起时期（1820—1914 年）通过“闭关锁国”铸就自主创新辉煌的历史经验告诉我们：技术引进固然重要，但更重要的是本国的自主创新，正是自主创新才成为后来者技术发展的主要的和活的源头。美国的历史经验说明，市场重于技术，没有技术，自主创新可以创造，但如果没有广大的市场，自主创新从根本上来说是不可能实现的，因此，保护国内高端产业的市场是自主创新的基础。[①] 把美国和德国崛起的历史经验概括为“对外保护和对内自由竞争”，虽然是可以的，但是，自由竞争也有问题，美国在经济崛起的后期社会面临分裂，国家出手干预，而不是自由放任，这是美国在 19 世纪和 20 世纪之交出现“进步时代”的原因。

在经济崛起时期，美国资源丰富，也没有人口众多的压力，更不存在一种类似于今天美元霸权的“英镑霸权”[②]，因此，美国不需要与发展中国家之间建立一种“国际经济新秩序”。与美国崛起的历史时期相比较，中国人口众多，人均资源和能源相当匮乏，而许多发展中国家资源丰富和人口“稀少”，如果我国通过保护主义新战略和抓住以纳米、生物、新能源和新材料等为主体的第六次技术革命浪潮的机遇，在高端产业建立起全面和绝对的领先地位，就将使我国丰富的人力资本和科技资源与发展中国

---

① 贾根良. 美国经济崛起时期自主创新的成功经验与启示. 教学与研究，2011（8）.

② 虽然美国政府在南北战争后为实行金本位制而逐步废弃了“绿背纸币”政策，这对美国经济产生了损害，但受惠于 1861 年至 1865 年“林肯革命”的其他重大措施的深远影响和高关税保护政策，战后并非有利的金融环境未能影响美国通过狂飙突进的 30 年工业化而崛起。

家丰富的自然资源之间具有了很强的经济互补性。因此，团结和联合俄罗斯、广大发展中国家和欧盟等国家和地区，构建一种优势互补、互利共赢的国际经济新秩序，对我国就显得极为必要。

五、破除美元霸权：中国政府的“天命”

建立国际经济新秩序也是破除美元霸权的根本之路。重走保护主义和内需经济发展之路，可以使我国经济与美国经济和美元体系适度“脱钩”，但如果没有世界上其他国家的配合，我国将陷入孤立地位。摧毁美元霸权是全世界人民的福音，但世界上有可能与美元霸权抗衡的国家必须有庞大的分工体系和内需市场，在这方面只有三家：欧盟、日本和中国。但是，欧盟不是一种政治实体，没有统一的中央政府实施完整的财政和货币政策，因此，欧元无法与美元相抗衡。而日本虽然对美元霸权也心怀怨恨，但日本要仰仗美国抗衡中国和俄罗斯，因此只能对美元霸权忍气吞声。在这种情况下，只有中国才能肩负起破除美元霸权的历史重任，这是全世界人民赋予中国的“天命”，是中国造福于全世界善良人民的光荣使命。

中国具备担当破除美元霸权使命的全部条件：广阔的国内市场、最多样化的分工体系和统一的中央政府。由于中国国土辽阔、人口众多并有统一的中央政府为高度一体化的国内市场作保证，因此中国可以发展最多样化的分工，完全可以实现自给自足。这样，中国可以与美元体系适度隔离开来，与此同时，可以跟俄罗斯、欧盟国家讲清利害关系，建立统一战线：与俄罗斯结成战略同盟，共同抵御美国的军事和经济霸权，遵从平等互利的原则；用中国的工业制成品交换欧盟国家的高技术（但中国不依靠欧盟，高技术完全可以自己研发出来），并交换发展中国家和俄罗斯等国的原材料和能源；以中国为龙头，团结广大的第三世界国家，建立一种与美元体系并行交织的国际经济新秩序。在这种情况下，美元霸权必然要逐步走向衰落，并最后瓦解。

然而，在美国金融寡头利益集团和军工复合体集团的支配下，美国政府必将对任何试图摆脱美元体系的国家进行打击，因为若任其发展，则美国不但不能剥削别国了，而且由于美元霸权的最终瓦解，将使美国的霸权也被瓦解。因此，美国甚至有可能发出战争威胁，阻止中国经济发展的转型，就像2011年的黄海军演一样。但这只不过是战争恫吓而已，这种办法对付伊拉克和利比亚可能有效，但对于中国这样国土辽阔、国力强盛的国家来说，任何入侵者必将陷入屈辱的失败境地。对于这个问题，我们完全没有必要担忧。但是，从战略角度考虑，中国需要做两方面工作：一是大力发展军事工业，为将来的战争做好准备；二是中国的工业不能集中在沿海，中国的工业重心应该向中西部转移，以避免由于战争的爆发而遭到惨重损失。

在对外经济关系上，我国没有必要在他国领土上为了争夺资源直接与美国发生冲突，我国也没有必要挑战它的霸权。在相当一段时期内，我们仍要奉行毛泽东主席在20世纪70年代提出来的“深挖洞、广积粮、不称霸”的战略，通过重走保护主义和内需经济发展之路，静观美元霸权的瓦解。美元霸权瓦解后，美国军事霸权的瓦解就指日可待了。但是，我国要坚持“人不犯我，我不犯人；人若犯我，我必犯人”的基本原则，坚决捍卫领土完整、坚决捍卫国家利益。近代以来，中国许多仁人志士，为了探求救国救民的真理，纷纷提出学习和实行西方制度的主张，结果却发现“先生”总是打“学生”。在目前的世界仍然是如此。中国是一个爱好和平的国家，中国真诚地向世界宣称“和平崛起”，但迎来的却是美国铁拳的教训。血的教训告诉我们，“和平崛起”必须以强大的军事力量为后盾，如果没有强大的军事力量，我国“深挖洞、广积粮、不称霸”的内需发展新战略以及与俄罗斯、广大发展中国家和欧盟等建立国际经济新秩序也就无法得到保障。

第七章　扩大进口战略的隐忧与国民经济平衡增长新论*

国际金融危机爆发后，我国重新提出了扩大内需战略①，这无疑是正确的选择。但为了解决我国过大的贸易顺差问题特别是中美贸易不平衡问题，我国政府又在2011年采取了扩大进口战略。这两种战略之间是否一致？扩大进口战略是否能够达到促进产业升级和提高我国对外开放质量的目的？本文首先对目前为扩大进口战略进行辩护的观点提出质疑，讨论它与扩大内需战略和产业升级目标之间的冲突。然后，为了提出替代性的政策思路，本文通过对纳克斯“平衡增长理论”的创造性阐释，提出国民经济平衡增长新论。最后，与单纯为了解决过大贸易顺差问题的扩大进口战略不同，本文运用国民经济平衡增长新论，提出了能同时实现对外贸易平衡、扩大内需和转变经济发展方式三重目标的政策建议。

一、结构失衡与扩大进口战略的隐忧

目前，我国产业价值链低端工业制成品出口导向型经济面临的困境是

---

* 原载《当代经济研究》2012年第12期。

① 内需问题是我国在亚洲金融危机爆发后的1998年底首次提出的。在2008年国际金融危机爆发后，我国再次提出扩大内需问题，并将其逐步地升格为长期战略方针。

众所周知的：生态环境遭到破坏，自然资源被大量消耗，产能大量过剩导致贸易条件持续恶化，陷入了生产增加但出口收入下降的“贫困性增长陷阱”。国际金融危机爆发后，在海外市场不断萎缩的情况下，这种情况日益严重，甚至在 2011 年和 2012 年出现了某些人口中所称的“制造业危机”。更为严重的是，我国还因此陷入了更加令人痛心的“美元陷阱”之中：我国连年的贸易顺差导致了国民财富的严重流失。在美元霸权的支配下，美国开动印钞机大量印制美元绿纸片，低价购买我国出口产品，而我国由此形成的美元贸易顺差不但夺走了我国在教育、医疗、社会保障和农业补贴等方面所急需的资金①，而且其价值也因美元的不断贬值而不断耗散，正如余永定先生指出的，这无异于我国把贸易顺差产品直接扔到大海里，同时由中国人民银行直接印人民币发给这些出口企业。②

连年的贸易顺差是造成我国内需不足和严重通货膨胀并发症的重要原因。以 2010 年我国贸易顺差 1 831 亿美元为例，按当年末 1 美元兑 6.622 7 元人民币的汇率计算，贸易顺差总额为 12 126.163 7 亿元人民币。假如 2010 年我国实现贸易平衡（也就是贸易顺差为零），该年贸易顺差部门的产品投放国内市场，那么，按 2010 年末中国城乡 7.9 亿的就业人口计算，平均每个就业者年收入将增加 1 535 元人民币；而如果按 2010 年末我国 2.2 亿农民工计算，那么每位农民工年收入将增加 5 512 元人民币。2010 年农民工平均月收入 1 650 元，年收入 19 800 元，这也就是说，按保守计算，如果该年农民工平均工资增加 28%，不会发生任何通货膨胀，而由于农民工消费倾向最高，由此所形成的扩大内需效应是任何其他措施所无法获得的。但实际情况却是，由于 2010 年巨额贸易顺差的存在，我国农民工不仅不能增加 28%的工资，反而因外汇占款而增发人民币所造成的通货膨胀，使其实际收入下降，实际收入的下降反过来又加剧了内需不足。

为了回应美国对我国贸易顺差过大的指责，同时也是为了解决我国因连年巨额贸易顺差所产生的财富损失和通货膨胀并发症问题，我国政府在

---

① 贾根良. 外储问题的根本在于外资和美债. 中国经济周刊，2011（38）.

② 余永定. 见证失衡：双顺差、人民币汇率和美元陷阱. 北京：生活·读书·新知三联书店，2010.

2011 年采取了扩大进口的战略，并于 2011 年底推出了 2012 年大范围下调进口商品关税的措施。① 《经济日报》评论员的文章对此评论说，扩大进口不但可以有效控制外贸顺差，减少国际摩擦，降低外汇储备过高的压力，而且对提高我国对外开放的质量和水平也具有十分重要的战略意义。② 也有论者指出，努力扩大进口是我国加快经济转型和提高我国在全球价值链中的地位的必然战略选择，而大宗商品和高新技术作为我国经济发展和产业升级的支柱，也是未来扩大进口的重点发展领域。③

按照《21 世纪经济报道》的说法，目前，"扩进口"实际上已经被提升到中国外贸新战略的高度，取代"压出口"，成为削减贸易顺差的首要路径。广东省为此专门出台了具体的指导意见，根据指导意见的目标，广东力争要在"十二五"时期，进口增幅达到或超过全国的平均水平；依照重要性排序，广东鼓励进口的商品依次是先进技术和设备、重要物资和消费品。广东外语外贸大学国际经贸研究中心副主任肖鹞飞认为，中国扩大进口无非出于两个考量，短期来看是削减贸易顺差、促进贸易平衡，长期来看则是希望通过引进高新技术设备促进产业升级。④

无疑，扩大进口战略将有助于实现削减贸易顺差和促进贸易平衡的目标，解决我国因连年贸易顺差所导致的巨额财富损失和通货膨胀并发症问题，也能减少国际摩擦。如果单纯从这个角度来看，这不失为一种好的解决办法。但是，这种战略不仅不能实现以上论者所论证的目标，比如提高中国在全球价值链中的地位，通过引进高新技术设备促进产业升级，提高我国对外开放的质量和水平，相反却是与这些目标背道而驰的。理由何在呢?

我们可以把 2012 年 730 种进口商品平均关税率降低为 4.4%的商品划分为两大类：第一类是能源资源性产品、用于促进消费和改善民生的日用品和与公共卫生相关的产品，这些产品进口将改善国内供给，对转变经济发展方式没有不利影响。第二类则是资本品，包括战略性新兴产业所需的关键设备和零部件以及大马力拖拉机等在内的农业生产资料，这类产品降

---

① 郭丽琴，付晶晶."扩进口"发力 财政部下调 730 多种进口商品关税.第一财经日报，2011-12-16.

② 本报评论员.重视扩大进口的战略意义.经济日报，2012-03-31.

③ 王永杰.扩大进口是经济转型的必然战略选择.中国经贸，2011 (10).

④ 宋菁.广东外贸新战略：扩大进口.21 世纪经济报道，2012-06-06.

低进口关税将冲击我国亟须扶植的资本品工业。当然，如果打算像日本和韩国在经济崛起时期一次性进口样机后就不再进口，在此基础上实施进口替代，这无疑是无可厚非的；而且在目前国际金融危机的条件下，由于发达国家经济萧条，我国在先进技术设备进口价格等问题的谈判上将处于有利地位，这无疑是一个准备进口替代的好时机。但是，很显然，扩大进口战略并没有这个打算，其目的只不过是削减贸易顺差和促进贸易平衡，并认为这种进口长期化是正常的。

目前，我国产业在全球价值链分工中大都处于低端位置（部分处于中端位置），进出口贸易结构的基本特征是“出口低端产品并进口高端产品”。在发达国家经济崛起的经济政策史和经济思想史中，这种贸易结构因为“出口本国报酬递减的产品并进口外国报酬递增的产品”，因而被看作“坏的贸易”①。这种贸易结构实际上正是我国对外经济发展方式所要转变的对象，但扩大进口战略首先扩大的是先进技术设备进口，而且并无进口替代的战略考虑，这无疑将使我国的进出口结构进一步被固化在“出口低端产品并进口高端产品”的低级贸易结构上，使我国长期以来就存在的“引进—落后—再引进—再落后”的困局进一步被强化，这对转变经济发展方式和自主创新是非常不利的。在这种情况下，哪里会提高中国在全球价值链分工中的地位呢？又怎么能说将会提高我国对外开放的质量和水平呢？

此外，扩大进口战略还会带来以下负面影响。第一，它并不能解决产业价值链低端工业制成品出口过剩所内生的贸易条件恶化和生态环境恶化问题。第二，它不仅无法解决由于我国出口产品海外市场在未来持续萎缩而产生的失业问题，反而会加重失业问题，因为进口将冲击国内相关产品生产企业的生产，从而减少国内就业。第三，还需要引起特别注意的是，扩大进口战略将有可能给我国贸易结构和国际收支带来深远的不利影响，理由有如下两点：其一，由于我国贸易顺差主要是由加工贸易所产生的，一般贸易和其他贸易一直处于逆差状态，所以扩大进口战略将导致我国对加工贸易的依赖，这与我国大力压缩加工贸易的既定目标是自相矛盾的。其二，我国贸易顺差主要是由在华跨国公司的加工贸易所形成的，如果把扩大进口作为一种战略长期实施，不但无法降低对在华跨国公司的依赖，

① 赖纳特. 富国为什么富　穷国为什么穷. 北京：中国人民大学出版社，2010.

而且在未来某些时候还有可能导致外汇危机。例如，以 2010 年我国 1 841 亿美元的顺差构成为例，外商投资企业占 2010 年我国贸易顺差的 67.5%，顺差额为 1 243 亿美元；而我国民营企业和国有企业贸易顺差总计仅 598 亿美元，占比为 32.5%。由于外商投资企业所形成的贸易顺差实际上代表着外资对我国资产的索取权，是我国间接的对外资的隐性债务，一旦外资外逃和外商投资企业不再通过结汇制把美元交给中国人民银行，而我国进口比例又无法压缩，将有可能发生外汇危机。

相对于我国连年巨额贸易顺差所导致的财富损失和通货膨胀而言，笔者并不反对扩大进口战略，因为这总不失为一种解决办法，但这种战略对长期发展将会产生不利影响，因此，我们需要寻求更好的解决途径。笔者认为，要解决我国进出口价值总量的长期失衡问题，不能只关注进出口失衡问题，还必须注意到我国产业价值链低端工业制成品大量出口所产生的贸易顺差是与我国经济结构其他方面的失衡相伴而生的：资本品工业高端产品大量进口，大豆、玉米等大宗农产品大量进口，“两头在外，大进大出”导致服务业特别是生产性服务业发展滞后，等等。[①] 贸易顺差与这些结构失衡是密切相关的。因此，我们必须把这些结构失衡通盘考虑，采取一揽子的国民经济平衡发展战略，而不能仅仅为了解决连年巨额贸易顺差问题，采取“头痛医头、脚痛医脚”的办法单纯解决进出口平衡问题。但在讨论这种新战略和政策建议之前，我们首先需要为之提供一种新的理论基础。

二、国民经济平衡增长新论

笔者认为，扩大进口战略与扩大内需战略潜在地是内在冲突的，其理论基础也是截然不同的。扩大进口战略仍是基于西方主流经济学的比较优势理论：无论出口什么产品和劳务，一国只要根据比较优势原则从事对外贸易，大量的出口就可以扩大国内就业、转移剩余劳动力、改善国民福利

---

① 刘书瀚，贾根良，刘小军. 出口导向型经济：我国生产性服务业落后的根源与对策. 经济社会体制比较，2011 (3).

并实现国民经济的高速增长。按照这种理论，我国在国际分工中的比较优势在于劳动力成本低廉，因此，出口劳动密集型产品并进口先进技术设备是我国对外贸易的最优选择。扩大进口战略基本上就是基于这种观点来解决贸易顺差过大所导致的对外贸易不平衡问题的。

扩大内需战略是立足于内需市场推动经济发展的战略，但我国政府采取该战略所依据的理论并不清楚。国际金融危机爆发后，海外市场长期萎缩的黯淡前景和我国出口导向型发展战略所面临的困境是我国重新提出扩大内需战略的直接原因。

纳克斯从历史比较的角度，曾经把发展中国家的发展战略划分为三种类型，这为我们探寻扩大内需战略的理论基础提供了历史视野：第一种战略是原材料等初级产品出口导向型战略。与普雷维什和辛格一样，纳克斯认为这种战略在二战后已不可行，这种洞见现在已经被事实所证明。第二种战略是发展中国家利用低工资劳动力，追求劳动密集型工业品出口战略，这实际上就是我国自 20 世纪 90 年代以来直到国际金融危机爆发所采用的战略。纳克斯认为，这种战略需要发达国家给予支持，或者至少不歧视。然而，纳克斯又认为，这种支持是无法得到保证的，特别是在发达国家的低工资成本工业面临被进口品冲垮的危险时，发达国家将会实施保护主义政策。纳克斯的这种预见是有远见的，正如我国近年来遭受了世界上次数最多的“反倾销”所证明的。为此，纳克斯提出了第三种战略：工业产出为国内市场生产，也就是内需主导型的工业化战略。

笔者认为，我国扩大内需战略的最终目标就是要转向这种内需主导型的工业化战略。那么，扩大内需战略的决定性条件是什么呢？通过对纳克斯经典著作①核心思想的创造性阐释，笔者提出以下两点看法。首先，纳克斯正确地论证到，决定内需市场大小也就是人们收入水平的关键性因素是生产率，而资本设备的投资是提高生产率的基础，所以经济发展的关键性因素是资本形成。纳克斯所谓的资本形成中的“资本”，并不是我们今天从货币角度理解的资本，而是指各式各样能够大大增强生产力效果的机

① 讷克斯. 不发达国家的资本形成问题. 谨斋，译. 北京：商务印书馆，1966. 该注释中的“讷克斯”与正文中的“纳克斯”是同一人，该书出版时用的译名是“讷克斯”。后面也有此问题，不再作说明。——编者注

器设备等。由于我们通常把生产机器设备的工业称作资本品工业或装备制造业，所以，对纳克斯思想的一个合理推论就是：是否拥有一个发达的资本品工业或者说资本品创造部门是决定内需市场大小的关键性因素。但是，纳克斯的著作并没有区分资本品创造部门和资本品使用部门，因此也就没有讨论这种区分对国家间投资收益分配的影响。我们下面就运用这对概念的区分，对笔者的这个推论加以解释。

在一国之内，发达的资本品工业主要发挥两种功能：其一，大幅度提高资本品使用部门的生产率；其二，它不但为资本品创造部门提供丰厚的创新租金，而且在提高资本品使用部门生产率的同时，通过系统协同效应扩散资本品创造部门所提供的创新租金。但是，资本品工业的这两种功能在不同国家之间可以发生分离：如果一国是纯粹的资本品使用部门，那么，该国生产率虽然可以得到很大提高，并能以价格降低的方式与世界各国分享生产率提高的收益，但它不会以收入提高的方式分享资本品创造部门所提供的创新租金。其原因就在于资本品创造部门由于具有高度进入壁垒和动态不完全竞争的特点，所以，技术进步的绝大部分收益将以利润或工资收入的形式归资本品生产国国内的生产者（包括资本家和工人）和政府所占有，这种技术进步的收益扩散方式被称作“共谋型”分配方式。而作为资本品使用部门，消费品工业、农业和服务业的技术创新或者是没有产生动态不完全竞争，或者是因为激烈的竞争导致使世界上所有消费者受益但却使该国生产者受损的价格下降，这种价格下降使其产业的利润和工资都有可能下降，这种技术进步的收益扩散方式被称作“古典型”分配方式。[①]

独立自主和发达的资本品工业是国民财富增长的引擎。我们可以观察到，发达国家的农民、理发师和出租车司机的实际工资要比其生产率相同的发展中国家的同行高出很多倍。原因何在？原因就在于发达国家先进的资本品创造部门通过国家创新体系所创造的系统协同效应在国家范围内产生并扩散了工业技术创新及其生产率的增益。具体地说，在一国之内的农民和理发师与工人都共享着一个劳动力市场，因此，资本品创造部门在提

① REINERT E S. Evolutionary economics, classical development economics, and the history of economic policy: a plea for theorizing by inclusion. Working papers in technology governance and economic dynamics, 2006 (1).

高本部门工人的收入之后，还将通过劳动力供求和部门间收入的战略性互补[①]等系统协同效应，使消费品工业、农业和服务业等部门的劳动者也能分享到资本品创造部门所创造的创新租金，这就是独立自主和发达的资本品工业作为增长发动机的重要作用："不断涌来的收入潮水浮起了所有的船。"按照这种逻辑，是否拥有一个独立自主和发达的资本品工业部门是区分发达国家与欠发达国家的一个主要标志，它是发达国家与欠发达国家之间收入差距日益扩大的决定性因素。纳克斯曾提出欠发达国家经济发展的关键性因素是资本形成，这实际上就是指独立自主和先进的资本品工业部门的关键性作用。

上面就是对扩大内需战略的第一个决定性条件的讨论，我们下面讨论第二个决定性条件：国民经济平衡增长。如果说独立自主和发达的资本品工业是扩大内需的引擎，那么，发展中国家将如何建立这种工业呢？由于本国资本品工业的落后，这种工业在具有国际竞争力之前是不可能有国际市场的；没有市场，这种工业是不可能得到发展的。但天无绝人之路，发展中大国可以通过国内市场为之创造市场，这种国内市场实际上就是国民经济其他部门对资本品工业的需求。然而，国民经济其他部门由于生产率低，所以收入也低，这些部门对资本品工业发展的需求引诱也就不足。那么，如何解决这一困境呢？纳克斯提出了国民经济各部门之间平衡增长的方案。按照纳克斯的逻辑，欠发达国家可以通过在资本品创造部门和资本品使用部门同时进行资本投资，从而同时提高各部门的生产率，而各部门由于生产率提高，其收入水平也会同时提高，这样就在各部门之间通过提供相互需求，解决了工业化所面临的国内市场容量不足问题，也就是我们今天所说的内需不足问题，这就是著名的"平衡增长理论"。

但是，发展中国家没有必要采取在国民经济各部门同时进行大规模投资的"大推动战略"，这是因为欠发达国家对资本品工业发展的需求并非总是处于需求不足的状态。发展中国家从发达国家大量进口先进机器设备，这个事实本身就说明，欠发达国家特别是发展中大国对资本品的需求还是相当旺盛的。实际上，纳克斯并非认为严丝合缝的供求平衡是平衡增

① 杨格在其经典论文中讨论了部门间如何通过价格调整的金钱性外部经济导致分工过程累积性扩大的问题。杨格. 报酬递增与经济进步. 贾根良，译. 经济社会体制比较，2006 (2).

长的条件，他强调的重点并非是在国民经济各部门同时进行投资的“刀刃般”的增长路径。在纳克斯看来，平衡增长并不是一个时点概念，而是一个时期概念，它是指国民经济各部门之间在中期内而非短期内的动态相对平衡。他正确地强调了这种相对平衡增长是欠发达国家资本品创造部门发展的内在要求。

综合以上讨论，我们可以得出如下结论：建立独立自主的资本品创造部门以及国内资本品使用部门为其发展提供市场是扩大内需战略的两个决定性条件。首先，决定内需市场大小的关键性因素是国民收入水平，而独立自主的资本品创造部门是国民收入水平也就是内需提高的基础①。其次，在发展的初中期，发达国家不可能为欠发达国家的资本品创造部门提供市场，所以，国内资本品使用部门必须为其提供市场，立足于国内这两个部门之间的相对平衡增长就成了本国资本品创造部门健康发展的前提条件。因此，在本文中，所谓国民经济平衡增长，就是指国民经济各部门之间特别是资本品创造部门与资本品使用部门之间互为市场的概念。例如，一个进口资本品并出口消费品的国家，通过建立本国的资本品工业，使其与国内生产的消费品之间建立起互为市场并循环累积的关系，就是笔者所谓的国民经济平衡增长的概念。

三、政策建议

国际金融危机爆发后，“调结构、扩内需和保增长”成为我国经济政策制定的主调，虽然在内容和重点上有所变化。但是，在目前有关扩大内需的学术研究和政策制定上，人们并没有注意到“调结构”将如何直接创造内需市场的问题，具体地说，就是没有注意到国内企业间和产业间如何通过提供互补性的需求直接扩大内需问题。归纳起来，“调结构”的含义目前主要有以下几种：调整过于倚重外需的经济结构，但却是从宏观总量而言的；调整“重投资需求，轻消费需求”的结构；调整区域结构，推动区域

① 贾根良.资本品工业的自主创新：扩大内需战略的关键.经济学家，2012（11）.

间协调发展；调整收入分配结构；调整投资结构，降低高能耗和高污染产业的比例，提高战略性新兴产业和节能环保产业在产业结构中所占比例。然而，这些“调结构”的含义都没有包含通过调整国内外产业间供求关系从而使国内生产者之间通过提供互补性生产需求推动产业升级的问题①，而这个问题正是本文的着眼点。正是从这一着眼点出发，笔者对扩大进口战略所存在的缺陷以及它与扩大内需战略之间的矛盾进行了分析。现在，笔者就解决我国对外贸易不平衡问题提供一种替代性的政策建议。

我们首先讨论如何解决我国价值链低端工业制成品在我国出口结构中“一枝独大”的问题。我们前面的讨论已经说明，扩大进口战略在解决贸易顺差上的副作用较大，也无法解决贸易条件恶化、生态环境恶化和资源耗竭问题，而要解决所有这些问题，只有压缩低端工业制成品的出口规模，别无他途。为此，我们可以采取以下两种措施。首先，大幅度减少出口退税，并尽快取消出口退税。出口退税不但与我国压缩加工贸易的既定目标背道而驰，而且也主要是补贴了外资企业，因为加工贸易顺差主要是由外资企业所形成。例如，据商务部资料，2009 年，外资企业加工贸易占加工贸易顺差总额的比重为 84%。其次，逐步实施限制不可再生资源出口的资源战略。当我国在为巨额外汇储备贬值而发愁的时候，根本就没有必要再通过出口自然资源增加贸易顺差。

上述措施会不会导致大范围的失业？如果实施上述措施，对失业问题将如何处理？第一，我们前面已经谈到，我国出口商品价值在国际市场上被严重低估。虽然我国许多出口商品不会像我国建筑陶瓷抛光砖的产品价格那样提高两倍还比印度产品便宜，但大部分商品仍有相当大的提价空间，这种提价不会导致失业。第二，跨国公司通过垄断贸易获得了几倍甚至十几倍于我国出口企业的利润，取消出口退税和提高工资就是迫使它们对中国工人和企业让利，不会因此产生更多的失业。第三，由于发达国家对中国出口产品的依赖和对基本消费品在相当程度上的刚性需求，销售量不会因上述措施而有较大的减少。第四，取消出口退税后，原先中央财政

① 无疑，通过发展区域间多样化的水平分工，推进国内经济一体化在空间上的纵深发展，推动我国东部和中西部之间的国内经济大循环，可以有效地开发中西部内需市场的巨大潜力。但由于篇幅所限，本文暂不涉及该问题，笔者将有专文对此加以讨论。

为此准备的资金可以支付给失业者。例如，2010 年我国财政就为出口退税支付了 7 300 亿元人民币，取消这些出口退税后，可以支付因上述措施而失业的至少 2 500 万人每月 2 400 元工资，但上述措施决不会造成 2 500 万人失业。就算是导致 2 500 万人失业，这项措施也可以保证这些人员在不用工作的情况下获得此后五年农民工的平均工资。为什么这样说呢？曾有记者根据相关统计数据计算后报道，在“十二五”期间，农民工月平均收入年均增长了 12.7%，从“十一五”末（2010 年）的 1 690 元涨至“十二五”末（2015 年）的 3 072 元。① 这五年的月平均工资［(1 690＋3 072)÷2＝2 381 元］，与笔者在 2012 年的论文中估算的数据惊人地接近。第五，仍以 2010 年我国贸易顺差 1 841 亿美元计算，由于实施上述措施，假如贸易顺差减少一半，由此国内将增加 6 000 亿元人民币的商品供给，这些商品供给中的一部分会被用于国内的扩大再生产，又会带来新增就业。第六，由于大幅度提高了出口部门特别是外资企业工人工资水平，工人消费的增加将刺激国内生产，从而扩大就业。请注意，这些措施至少不会导致通货膨胀提高，反而有可能导致物价下降，因为这些措施将出口净产品的一半供应国内了。②

在实施上述措施的同时，我们可以对资本品工业高端产品实施进口替代，这不仅将为我国资本品创造部门的自主创新提供广阔的平台，而且，由于资本品工业高端产品的发展是生产性服务业发展的基础，生产性服务业也将因此得到更快的发展；与此同时，大幅度地减少大豆、玉米等大宗农产品进口，并恢复此类商品的国内生产规模。这些措施将大幅度地增加大学生、研究生、农民和服务业从业者的国内就业，不但将解决上述措施所造成的失业问题，而且将创造更多的就业岗位，就业岗位的增加也将增加劳动者的收入，这无疑将增加对原先用于出口的消费品的需求，从而刺激出口导向型企业为国内生产，其生产率、工资和利润都将得到提高；而

---

① 王晓慧.农民工涨薪空间还有多大？“十二五”期间增幅年均 12.7%.华夏时报，2016-12-09.

② 本文发表于 2012 年 12 月，由于本段中的数据计算有误，笔者根据 2016 年可获得的数据，经过重新计算，对相关问题进行说明。这种修改比原文更能证明笔者在 2012 年写作本文的思路的正确，对新冠疫情暴发后我国“以国内大循环为主、国际大循环为辅”的国内大循环经济发展战略具有重要启发价值。——笔者 2020 年 5 月 24 日附记。

消费品工业、生产性服务业和农业的发展反过来又增加了对本国资本品工业的需求。① 这样，我国资本品工业、农业与原先用于出口的廉价工业制成品之间就可以逐步地形成互为市场的良性循环，从而彻底扭转内外需失衡和廉价制成品产能过剩的局面，不仅可以实现国民经济各部门之间的平衡发展，有力地扩大国内产业和企业之间生产性需求的内需市场，更重要的是，它为我国资本品工业高端产业的自主创新提供了广阔的国内市场空间，而后者的发展又为各部门收入水平的提高和突破“中等收入陷阱”提供了根本性的保障。因此，国民经济平衡增长是我国转变经济发展方式和扩大内需战略的必由之路。

但自 20 世纪 90 年代以来，国民经济平衡增长的思想一直被看作过时的，以至于在解决我国对外贸易不平衡、国内一些部门产能过剩和扩大内需等问题上，从没有人提出过国民经济平衡增长的政策建议，甚至现在仍有很多人把国民经济平衡增长等同于自给自足而加以摒弃。实际上，这种错误的观念由来已久，“不发达国家致力于建立那种会给自己创造市场的工业，往往被认为是走自给自足的道路”②，因此，纳克斯在提出平衡增长理论之时就对这种看法提出了批评：“在许多‘外围’国家，难道不是完全因为国内经济的贫困，（对外贸易占国民生产总值的）这种比例过去才会高到那么不适当的程度吗?”③ 显而易见，在英国工业革命发生后，如果其他国家没有建立“自给自足”的“给自己创造市场的工业”，那么，这些国家就只能沦为国内经济贫困的“外围国家”。在目前我国所面临的国内外经济形势下，通过国民经济平衡增长建立独立自主的资本品创造部门具有同样的道理。

实际上，目前的发达国家都是通过在国内建立“给自己创造市场的工业”并实现其与国民经济其他部门的平衡增长而发展起来的，美国经济的崛起就是一个突出的例证。与我国目前出口导向型经济所面临的困境相类似，在 19 世纪中叶，美国经济崛起的条件之一就是从初级产品出口导向型经济向内需主导型经济的转变。在当时的美国，由于国外需求的不稳定和

① 扩大进口的战略不仅不具有这些就业和收入提高效应，反而会减少国内就业。实际上，扩大进口的战略是扩大了对别国产品的需求，有利于解决别国而不是本国的内需不足问题。

② 讷克斯. 不发达国家的资本形成问题. 谨斋，译. 北京：商务印书馆，1966：25.

③ 同②26.

外国移民更多地涌入农业领域，农产品出口经常性地出现生产过剩和收益下降，而且农产品的大量出口还导致了土壤肥力的下降和环境的破坏。

为了摆脱上述困境，美国当时采取了保护和扶植工业发展的国策，达到了“调结构”的三重目的：首先，工业人口的不断增加为农产品创造了一个不断成长的国内市场，从而大大地增强了美国抵御外部需求下降风险的能力。其次，工业发展导致大量农民被转移到城市工业，这不但减轻了农产品供给过剩的压力，而且也导致农业劳动生产率的提高，农民的收入也得到了提高。最后，由于前两个目标导致了农民收入不断增长，而且由于对工业采取了高关税保护的政策，所以美国农民只能购买本国工业品，这就为美国在国际市场上毫无竞争力的幼稚工业提供了有保证的和不断扩大的国内市场。

美国正是通过上述在国内建立“给自己创造市场的工业”，实现了从初级产品出口导向型经济向内需主导型经济的转变：第一，外贸依存度一直很低，长期保持在12%～14.1%区间；第二，国内消费是经济增长的引擎。在第一次世界大战以前的岁月里，英国出口了四分之一的工业品，而美国出口的还不到十分之一。① 在这种内向型的美国经济崛起过程中，国民经济的平衡增长对推动内需市场规模的扩大发挥了关键性的作用，“在这一时期的美国经济发展过程中，各个经济部门自发地形成比较协调、相互促进的关系。农业和工业两大部门之间，工业中轻重工业之间，农业中种植业和畜牧业之间，以及农业、轻工业和重工业的关系上，发展比较平衡，相互促进，推动了整个经济的发展”②。

由此可见，国民经济平衡增长对美国经济的崛起是一个不可或缺的前提条件。相反，在19世纪下半叶一直到“大萧条”，拉丁美洲国家仍以“出口初级产品并进口机器设备”作为调节对外贸易平衡的基础，其结果是：一直到现在仍陷入“中等收入陷阱”而不能自拔。我国以进口先进技术设备为第一要务的扩大进口战略是否会重蹈拉丁美洲国家的覆辙？历史的教训值得记取。笔者希望，本文能够引起政策制定者和经济学界对扩大进口战略负面影响的注意和讨论。

---

① 福克讷.美国经济史：下卷.北京：商务印书馆，1989：38.

② 樊亢，宋则行.外国经济史：近代现代：第2册.北京：人民出版社，1965：45-46.

第八章　内部改善：国内经济一体化的必由之路*

自国际金融危机爆发以来，出口作为拉动我国经济增长“三驾马车”之一的能力已经明显减弱，特别是随着人民币汇率的持续升值，外部需求作为经济增长的驱动力仍将进一步大幅度地被压缩。面对这种状况，我国自 2009 年以来就开始实施启动内需的新战略并已经取得一定的成效。从历史经验来看，出口导向型经济作为一种经济发展战略并不适合具有广阔国内市场规模的大国经济，因此，我国从过去十多年主要依赖国外市场的出口导向型经济逐步转变到国内外市场并重甚至以内需为主导的发展模式，无疑是我国经济正在经历并将继续经历的一种深刻的结构转变。

一、内部改善的重要性和美国历史经验的借鉴

在这种转变过程中，由于我国过去偏重于出口导向型经济而被忽视的许多问题已经引起了人们越来越多的关注。例如，自 2011 年人们就热议，我国生产的产品在国外比国内还要便宜；2011 年由于内地物价上涨，深

* 本文原标题为《国内经济一体化：扩大内需战略的必由之路》，原载《社会科学战线》2012 年第 2 期。

圳等地大量居民到港澳“扫货”的现象也受到了人们的广泛关注。实际上，我国销往境外的产品不只是价格低廉，质量也比境内好得多，相对于中国人的收入水平，这种现象无疑是极其不正常的。又如，据《21 世纪经济报道》2009 年 4 月 1 日的报道，由于金融危机导致外销困难，国内一些营销商从外贸企业采购到一些产品，上市后被抢购一空。但是，即使是在这种情况下，出口转内销仍被外贸工厂看作下乘之选。众所周知，我国人口占世界人口的五分之一，超过美国、欧盟、日本和俄罗斯的人口总和。单从人口规模上来说，我国是世界上最大的内需市场，但为什么有那么多企业无视国内庞大的市场规模而偏爱出口呢？笔者认为，国内市场环境的恶劣是产生上述两种现象最重要的原因。

最近有关高速公路天价过路费的报道揭露出了问题的冰山一角：高昂的运输成本是我国生产的产品在国内比在国外昂贵的重要原因之一。目前，我国运输业的成本高出发达国家 1 倍，高出美国 3 倍，流通费用占一般商品价格的 50%，占农副产品价格的 70%，高速公路等高昂的收费负担的绝大部分通过商品价格的上涨被转嫁到了老百姓头上。据报道，全国所有收费公路对运输鲜活农产品的车辆免费放行的措施在 2010 年 12 月 1 日实施后，蔬菜批发价立马就下降了 10%左右。国家发改委经济贸易司副司长耿书海在 1 月 19 日召开的 2011 年中国物流发展报告会上指出，我国各种过路过桥费已高达运输企业总成本的 1/3。曾经有人吃惊地发现：从中国运货到美国的运费竟然比从广州运货到北京还便宜。虽然这还不是导致我国生产的产品在国内比在国外昂贵的最重要的原因，但我国交通运输的各种收费无疑已经严重地阻碍了国内商品流通的发展。

近日有报道说，交通运输部拟通过降低高速公路收费标准并延长收费年限的办法解决我国物流成本畸高的问题。笔者认为，这种做法实际上只是推迟了问题的解决。在这方面，我们需要从扩大内需的战略高度深刻认识这个问题的严重性：如果包括公路、铁路等在内的所有交通运输手段的高昂收费问题得不到解决，我国扩大内需的战略就会受到很大阻遏。

我们从借鉴美国的经验谈起。众所周知，美国是私有化程度很高并高度强调地方政府分权的国家，但作为世界上高速公路里程最长的国家[①]，其收费公路比例却很低。原因何在？1956 年，美国通过了《联邦资助公路法案》。根据这一法案，美国州际高速公路由联邦政府和州政府按照 9∶1的比例出资，这实际上是由中央政府利用公共投资免费提供了高速公路这一公共产品。

美国的这一传统可以追溯到美国经济发展的早期。当美国在 1815 年开始转向内需发展模式之后，美国人发现，由于过去出口导向型经济的畸形发展，美国的国内市场十分狭小，主要局限于大西洋沿岸面向英国等海外市场的一些城市，广大内陆地区交通极为不便，严重地阻碍了国内市场的形成和开发。因此，美国当时的著名政治家亨利·克莱在 1824 年提出了被历史学家们称作“伟大构想”的“内部改善”的大政方针：运用关税收入，通过公共投资的形式，免费提供公路和运河等基础设施。虽然在 19 世纪下半叶美国铁路大多是由私人建造和经营的，但其收费标准、债务资产比率和收益率受到了政府严格的管制，我们现在使用的“公用事业”这个概念就是在这种管制实践中诞生的，农业史学家施莱拜克曾称赞这一概念是美国经济生活中最重要和最富有创造性的概念之一。

所谓公用事业，是指所有企事业单位和国民共享基础设施。美国的经验说明，在基础设施上免费的公共投资所获得的回报不能通过它产生的收益来测量，而应该根据它在降低整个经济的总体成本上的作用来衡量。免费的公共投资的目的在于降低基础设施的服务价格，进而使生活和商业经营成本最小化，提高国内市场运转的整体效率和竞争力，因此，中央政府和地方政府对基础设施的免费公共投资要优于收费的地方政府投资和营利性质的私人投资，这是美国在经济崛起时期“内部改善”的基本经济学原理。历史学家们认为，由“内部改善”所推动的美国国内市场规模的扩张或内需的扩大并不亚于技术创新对其工业化的影响，它对美国资本密集型和规模依赖型工业的崛起以及美国在 19 世纪末取得全球性竞争优势产生了不可忽视的重大作用。

现在，为了落实中央扩大内需的总体战略方针，笔者在这里借用“内

---

① 2012 年，我国高速公路里程超越美国，居世界第一。

部改善”这个术语泛指国内市场环境的广泛改进。笔者认为，不仅我国目前方兴未艾的农田水利基础设施建设需要引入这种新思维，而且在改革我国国内商业流通体制和统一国内市场等诸多方面更是亟需这种兴利除弊的大政方针。

二、推动国内经济一体化的措施

目前，在国内商业流通体制上，沉疴日久的“潜规则”几近成为体制的痼疾，这些潜规则包括高额的进场费（高达商品销售额的 20%～30%）、各种名目的杂费（约占销售额的 10%）以及“没有止境的货款拖欠”等问题。国内营销商特别是家乐福、沃尔玛等外资企业通过垄断流通渠道，吞噬掉了生产企业辛辛苦苦赚来的大部分利润，频频传出的不堪重负的中小供应商纷纷“逃离”家乐福的消息就说明了问题的严重性。针对这种状况，虽然商务部将要出台第三次修订的《零售商供应商商品购销合同规范》，但业内人士普遍认为这仍无法解决国内商业流通体制的顽疾。笔者认为，问题的根源在于我国制造业不但在进出口上而且在国内市场上都缺乏渠道控制权和定价权，而后者又多为外资企业所掌控，如果不从制造业的产业价值链和市场结构等系统思维入手，这一问题将无法解决。

地方保护主义所导致的国内市场分割在很大程度上仍然阻碍着高度一体化的国内统一市场的发展。总起来说，造成国内市场分割的原因主要有两个。第一个是改革开放以来由于中央与地方之间的分权体制和 GDP 作为考核地方政府官员的指标所导致的国内市场分割。这种地方保护主义的形式多种多样，甚至沦为外商垄断我国市场最有力的工具。例如，据《经济参考报》2010 年 11 月 15 日一篇题为《地方保护主义成了外资品牌“保护伞”》的报道，国产盾构机的出口比获得国内订单还容易，其原因就在于：随着全国各大城市轨道交通建设以及城际铁路、水利工程、过江隧道等项目的规模不断加大，盾构机作为挖隧道的专用大型工程机械，其市场需求也成倍数增长。因此，目前各大城市在修地铁的同时都成立了自己的盾构机厂，但这些工厂由于没有掌握盾构机的技术，要么和外资品牌合资，要么进口其产品。国产企业参加项目招投标，虽然在技术和价格上都占优，但却拿不到标，其产品不得不远走异国他乡。

造成我国国内市场分割的第二个原因是出口导向型经济。在加入WTO之前，我国的地方保护主义问题并没有得到解决，由于各省份之间产业雷同情况相当严重，因此，在加入WTO之后，跨国公司就把我国各省份的廉价劳动力和廉价自然资源迅速地纳入其全球产业价值链之中，其结果是我国各省份的国际一体化程度大幅度提高，而国内市场的一体化程度却进一步被弱化了。我国目前对外贸易中仍严重存在的低价竞销、多头对外与肥水外流的局面就是在这种情况下形成的，它是造成我国制造业企业不但在进出口方面而且在国内市场上都没有渠道控制权和定价权的重要原因。而反观美国经济崛起的历史经验，正如著名演化经济学家纳尔森指出的，美国制造业企业只有在建立起纵向一体化的全国性销售分配网络之后才对国外市场感兴趣。经济史的资料说明，美国是在实现国内市场高度一体化之后，也是在美国工业于1900年前后取得世界领先地位之后，外贸才开始作为国内市场的补充得到较大发展的，因而美国就没有出现出口导向型经济的发展通过加剧国内市场分割所产生的种种弊端。

对于我国这样一个发展中的大国来说，由于具有广阔的国内市场规模，国内市场的一体化比外部市场一体化不晓得要重要多少倍。当我们把眼光聚焦于内需、聚焦于国内市场一体化之时，我们就会发现，劳动者的工资不再简单地是成本反而是内需最重要的源泉，劳动者的工资增长和企业生产率（及其赢利）的提高之间具有高度的正相关关系。刺激国内消费需求和改善收入分配是扩大内需的重要举措，而本文所倡导的内部改善也至少具有与之同样的重要性，这是因为：在国内市场分割、营销商盘剥生产者以及道路通行关卡林立的情况下，扩大内需是不可能实现的。有报道说，数年前由于国际金融危机而被迫开拓国内市场的外贸企业已有大半铩羽而归，其直接原因不仅仅是令人诟病的国内商业流通体制——收费公路上密密麻麻的收费站不但大幅度提高了国内商品的价格，而且也严重地妨碍了商品流通的发展和高效的一体化市场的形成，地方保护主义更是助长了这种国内市场的分割。

我们已经进行了30多年的经济体制改革，为什么国内市场的统一问题至今仍然困难重重？原因就在于，我们过去过多地把注意力放在了与全球化接轨上。但在国际金融危机爆发后，出口导向型经济已经难以为继，这迫使我们不得不采取启动内需的新战略，不得不把眼光转向国内市场环境的改善上。内部改善是扩大内需的必由之路，为了落实中央扩大内需的总体战略方针，我们必须在内部经济环境改善上苦下内功。内部改善已经成为我国经济体制改革新的攻坚点。

第九章　产能过剩的成因、去产能与转型升级的对策*

我国的产能过剩问题之所以如此严重，虽然与海外需求在国际金融危机后急剧下降和四万亿投资大规模刺激计划有关，但从根本上来说还是我国参与国际分工的方式和地方政府过度竞争体制的结果。通过限制贷款和各种行政手段压缩过剩产能以及实施供给侧改革并清理“僵尸企业”，虽然具有某种程度的必要性，但它并不是解决问题的根本性措施。要解决我国的产能过剩问题，关键还是要从解决以价值链低端参与国际分工和地方政府公司化的问题入手。本章提出了一些从根本上治理产能过剩并实现转型升级的政策建议。

一、产能过剩、价值链低端与对策

我国制造业的产能过剩不只是表现在钢铁、水泥、煤炭、电石、电解铝、铜冶炼、铅冶炼、汽车、平板玻璃、造纸、制革、印染、化纤等传统的重化工业和轻工业方面，在许多装备制造业和新兴战略性产业也出现产

---

* 本文撰写于 2015 年 12 月，2017 年 1 月略作修改，未公开发表过。

能过剩，如工程机械、船舶、核电装备制造业[①]、多晶硅、光伏、风电等。我国的产能过剩实质上是低端制造的过剩。例如，目前中国的制造业如果要想向日本、德国看齐，需要的智能机器人是100万台，而现在我们拥有的机器人只有中国制造的13万台左右，这13万台是“没头没脑袋”的，因为其核心部件来自发达国家的跨国公司。现在差了87万台，这87万台是“有头有脑袋”的，但需要进口。[②]

无论是钢铁、汽车和化纤，还是核电、光伏和机器人；无论是装备制造业，还是消费品工业，我们都因为从全球价值链低端加入国际分工而陷入了“低端产能过剩、高端和核心技术缺乏”的陷阱。2016年热议的圆珠笔“球珠”都需要进口就说明了这个问题。[③] 又如，在传统产业如纺织服装产业，高级面料和高科技合成纤维如碳纤维、芳纶等都要依靠进口。据报道，加入WTO前最有国际竞争力的纺织业，现在面临的产业升级压力也最大，但我国并没有升级所需的自主技术，“据一位排名国内前十的化纤企业的工程师对本刊记者透露：该厂不仅大型设备得从国外进口，而且防静电油剂等耗材及一些小部件也要从日本买。以生产涤纶丝用的喷丝板为例，就是一个布满小眼的钢板，眼要细，漏丝还要通畅，看似简单要求，中国的机械加工工艺就达不到。‘宇宙飞船我们都能自己造，为什么一个小眼儿打不好？但这显然不是纺织企业和行业的问题。’”[④]。这种状况终于在2015年酿成了大型纺织服装企业频现倒闭潮的危机。有一篇文章指出，除了产能过剩等因素外，“由于中国纺纱行业设备落后，运营成本高昂，目前50支以下的低端市场份额已经被东南亚、印度、孟加拉国等国家和地区蚕食。而100支以上的高端产品市场则被日本、德国、意大利把持。前后夹击之下，纺织服装行业早已溃不成军”[⑤]。这篇文章说中

① 核电装备制造业产能过剩凸显.（2012-06-08）. http://roll.sohu.com/20120608/n345056043.shtml.

② 马晓河．当前制造业最主要矛盾是低端制造产能过剩.（2015-09-15）. http://cn.chinagate.cn/news/2015-09/15/content_36590068.htm.

③ 为什么中国造不出圆珠笔球珠?.（2016-12-21）. https://www.sohu.com/a/122096498_497350.

④ 林小骥. WTO博弈之纺织业：不能再回避陷阱问题. 中国企业家，2011-12-05.

⑤ 中国纺织业的危机已经悄悄来临.（2015-09-18）. https://www.tnc.com.cn/info/c-001001-d-3541092.html.

国纺织服装行业早已溃不成军言过其实，但也反映出纺织服装业转型升级的走投无路。

“低端混战和过剩、高端失守”在装备制造业也是如此。2009 年底，《瞭望》新闻周刊记者在走访我国沿海省市装备制造业后得出了这样一个结论：我国资本品工业在很大程度上已经变成了发达国家的高端组装和中低端加工基地。在技术绝对垄断的外资挤压下，中国装备制造业的发展呈现出“低端混战、高端失守”的状态，自主创新困难重重，资本品工业自身所需要的核心基础元器件、大型铸锻件和自动化控制装置发展滞后，关键配套受制于人，大型、精密、高效装备仍依赖进口。① 这种状况导致的结果是，无论是在传统产业还是在高新技术产业，我国在国际分工中基本处于全球价值链低端，从而陷入了“出口低附加值的低端产品并进口高附加值的高端产品”这种“坏贸易”的陷阱。

“低端混战和过剩、高端失守”在战略性新兴产业也是普遍存在的，这使得战略性新兴产业丧失了提供高收益、高工资和高税收和转型升级的机会。以光伏产业为例，我们可以看到战略性新兴产业的“高端产业低端化”是如何发生的。首先，我国光伏产业的技术创新主要集中在光伏组件加工制造方面，而没有掌握包括光伏组件的制造设备、高纯硅提纯和新型光伏材料研发等方面的核心技术，整个产业的产值仅占全球光伏价值链的 8%～10%，因此，在全球价值链中处于加工制造的低端环节，在国际分工中仍处于“担水劈柴”的地位。其次，我国光伏产业的技术创新基本上都属于工序创新，这种创新提高生产率的结果是导致了我国光伏产品生产者利益受损而进口国受益的价格下降，与激烈竞争和大量产能过剩相结合，共同导致了国民福利的净损失。最后，我国光伏产业通过进口国外关键机器设备，90%以上的产品销往国外市场。这种利用廉价劳动力和各地政府在土地、税收、环境和融资等方面提供的低成本扶持政策打造的低端加工制造产业，在很大程度上属于一种为他人做嫁衣的“飞地型经济”。

历史的经验值得注意。从英国工业革命一直到 20 世纪七八十年代全球价值链分工兴起之前，制造业则因具有熊彼特所说的“历史性报酬

---

① 陈冀，贾远琨. 外资垄断“锁喉”中国装备业. 瞭望，2009（48）.

递增”（技术创新加规模报酬递增）和不完全竞争的特点，成为富国裕民的基础。而且，在全球价值链分工兴起之前，由于整个制造业的价值链主要局限在一国之内，所以，一国只要抓住了制造业，也就抓住了高创新率、高附加值、高工资和高就业的高质量经济活动。这是从英国到韩国在成为发达国家之前对其幼稚工业及其国内市场实施保护的根本原因；如果没有这种保护，这些国家的工业是不可能取得国际领先地位的。

但在自 20 世纪 80 年代以来的“新国际分工”中，由于全球价值链在国家之间的分解，原先只有制造业才具有的历史性报酬递增和不完全竞争之特征在农业和服务业中也出现了，但它们都集中在了发达国家在几乎所有产业中所掌控的价值链高端环节上，而发展中国家在“新国际分工”中则处于那些惯例化的、低附加值的、几乎没有创新机会窗口和进入壁垒很低的价值链低端环节。在这种情况下，即使一国成为世界制造业中心，如果没有掌握价值链高端，它也再也无法突破“中等收入陷阱”；而如果要建立本国掌控的价值链高端，就必须对其产业的价值链高端进行保护，适度限制外资进入，在对外经济发展方式上逐步实现“进口低端产品并出口高端产品”的战略目标。①

为什么产业结构雷同和低端产能严重过剩这个我国产业升级实践中的“老大难”问题长期得不到解决？为什么我国大多数产业普遍存在着“低端混战、高端失守”的现象？为什么试图依靠战略性新兴产业培育自主创新能力和实现产业升级的美好愿望将有可能成为泡影？为什么我国企业的资本使用效率不断降低并成为其债务高企的重要成因？原因就在于，即使在国内市场上，我国也因为大力引进外国直接投资而被长期压制在产业价值链的低端。那么，为什么人们津津乐道的产业升级目标——从全球价值链低端向高端升级，具体地说就是从劳动和资本密集的价值链环节向知识密集、技术密集和服务密集的价值链环节升级，从价值链参与者向价值链“链主”升级——一直沦为空谈？历史和现实比较研究说明，一国企业不可能通过融入发达国家跨国公司控制的全球价值链逐步升级到高端并成为其替代者，长期锁定在价值链的中低端是必然的宿命，这是我国目前转型

① 贾根良. 保卫民族产业与内向型经济：中国崛起的唯一选择. 当代财经，2010（12）.

升级无法摆脱的困局。

我们知道，无论是战略性新兴产业还是传统产业，价值链高端及其核心技术的突破都是以广大的价值链中低端应用为市场的，我国具有价值链高端产品得以应用的巨大国内市场规模，但我国并没有为本国价值链高端产品保留这种市场，反而将其拱手让给发达国家及其跨国公司，这是问题的症结所在。在全球价值链在国家间分解的今天，只有掌控价值链高端才有技术追赶的“机会窗口”。不保护自己产业的价值链高端并把其国内应用市场拱手让给发达国家，“科技创新支撑”将成为无源之水、无本之木。所有发达国家特别是美国成功追赶的历史经验以及拉丁美洲失败的教训从正反两方面都说明，如果不保护价值链高端及其国内市场，发展中国家的企业就根本无法与在核心技术、高薪吸引本土人才、研发能力和生产规模等诸多方面具有强大优势的跨国公司在中国市场上进行竞争，这是不以人的意志为转移的历史规律。在这种情况下，“尽快掌握战略性新兴产业的关键性核心技术”就只能成为一句空话。

历史是一面最好的镜子，它像“照妖镜”一样照出了美国等发达国家“按我说的去做，不要按照我做的去做”的两面派手法。在历史上，几乎今天所有的富裕国家在其经济追赶时期都是通过保护其关键产业及其市场实现国家崛起的，但由于发达国家的“官方历史学家们”已经非常成功地改写了他们自己国家的经济政策史，现在很少有人了解发达国家崛起的历史真相。但美国经济战略家和政策制定者对这种历史是非常清楚的，因此，他们一方面宣传自由贸易和自由投资，另一方面却在实行关税保护（如对我国销往美国的光伏产品征收高额关税）和禁止外国企业购并其企业，排斥外国直接投资（如禁止我国华为和中兴两家公司购并其任何企业）。美国经济战略家和政策制定者从不相信自由贸易和自由投资原则，因为他们认真研究了在 19 世纪下半叶不可一世的英国在第二次工业革命中由于实行自由贸易政策导致其工业力量衰落的历史教训。①

正如早在 2012 年底中央经济工作会议就已经指出的，我们面临的机

① 邓久根，贾根良. 英国因何丧失了第二次工业革命的领先地位?. 经济社会体制比较，2015 (4).

遇，不再是简单纳入全球分工体系、扩大出口、加快投资的传统机遇，而是倒逼我们扩大内需、提高创新能力、促进经济发展方式转变的新机遇，因此，发展模式的变革已经成为我国能否从根本上解决产能过剩问题和实现产业升级的关键。为此，提出以下四点政策建议。

首先，转变思想，拒绝接受发达国家的产业转移。“抓住发达国家产业转移的历史机遇”曾是过去十几年在我国流行的口号和地方政府的政策思路。实际上，发达国家向我国转移的都是价值链的低端环节，正是这种政策思路造成了我国现在转型升级的困难。

其次，对关键设备和核心技术实施进口替代战略，其目的是为本土企业核心技术的创新提供平台，并以此为核心掌握和控制国内市场的价值链高端，建立独立自主的国家价值链。在这方面，我们提出两项具体的政策建议：第一，对各产业关税政策进行仔细检查，调整不利于核心技术和关键设备进口替代战略的关税。例如，目前我国在机器人产业关税上，机器人整机进口免税，零配件进口却征收高额关税，这种关税政策鼓励大量进口国外机器人，对核心技术和关键设备的进口替代极其不利，因此亟须调整。正是因为这个案例，我们建议财政部和海关要对各产业关税政策进行仔细检查，发现类似情况要及时调整。第二，调整引进外国直接投资政策，适度限制外资进入价值链高端环节。

再次，兼并重组，打造垄断竞争型的大企业集团，鼓励和推动现有企业联合攻关，鼓励拥有核心技术的企业通过市场机制打造大型企业集团和产业链。

最后，规范并限制地方政府打造产业园区的行为，加强中央政府对产业区划的统筹规划，主要依靠市场机制围绕核心技术自发形成产业集群。地方政府为了追求 GDP 指标，一有所谓新的产业机会就闻风而动，一哄而上，纷纷建立低水平重复的产业园区，这是导致我国各地产业结构雷同和低端产能严重过剩的重要原因。目前，地方政府似乎仍没有吸取遍地开花的光伏产业园区的惨痛教训，纷纷建立机器人产业园并有可能陷入“机器人产业大战”的陷阱之中，因而重蹈产能过剩、产品无利甚至亏本的覆辙。如果要从根本上解决这个问题，就必须彻底根除地方发展型政府的制度弊端。

二、地方政府过度竞争是产能过剩的重要成因

地方政府过度竞争曾被看作“中国奇迹”和中国模式的重要特征，但近年来，地方政府过度竞争遭到了越来越多的学者和中央部委官员的批评。自中国1978年实行改革开放以来，随着行政分权的不断加码，“政令不出中南海”越来越成为一种政治常态，其实质是中央权威的衰落，这是行政分权与国家利益虚空化（国家在一定程度上被利益集团所俘获）共同作用的产物。确实，在改革开放之初实行权力下放有其特殊的时代背景，简政放权在发动和推进经济体制改革的早期阶段确实发挥过积极作用，但却形成了不利于中国现代化的制度结构，即它与20世纪90年代以来的GDP决定官员升迁的考核机制相互作用、彼此加强，造成了严重的市场分割（“经济巴尔干化”）和地方势力日益坐大的局面，它所导致的产能过剩造成我国企业债务高企和巨额地方政府债务问题只不过是其弊端的冰山一角而已。

第一，地方政府的利益驱动是产能过剩和债务高企背后的推手与实施化解政策的主要障碍。长期以来，一些地方政府习惯于通过土地、税收优惠来吸引投资，用政策之手代理正常的市场配置，最终导致的结果就是盲目投资、重复投资大量涌现，各地产业呈现高度同质化和严重的产能过剩。据统计，各地“十二五”规划中曾有16个省份把钢铁作为重点发展产业。而一旦遇到产能利用率下降、竞争加剧，这些地方又囿于政绩、税收、就业等眼前和局部利益，通过继续扩大产能来保护无效产能，通过信贷支持来保护“僵尸企业”。以光伏产业为例，2013年倒闭的无锡尚德就是无锡市政府依靠土地零地价、国企的注资、税收优惠和信贷支持打造出来的。就其税收优惠而言，无锡尚德在2006—2011年的6年时间里获得的税费返还额高达86亿元，但该公司支付的各项税费仅占其税收返还额的十分之一。赛维LDK太阳能高科技有限公司是与无锡尚德并称“光伏双雄”的光伏企业。据中央电视台2013年3月的一期《新闻1+1》节目

披露[①]，当赛维在2013年初因巨额债务率面临倒闭之时，作为企业所在地的江西新余市八届人大常委会第七次会议专门通过议案责成华融信托公司向赛维贷款5亿元，并将其纳入新余市的年度财政预算。此外，由新余市国资委出资组成的恒瑞新能源公司购买其股权。尚德和赛维都是在美国上市的企业，应该算作外资或合资企业。由此可见，过剩产能和“僵尸企业”并不只是存在于地方国有企业。实际上，地方政府为保本地区的GDP，主要是通过吸引私人资本和外资，尽一切可能上项目、扩产能，从而使地方保护、地方竞争成为产能严重过剩的根源。

第二，地方政府与外资合谋扼杀本土自主创新。2004—2013年，外汇占款成为人民币发行和信贷的基本途径，在这种情况下，地方政府只有弄到美元，才会有发展的大量资金；而弄不到美元，该地区将因缺乏资金无法发展，从而驱动着地方政府疯狂地引进日益控制中国经济的外国直接投资。外资在哪里建厂，哪里就有了发展的资金、税收、就业。因此，跨国公司就利用地方政府的竞争、利用地方市场分割，哪里越不要求技术转移，哪里给的市场越多，就在哪里投资建厂。合资企业曾被看作发展中国家引进国外先进技术的重要途径，但是，合资模式在中国却滋生了中方利益集团。从某种意义上说，地方政府与外资方、中方利益集团在利益上是一致的。当合资企业遇到真正的自主企业竞争时，中方利益集团和地方政府反而保护外资的利益，因为保护外资的利益就是保护自己的利益，中方利益集团或地方政府与外资方有共同利益[②]；而对中方利益集团来说，引进技术后自主研发费时费力，利用廉价劳动力和资源从事低端产品生产并垄断国内市场立竿见影，何必再去自主创新？这不但是导致“市场换技术”失败的基本原因，而且也是外国直接投资利用“地方发展型国家”对中国市场分而治之，阻碍国内统一市场形成的重要根源。

第三，地方政府过度竞争造成了地方保护主义盛行和我国国内的市场分割，甚至使地方政府过度竞争沦为外商垄断我国市场的最有力工具。例如，据报道，国产盾构机的出口比获得国内订单还容易，其原因就在于：

① 媒体解读光伏产业衰落：产能过剩未充分利用.（2013-03-22）. http://www.china.com.cn/news/txt/2013-03/22/content_28326792_2.htm.

② 天骄．市场换技术，为什么汽车输高铁赢.（2014-07-23）. https://www.guancha.cn/TianJiao/2014_07_23_248912_s.shtml.

随着全国各大城市轨道交通建设以及城际铁路、水利工程、过江隧道等项目的规模不断加大，盾构机作为挖隧道的专用大型工程机械，其市场需求也成倍数增长。因此，目前各大城市在修地铁的同时都成立了自己的盾构机厂，但这些工厂由于没有掌握盾构机的技术，要么和外资品牌合资，要么进口其产品。国产企业参加项目招投标，虽然在技术和价格上都占优，却拿不到标，其产品不得不瞄向异国他乡。中国工程机械工业协会副秘书长茅仲文 2010 年 11 月 14 日在接受《经济参考报》记者专访时表示，“除了大连和少数几个城市，目前，德国海瑞克几乎垄断了其他城市的盾构机市场。地方保护成了外商垄断我国市场最有力的工具”；他还指出，“正在进行庞大基础设施建设的我国市场几乎被外资品牌垄断。其实类似情况也存在于其他机械，盾构机是突出代表之一”①。该报记者报道说，不久前工信部召开了针对这一现象的研讨会，希望能找到行之有效的解决办法，但遗憾的是，无论是工信部还是工程机械工业协会，都没有找到解决办法。

第四，地方政府过度竞争是造成我国东部地区和中西部地区差距拉大的重要原因。各级地方政府为了引进外资，不惜采取各种“竞次”措施（如压低工人工资、税收优惠、低的环保要求和零地价等）为外资提供超国民待遇，这不但是对民营企业极大的不公正，而且沿海地区引进外资和出口导向型的经济也是以牺牲我国其他地区的经济发展和人民生活水平为代价的。我们可以通过举例说明这个问题：假如沿海地区某市引进外资和出口创汇各 1 000 亿美元，它就必须兑换成人民币 1.4 万亿元（按照 1 美元兑换 7 元人民币的汇率），才能在国内使用。如果我国货币发行总量不变，这就相当于从全国其他地区吸走了 1.4 万亿元人民币，这说明沿海地区某市增加了 1.4 万亿元投资，别的地区无疑就将减少 1.4 万亿元的投资，这些地区没有资金，将如何发展？因此，为了发展，全国各地不得不竞相引进外资，因为这是获取投资优惠和信贷资金的基本途径，这是我国引进外资向内地大幅度蔓延的重要原因。因此，沿海地区的“两头在外，大进大出”战略实际上是一种牺牲其他地区经济发展的资源配置机制：沿海地区吸引的外资和出口创汇越多，从我国内地吸走的资金和资源就越

---

① 尹乃潇.地方保护主义成了外资品牌“保护伞”.经济参考报，2010-11-15.

多，内地的经济发展就越缓慢，人民的生活水平也就越停滞不前。①

第五，地方政府过度竞争是造成我国资源、环境和生态危机的重要根源。在接受发达国家产业转移的热潮中，大多数地方政府建立的高新技术产业园区实际上没有太多的技术，更多的是接受了跨国公司低端价值链的劳动密集型生产环节，这种产业转移还有不少是转移到中国的高污染和高能耗产业。我国水体污染、大气污染、土壤污染等之所以日益严重，一个重要原因是地方政府为了招商引资放松对环境的保护，一些地方政府甚至成为污染企业的保护伞，有的污染企业就是当地的“一把手工程”，导致环保审批、监管失灵。我国有关政府文件说明，自 20 世纪 90 年代以来，中国制造业实际上经历了三次大的产能过剩：第一次是在 1999 年，第二次是在 2003—2006 年，然后就是 2009 年至今。针对产能过剩，实际上政府采取了很多措施，法律方面像企业破产法、大气污染防治法、水污染防治法等，多多少少都跟产能过剩有关、跟整治环境污染有关。

1994 年，我国曾实行旨在加强中央财政集权的分税制改革，但也没有从根本上改变这一格局。特别是在 2008 年中央政府推出激进刺激计划之后，各地政府迅速发现了一个更加有效的刺激本地经济发展的秘诀——以地方债务平台为核心的城市经济运作模式，从而产生了最后还得由中央政府兜底的巨额地方政府债务。在地方政府过度竞争的体制下，政令不畅的结果就是中央政府无力推动内部整合。

历史的教训值得记取。我国中央与地方关系应力避重蹈洋务运动的覆辙。地方政府过度竞争不仅使中央无法在市场统一的基础上实施产业振兴的目标，更重要的是对国家治理极其不利（按照黄仁宇的说法就是无法实行数目字管理，中央在审计地方政府债务时发生的大量隐瞒就说明了这个问题）。在近代史上，与日本通过明治维新建立起现代中央集权国家和统一的国内市场不同，晚清则在洋务运动期间开始走向四分五裂，地方政府日益独立于中央，国内市场分割空前加剧，从而导致了买办资本和地方政府的日益独立。在日本学者依田熹家看来，建立中央集权的国家体系是现代化的基本条件，其目的是实现工业发展的规模经济，把地方性的和受当地政府保护的区域市场转变为高度竞争的国内统一市场。统一的市场是建

① 贾根良. 国际大循环经济发展战略的致命弊端. 马克思主义研究，2010（12）.

立民族国家以及发展资本主义的前提和基础，导致日本明治维新成功和晚清洋务运动失败的关键性因素之一就是有没有形成中央集权的国家体制和统一的国内市场。

从东亚发展型国家的经验可知，产业政策的制定和实施均必须集权于中央，地方政府不能作为国家产业政策的具体执行者，否则很容易导致政策变形，以至于造成资源的浪费，甚至令产业政策归于无效。中央政府统一实施产业振兴，就是要基于各地的比较优势，通过“扭曲”资源配置来推动本国新兴产业的快速发展，以此提高赶超的效率和成效。这涉及两个方面：其一，国家需要通过奖惩机制促进市场竞争；其二，为避免过度竞争或盲目竞争造成企业普遍微利或无利可图，国家还须对市场竞争加以约束，以保证必要的市场集中度，这样才有可能使得真正的竞争性企业脱颖而出。①

那么，如何改革才能形成国内自由贸易和高度统一的全国大市场呢？在 GDP 挂帅的思想指导下，包括从省、市到县的各级地方政府长期以来所热衷的各种经济区、开发区建设实际上已经成为全国统一市场形成和国内经济一体化程度提高最大的阻碍因素。这种竞争导致了“地方政府的公司化”，地方政府的逐利行为使其竞相以各种损害其他地区的优惠政策招商引资，并在一有所谓新的产业机会时就闻风而动，一哄而上，遍地开花，这是全国各地重复建设、产业结构雷同的主要原因，它加剧了地方政府的各自为政和市场分割。此外，现在人们所热衷的国内区域经济一体化对全国统一大市场的形成也产生了一定阻碍作用。因此，我们建议给地方政府的开发区建设和区域经济一体化规划降降温。当然，解决这些问题的关键是转变地方政府职能，发挥市场在配置资源上的决定性作用，抑制和根除地方政府的逐利行为，加强中央政府在产业规划和产业政策上的统筹与全国一盘棋作用。而要做到这一点，中央与地方关系改革特别是财税体系改革是关键，这个问题仍需展开系统的和全面的研究。

---

① 岳健勇. 全球化导致了中国崛起吗. 领导者，2014－08.

第十章　保护我国的自然资源产业*

一、经济全球化之下我国的自然资源之“痛”

借改革开放和经济全球化之风，外资得以大量进入我国自然资源产业，除了放射性矿产资源的勘探、开采、选冶及加工可能是目前我国唯一完全避免外资进入的自然资源行业外，目前我国整个自然资源产业几乎都有外资的身影。在提供资金和技术支持的幌子下，外资大量圈占、控制或出口我国自然资源，甚至对一些不可再生的稀有资源进行变相出口和掠夺，这种状况目前已经到了令人发指的程度。下面，笔者就以黄金和稀土行业为例，一窥当前外资涉足我国自然资源产业的现状。

（一）黄金之“祸”

作为最重要的实物财富储备，黄金的价值已充分体现在日益高涨的国际黄金价格上：2001 年末，国际黄金价格不足 300 美元/盎司，截至本文写作之际已涨至 1 100 美元/盎司以上，翻了近三倍。资料显示，美国等发达国家早已开始储备黄金，并对外资涉足其金矿资源的开采和出口进行

---

* 原载《经济纵横》2011 年第 2 期，由笔者与博士生刘琳合作撰写。

严格限制。截至2010年6月，美国的黄金储备为8 133.5吨，占其外汇储备的72.8%和全球黄金储量的26.7%，且美国从不外售黄金。但黄金资源却并未得到我国政府的足够重视。截至本文写作之际，我国公布的黄金储备为1 054.1吨，虽然总量位居世界第六，但只占我国外汇储备的1.6%。其实，我国黄金年产量早已超过200吨，2009年更是达到了313.98吨。但是，我国的黄金储备却没有同步增长，黄金大多数被用于国内外消费，我国外汇储备的绝大部分仍然是日益贬值的美元。

长期以来，由于地方政府贪图短期经济利益，盲目引进外资，导致我国大型金矿被外资贱价圈占的消息时常见诸报端。令人痛心疾首的是，在贵州、云南、辽宁等多个世界级的特大型金矿被外资控制后，逐利的外国资本却从未顿足不前。据香港《大公报》2010年4月21日的文章《外资疯狂圈占中国金矿》，2005年，加拿大AFCAN公司通过其子公司间接控制了我国青海滩涧山金矿。另据报道，2008年，澳大利亚澳华黄金公司继贵州烂泥沟金矿后再度出击，获得吉林省白山金矿的采矿权。据统计，截至2008年，澳华在我国合资的金矿项目已探明黄金储量约52吨，其中澳华占有约46吨，控制率高达88.5%！然而，这只是外资涉足我国金矿资源的冰山一角。有统计表明，截至2008年，我国各地的217家金矿都有外资的身影。

(二) 稀土之“劫”

稀土是宝贵的稀有金属和战略资源。我国是稀土大国，储量和可开采量均居世界第一位。然而，正是在稀土资源上的“财大气粗”，使我们对稀土的认识长期存在偏见。改革开放初期，用我国丰富的稀土资源换取相对稀缺的国外资金和技术，是稀土开发的主要任务。不幸的是，这种思路并未与时俱进地得到调整，反而在我国盲目引进外资的浪潮中得到进一步强化。

目前，我国稀土可开采储量已由原来占世界的80%强迅速减至不足50%，更有学者称其实际储量已不足30%。第十一届全国人大代表周洪宇在2009年的提案中指出：“按照目前的开发速度……二三十年之后，我们将不得不花费巨资从外国进口稀土，西方国家就会牢牢掐着中国的脖子，遏止中国的发展”。

让笔者感到欣慰的是，稀土资源问题已经引起我国政府的高度重视。2010年伊始，各稀土资源大省已多次开展稀土资源专项整治工作，稀土战略储备计划也已付诸实施。然而，喜忧参半，在全国打响“稀土保卫战”之时，这种战略性资源仍在遭受外资的变相洗劫。

从2010年上半年的情况看，外资在我国稀土资源行业的投资热情依旧不减，但为了规避目前我国对稀土原材料出口的配额和数量限制，外资已悄然做起了“偷天换日”的勾当——投资稀土深加工行业，再将制成品出口。由于在相关政策法规中，稀土深加工和应用行业依然属于鼓励外商投资的项目，所以外资能享受许多优惠政策。这使得其他一些非稀土外资企业也开始向该领域进军，韩国浦项制铁收购包头永新稀土就是这样的例子，该公司利用我国未对铁合金制品进行出口限制的疏漏，把稀土制成铁合金进行变相出口。资料显示，内蒙古、江西和广东等省份的许多稀土加工公司均有外资涉足。

二、外资肆虐我国自然资源行业的“四宗罪过”

长期以来，我国自然资源行业在引进外资方面，存在政策导向失误、发展思路扭曲、规划水平低、监管机制缺失等问题，致使盲目引资的弊端日益显现。目前，外资在我国自然资源产业至少犯下“四宗罪过”。

（一）外资通过贱价圈占、变相出口和破坏性开发等方式，掏空我国自然资源储备

改革开放以来，我国长期奉行外向型经济发展战略，积极参与国际经济大循环，这实际上为外资控制并掏空我国自然资源打开了缺口。在这种战略的指导下，许多地方政府把完成招商引资计划视为政绩之本。一些自然资源大省为求短期的蝇头小利，不惜用当地珍贵的自然资源作为招商引资的筹码。如云南和贵州等省就曾对外商投资开采矿产资源大搞政策优

惠，直接导致当地大型金矿被外资贱购。而外资为了尽可能地榨取我国丰富且珍贵的自然资源，“绞尽脑汁”地逃避我国对不可再生资源的出口限制，这尤其体现在其变相出口我国稀有金属等战略性资源上，这在“把稀土做成玩具出口”的闹剧中展现得淋漓尽致。①

更糟糕的是，外资很少顾及我国自然资源的承载能力，却常在其权利年限内，采用破坏性开发方式最大程度地榨取我国自然资源。外资这种“杀鸡取卵”式的资源开发方式，对我国自然资源的可持续利用已构成重大威胁，业已成为我国经济可持续发展的巨大障碍！

（二）外资通过垄断技术和控制产业链等手段，扼杀我国自然资源产业的自主创新活动

从我国资源产业多年以来引进外资的实际情况看，引进外资与引进先进技术根本画不上等号，实际情况却是：外资提供“二手”技术，我们支付“一手”价格。外资也无力提高我国资源产业的自主创新能力，相反却在扼杀本土企业的创新活动。外资一旦通过“技术诱拐”入主我国自然资源的某一领域，便通过垄断技术、霸占专利、控制产业链等手段，打压排挤该领域内的本土企业。如 2008 年美国阿波罗太阳能公司收购四川石棉大水沟碲矿，并与美国第一太阳能公司签约为其供应碲原料一事，就是外资试图控制该领域整条产业链的阴谋合作。无怪乎褚君浩院士要惊呼：“这等于是用我国的资源、我国的市场以及我国政府的补贴政策，去发展国外的新能源技术和产业！”一旦外资得逞，势必会对我国未来光伏太阳能等新能源技术的发展造成沉重打击。

（三）外资享受“超国民待遇”致使税收流失，阻碍国家和地方经济发展

外资在我国资源产业享受的种种“超国民待遇”，使国家和地方财

---

① 朱达志. 把稀土做成“玩具”卖给老外?.（2010－06－26）. http：//www. wyzxwk. com/Article/chanye/2010/06/155826. html.

政收入严重流失的例子已屡见不鲜。如近年来某省对外商投资某些自然资源产业实行“免三减二”政策。仅当地一家矿业合资企业，按照该政策，国家和地方政府在5年的税收减免期内就将损失数以亿计的税收收入。倘若税收减免期过后，外资撤出或者金矿资源枯竭，那我们必将“鸡飞蛋打、血本无归”！无独有偶，据《南方都市报》2009年6月8日报道，2007年12月，美资公司亚美煤炭将其此前贱价收购我煤炭企业的56%的合资股权，全部转让给另一家外资控制的公司——亚美香港。如此一买一卖，变相出售我国矿产资源获利近30亿元人民币，却一分钱税都不交！

这种“使自己瘦，养他人肥”的做法实在令人感到荒唐。外商投资在我国完好无损地兜了个圈子之后打道回府，掠走我们的资源、利润和税收，却留给我们一大堆烂尾矿、秃头山和泥石流。

（四）外资是造成我国自然资源浪费过度、采区生态破坏严重的主要推手

多年来，外资的存在所造成的“竞次”效应，已经在很大程度上削弱了我国建设“资源节约型、环境友好型”社会的努力。这种“杀入最低端”的竞争方式，在我国自然资源产业中正沿着两条路径展开：一方面，由外资以“委托—代理”方式资助的大量中小企业（包括个体户）无序竞争、血拼杀价，导致大量资源被外资贱购；另一方面，外商直接投资企业的过剩生产能力，对原材料形成了过量需求，导致大量资源遭私采滥挖，浪费严重。

此外，外资涉足我国自然资源领域所引发的环境问题也愈演愈烈。近年来，许多植被破坏、水土流失、山体滑坡和泥石流等灾害性事件，都与外资对自然资源的“不可持续性”利用有关。在一些地区，居民因不满外资造成的生态破坏，甚至与外资企业发生暴力冲突，从而成为引发社会不安定因素的导火索。例如，2006年12月28日《瞭望东方周刊》刊载了题为《外资掌控中国百亿金矿 曾扬言对村民开枪》的报道文章。

三、限制不可再生资源出口并回购部分资源型外资企业

战略性资源储备是指对经济发展和国防安全具有重要作用的不可再生资源的储备，主要包括能源和稀有资源的战略性储备，也可称之为资源性战略储备。我国的战略性资源储备问题只是最近才提上议事日程。2004年3月，国家发改委召开的国家石油储备一期项目建设启动会标志着国家石油储备的开始；2010年才开始稀土资源的战略储备试点工作。但从总体上来说，在有关战略性资源储备的战略构想、系统规划、政策措施和法规建设上，我国仍然没有开始相关的工作。

相比之下，美、日、英、德、韩、法等十余国早已建立了战略资源储备制度：“日本早在1983年便正式开始实施国家储备制度。……韩国也公布了类似政策。……2008年，日韩等国纷纷公布加大战略资源储备力度的计划……并将稀有资源储备提升到国家战略的高度。……1985年美国储备的战略资源已经多达63类93项，且多数矿种储备量是美国年均包括军需在内消费量的3～4倍。……同样，欧洲等发达国家均有类似做法……然而数年来，一直为这些国家提供源源不断的战略资源的不是别人，正是中国!”①

然而时至今日，我们却还在出口不可再生资源特别是稀土等重要战略资源。日本多年前就禁止国内煤炭开采，并大量从我国进口煤炭，不是为了烧掉发电，而是填海作为战略储备。美国作为世界稀土储量第二大国，早已禁止其稀土出口，并封存稀土矿藏而代之以从我国大量进口，因为这比在其本土生产的成本更低！据商务部公布的数据，2010年全年稀土出口配额共计30 258吨，其中外资企业获得7 746吨。我们一方面呼吁建立资源战略储备，另一方面却在继续出口稀土甚至让外资涉足稀土出口，何其荒谬！面对我国不可再生资源日渐耗竭与外资掠夺性开发和出口的严峻

① 晏琴. 中国稀有资源正流入发达国家. 中国产经新闻，2010-01-08.

形势，笔者认为，我国应当机立断，基本上停止我国不可再生资源出口并将部分资源型外资企业收归国有。理由如下：

第一，出口自然资源的目的是什么？一般说来，一国出口自然资源是为了换取外汇，以便支付进口技术、机器设备、原材料所需的外汇并弥补国际收支赤字。但目前我国外汇储备过剩，已达 2.5 万亿美元。由于美国滥发美元和美国财政状况的急剧恶化，美元贬值正在严重地侵蚀着我国外汇储备的价值。自 2002 年 4 月开始到 2009 年年底，美元已经贬值 41％。出口自然资源特别是不可再生资源来换取不断大幅度贬值的外汇储备，这种傻事我们还有理由继续下去吗？

在美元霸权导致各国货币不断贬值的时代，唯有黄金等不可再生资源才具有财富保值和升值的功能，这也就是人们常说的“资源为王”的时代。保有并储备了不可再生资源，就拥有了未来国际贸易的自主权。为了避免我国外汇储备贬值，许多学者提出了运用外汇储备购买境外矿物、燃料和农业资源作为我国经济增长所需的储备。但与其这样做，还不如停止我国不可再生资源的廉价出口，这不但是出于“成本—收益”角度的考虑，而且也是因为前者必然遭到其他国家的抵制甚至被诬为“新殖民主义”。

第二，目前我国已是自然资源进口大国，未来 50 年的工业化和城市化使我国面临着过去任何一个国家工业化进程中所没有遭遇到的空前资源压力，停止不可再生资源的出口直接关系到我国的经济安全问题。2000—2003 年，我国对铝、钢铁、镍和铜的需求增长量分别占到世界总需求增长量的 76％、95％、99％和 100％；2009 年，我国石油消费的对外依存度已经超过 50％……自 2000 年以来，资源价格的猛涨成为我国出口商品贸易条件大幅度恶化以至于亏损的主要原因之一。奥巴马不久前在接受澳大利亚媒体采访时说，如果 10 多亿中国人口也过上与美国和澳大利亚同样的生活，那将是人类的悲剧和灾难，因为地球的资源根本承受不了。奥巴马的讲话一语道破了发达资本主义国家遏制中国崛起，特别是将通过掌控自然资源阻止中国崛起的真实目的。我们还有什么理由不赶快停止不可再生资源的出口？

第三，发达资本主义国家就是靠掠夺发展中国家的自然资源发展起来的，外资掠夺性开发并企图强制性迫使我国出口不可再生资源也是出于这种目的。在英国通过重商主义崛起的过程中，政府一再颁布原材料出口禁令，例如，为了发展当时作为国际竞争中支柱产业的本国羊毛纺织业，政府制定了严刑峻法，其曾经规定：除“羊毛之外，绵羊、毛线、精纺毛纱、漂泥等‘都在禁止出口的清单上。法律的实施十分严厉，首犯者要被砍去左手，再犯者则被处死’”①。英国还曾把限制羊毛出口作为打击竞争对手的政治武器。据分析，佛兰德作为欧洲纺织品霸主地位的丧失就与英国的原材料政策有关。

在历史上，两次世界大战的爆发曾与把不可再生资源视为国家“生命线”的学说密切相关。一直到现在，美国和欧洲国家等发达国家对自然资源的控制都异常重视。实际上，许多战争就是为了争夺自然资源的控制权而发生的。发达国家一方面严格限制和禁止本国自然资源出口，另一方面却又打着自由贸易的旗号，迫使发展中国家对资源出口敞开大门。美国就中国对稀土出口进行治理施加强大压力就是这方面的一个典型例证。另据报道，2009年年末，世界贸易组织决定设立一个专家组，调查美国、欧盟和墨西哥三方指控中国限制原材料出口一案，其目的也是使中国继续成为它们廉价原材料的来源地。

第四，历史上的成功国家都是通过“进口原材料和低端产品，出口高端产品”崛起的。按照这种经验，如果民族企业不具备自有核心技术，只要外汇储备能够满足国际收支平衡的需要，我国就应该禁止本国战略性资源出口，并从别的国家进口这些资源；除非我国急需外汇而不得已出口。而对于像稀土这样涉及高科技和尖端武器制造的稀有资源，由于我国没有核心技术和产业落后，我国应该完全禁止其出口并大幅度限制其开发，以便为我国未来产业发展留作战略储备。更一般地说，在外资控制产业链关键环节的情况下，使用我国自然资源生产高附加值产品出口实际上也是为他人做嫁衣，也是在将我国宝贵的自然资源财富拱手让给外国消费者。

第五，我们前面的讨论已经清楚地说明，我国自然资源行业中的外资企业从一开始就是弊大于利的。我国应该吸取拉丁美洲丰富自然资源被发达国家残酷掠夺的深刻教训。只有回购部分资源型外资企业，我国才能从根本上杜绝外资企业掠夺性开放和出口我国自然资源的混乱状况。在这方

① 梅俊杰. 自由贸易的神话：英美富强之道考辨. 上海：上海三联书店，2008：56-57.

面，拉丁美洲国家对自然资源行业中外资企业的国有化经验值得我们借鉴。为此，我国应该修订相关政策法规，不再鼓励并限制外商投资我国自然资源产业，同时动用外汇储备回购我国部分资源型外资企业，包括从事资源勘探、开采、选冶、深加工和应用的外商独资和合资企业。

第十一章　我国为什么不要急于加入 WTO《政府采购协定》*

在 2001 年加入 WTO 时，我国承诺择机启动加入 WTO 的《政府采购协定》（以下简称 GPA）的谈判，并于 2007 年底启动谈判。但美国和欧盟对我国的出价清单很不满意，表示“深感失望”；时隔两年半之后，第二次中美战略与经济对话加快了中国修改 GPA 出价清单的进程。2010 年 6 月底，我国政府向 WTO 递交了第二份出价清单。据悉，这份最新提交的出价清单在 2007 年清单的基础上，对自主创新产品以及国货优先等政策都做出了调整，并将该协议的过渡期从加入后的 15 年缩短为 5 年；同时，新增了 15 个政府机构；此外，服务、工程也增加了一些内容。据报道，我国将在 2011 年年底前提交第三份出价清单。对此，笔者建议，我国不要急于加入 WTO《政府采购协定》。

一、WTO《政府采购协定》是“富国俱乐部”

笔者认为，我国不要加入 GPA，至少现在不要加入，而为此做出重大让步则更是不明智。我们知道，GPA 是 WTO 的一项多边协议，由 WTO 成员自愿加入，目的是促进成员方开放政府采购市场，扩大国际贸

* 原载《国外理论动态》2012 年第 2 期。

易。截至2008年7月，WTO成员共有153个，但GPA只有40个成员；如果将欧盟诸国视为一个成员，则GPA成员只有14个。GPA缔约方主要是发达国家或地区。从目前的40个GPA成员来看，我国香港以及韩国和新加坡实际上已经不是发展中经济体了，因此，除了12个东欧发展中国家以欧盟成员身份加入了GPA外，再无一发展中国家加入GPA，拉丁美洲没有一个国家加入；在所谓的“金砖五国”（巴西、印度、俄罗斯、南非和中国）中，除中国外，无一打算加入GPA（俄罗斯还不是WTO成员）。自1994年以来，由于绝大多数发展中国家仍然反对GPA的构想，GPA并没有取得任何大的进展。因此，GPA也被称为“富国俱乐部”。

我国是一个发展中国家，而绝大多数发展中国家为什么不加入GPA呢？这不能不引起我们的深思和警觉。《国外理论动态》2012年第2期刊载的科特尔和兰博的文章《发展中国家为什么不要加入WTO政府采购协议?》（贾根良、陈国涛译）为WTO成员中绝大多数发展中国家拒绝加入GPA的行为提出了解释：如果发展中国家加入WTO的GPA，该协议将对它们造成严重的限制——要在对国家竞争力和经济增长起决定作用的领域实施自主创新产品政府采购政策将变得极其困难。因此，他们建议：发展中国家最好不要加入GPA，至少不要马上加入。

二、我国加入WTO《政府采购协定》的时机并不成熟

科特尔和兰博的文章值得我国相关政策制定者高度重视。笔者认为，加入WTO《政府采购协定》不但将使我国的损失远大于收益——跨国公司将占领和垄断我国政府采购市场，而且也将严重地限制我国自主创新政策的实施。因此，笔者建议我国不要加入WTO《政府采购协定》。如果我国打算加入，目前的时机也是非常不成熟的。理由如下：

首先，我国国内政府采购体制和政策非常不完善，甚至存在着很大的混乱，在这种情况下，加入GPA将使跨国公司乘虚而入，加剧我国政府采购体制的扭曲和政策失调。目前，在我国专家学者和政府官员们中间流行着一种非常有害的观点：我国加入GPA，将有助于倒逼国内政府采购

体制和政策的改革与完善，加速提高我国的国际竞争力。甚至有观点认为，国外供应商的救济意识都很强，这有助于我们建立起更完善的招投标程序，有利于遏制政府采购中的贪腐活动。[①] 这些观点毫无事实根据。君不见，由跨国公司在我国引发的贪腐活动还少吗？我们在这方面的教训太多了。例如，商务部企图通过引入家乐福等跨国公司推动我国商业流通体制改革，但其结果却是给我国带来了在发达国家决不允许存在而在我国却久治不愈的"进场费"等"潜规则"，而且我国的流通渠道在很大程度上也已经被外资企业所垄断。

西方主流经济学劝诱发展中国家加入GPA的唯一理由是透明度、非歧视性和自由竞争的原则，但这些原则在我国保护国内市场的情况下难道就不能实现吗？特别是，与发展中的小国不同，我国具有广阔的市场规模，只要我国不再祈求外资推动改革，就能下功夫改革并完善好国内政府采购体制和政策。在加入GPA问题上，我们一定要吸收过快加入WTO的教训：在加入WTO之前，我国的地方保护主义问题并没有得到解决，由于各省之间产业雷同情况相当严重，所以，在加入WTO之后，跨国公司就把我国各省廉价劳动力和廉价自然资源迅速地纳入其全球产业价值链之中，其结果是我国各省的国际一体化程度大幅度提高，而国内市场的一体化程度却进一步被弱化了，导致了外资在我国畅通无阻，而国内市场的分割却有增无减。

实际上，上述有关我国加入GPA将有助于"倒逼"国内改革的观点是自20世纪90年代初以来一直流行的"用开放倒逼改革"的观点的翻版，但结果如何呢？我国大量的产业被外资所支配，而市场竞争和改革却没有得到改善。例如，据《经济参考报》2010年11月15日一篇题为《地方保护主义成了外资品牌"保护伞"》的报道，国产盾构机的出口比获得国内订单还容易，其原因就在于：随着全国各大城市轨道交通建设以及城际铁路、水利工程、过江隧道等项目的规模不断加大，盾构机作为挖隧道的专用大型工程机械，其市场需求也成倍数增长。因此，目前各大城市在修地铁的同时都成立了自己的盾构机厂，但这些工厂由于没有掌握盾构机的技术，要么和外资品牌合资，要么进口其产品。国产企业参加项目招投

① 屈丽丽. GPA之争. 中国经营报，2011-02-21.

标，虽然在技术和价格方面都占优，却拿不到标，其产品不得不远走异国他乡。开放和引进加剧了国内市场的分割。

其次，加入 GPA 将造成我国对外不对等开放。目前有一种观点认为，如果我国加入了 GPA，其他国家的市场也将同等地对我国企业开放，我国企业也就具有了进入其他国家政府采购市场的机会。但实际上，这只是一种表象，我国企业目前的国际竞争力还很弱，参与政府采购的经验匮乏，几乎就拿不到发达国家的订单，那么将来就有能力拿到吗？正如曹富国指出的，现在经过评估，发现我国的企业根本进不去西方发达国家的政府市场，包括一些基础设施也进不去。我国的出口市场主要在非洲国家等发展中国家。连澳大利亚这样的所谓发达国家都没有加入 GPA；还有一些大的转型经济体比如印度、巴西、南非等，都觉得加入之后没什么利益，也都没加入。现在反而是我们单方面向它们开放市场。[①] 因此，我国加入 GPA 基本可以说是发达国家的跨国公司对我国政府采购市场的单方面进入。

而在我国本土，笔者可以预测，在我国政府采购体制没有得到完善之前，一旦加入 GPA，必将使我国民营企业和国有企业相对于跨国公司在获得我国政府采购订单上更加处于劣势。已经有专家指出，按照国外政府采购的惯例，政府采购项目的中标者通常有很多附随义务，比如来自公共政策、绿色采购的约束，比如对中小企业、少数民族、妇女供应商的照顾；但在中国，由于缺少类似规定，反倒给外资企业在我国政府采购领域开辟了一条畅通无阻的绿色通道，特别是对于那些实力不是特别强大的外国供应商来说更是如此。

最后，我国政府和企业部门的国货意识淡薄，这是最令人担忧的：一旦加入 GPA，我国政府和企业对外国产品崇洋媚外的现状将有可能使我国民营企业和国有企业在我国政府采购市场上一溃千里。众所周知，在 2008 年出台 4 万亿元扩大内需的计划后，许多政府部门和企业在扩大内需中争相购买外国产品，国货被冷落在一边，以至于国家发改委在次年 5 月不得不发出紧急通知，劝导政府部门和企业购买国货！又如，倪光南院士痛心地指出，由于盲目迷信国外企业和产品，2010 年的政府软件正版

① 王红茹. 中国政府采购市场该怎么开放?. 中国经济周刊，2011 (19).

化实际上变成了政府软件进口化。中国的现实情况是，不是我们违背了WTO原则，而是我们违背了《政府采购法》。[①] 谷辽海指出，尽管我国还没有加入GPA，但统计数据显示，2008年我国机电设备产品通过国际招标采购的总金额是282亿美元，国外产品的中标率达到80.5%。[②] 在这种情况下，如果我国没有政府采购方面的法规和政策对自主创新产品的支持，政府部门和企业还会去购买国货吗？何况，一旦加入GPA，我国政府和企业就将处于跨国公司更加严密的监视之下，它们怎能允许中国政府和企业购买本国自主创新的产品？

综合以上讨论，笔者认为，我国目前加入WTO《政府采购协定》的时机是非常不成熟的，因此强烈地建议我国政府推迟加入WTO《政府采购协定》。虽然我国承诺了加入WTO《政府采购协定》，但是对于加入的时间、条件并没有做出具体承诺，因此，可操作的空间是非常大的。正如有专家指出的，如果谈判结果不利于我国，我国可以一直不结束谈判，无限期地拖延下去。如果我国打算加入，至少也要在20年以后再考虑，在这期间，我国首先应该搞好国内改革，打破地方保护主义，统一国内市场，整顿政府采购市场，改革和完善政府采购体制和政策，健全相关法律和法规，加强购买国货的爱国主义教育。只有在这些工作基本完成之后，如果我国政府还是要执意加入WTO《政府采购协定》，才能对此加以考虑。

---

① 人民财评：倪光南院士：观念与制度造就“洋货”迷信. 人民网，2011-07-21.

② 王涛. 我国应建立一整套保护国货的法律体系. 经济参考报，2010-02-02.

第三编

财政金融、主权信贷与新的发展模式

第十二章　解决我国外汇储备激增和美债问题的战略构想*

近年来，人们对中国高达3.2万亿美元的外汇储备充满担忧，而且对不断激增的外汇储备焦虑不安。专家们对此问题纷纷发表评论，提出了各种各样的解决办法。但是，由于仍停留在货币主义的思维模式中，专家们对我国外汇储备的激增和购买美债的根源与严重后果认识不足，所以提出的政策建议不仅于事无补，反而将延误问题的解决。本文将从结构主义的视角提出解决我国外汇储备激增问题的政策建议，并就如何处理我国购买的巨额美国债务问题提出战略设想。

一、外汇储备的激增和购买美债对中国经济的危害

在笔者看来，我国外汇储备的激增和购买美债对中国经济弊大于利，拖延问题的解决将有可能导致中国版的金融危机，从长期看，将使中国经济依附发达国家。主要理由如下：

首先，它不但造成了严重的通货膨胀，而且由于我国货币主权的部分让渡，导致我国民营企业陷入困境。众所周知，外汇储备的激增是造成我

* 原载《经济与管理评论》2012年第2期，中国人民大学书报资料中心复印报刊资料《金融与保险》2012年第7期全文转载，收录进本书时略有修改。

国发生严重通货膨胀的重要根源之一。正如时任国家外汇管理局局长易纲指出的，“外汇（占款），占最近十年投放的基础货币量远远大于100%”[①]。目前，在央行投放市场的新增货币供应量中，因外汇储备增加而投放的货币量占到80%以上的权重，由外汇占款产生的货币超发在我国引发了严重的通货膨胀。更为严重的是，在外资通过美元流入收购我国企业及其合资企业股权（例如，最近汽车合资外方掀起增持潮[②]）的同时，央行为了回笼因为外汇储备增加而超发的基础货币，采取了提高存款准备金率并发行央票的信贷紧缩措施回收多发的货币，但由于因外汇储备增加而超发的货币已经大部分流到外资手中（少部分流到民营出口企业），这种货币政策对外资不仅毫无影响，反而导致了我国大量的民营企业特别是面向内需的企业因为资金严重短缺而濒临绝境（这也是2011年高利贷在我国盛行和温州发生中国版“次贷”危机的重要根源），而效益较好的企业也不得不通过向外国银行借入美元、中外合资、出售股权和海外上市等方式加入美元经济圈来规避信贷紧缩政策的扼杀。因此，我国外汇储备的激增不仅标志着我国货币发行自主权的日益受损，也标志着外资企业在我国建立了不受我国央行货币政策调控的“经济空间”，而且更严重的是，它还标志着外资对我国实体经济的控制权得到了迅速的扩大和加强。

其次，我国外汇储备的激增牺牲了我国在教育、医疗、社会保障和农业补贴等方面所急需的资金。以美元外汇储备为例，它是美国政府财政赤字开支的产物，美国通过财政赤字开支印刷美元后，将美元交给中国人民银行兑换成人民币购买中国产品和企业，中国人民银行手中的美元就构成了我国的外汇储备；美国通过输出美元攫取了人民币基础货币的部分发行权，从而直接挤占了我国中央政府直接通过财政赤字开支发行人民币以满足我国在教育、医疗、社会保障和农业补贴开支上所需要的资金。目前，我国社会保障体系面临着潜在的危机，中国社保基金2010年余额仅为8 566亿元人民币，养老金的空账规模高达1.3万亿元。又如，早在1993

---

① 易纲：外汇占款投放基础货币已回收八成.（2011-05-05）. http：//finance.jrj.com.cn/people/2011/05/0513149896135.shtml.

② 吴琼.外资掀起增持潮　通用回购上海通用1%股权.上海证券报，2011-08-11.

年，中央政府在制定20世纪90年代教育改革与发展规划时，曾明确提出到2000年国家财政性教育经费占GDP的4%。然而，这个鼓舞人心的奋斗目标一直到本文发表时还没有实现，2007年是数年来最高的，也只达到3.32%。有专家称，从2000年至2009年，我国教育负债累计已达数千亿元，这是教育经费投入长期偏低的必然结果；普及九年义务教育、扩大高中招生以及扩大高校招生，在很大程度上都是通过巨额负债来实现的。[①]

再次，我国外汇储备的激增和持续不断地购买美债潜伏着发生金融危机的巨大风险。笔者一直认为，目前美国正在复制20世纪90年代通过迫使日元升值摧毁日本经济的做法，但由于我国经济的发展水平与当时的日本根本无法相比，所以，一旦我国重蹈日本的覆辙，我国将发生严重的金融危机，其后果不堪设想。其中原因之一就在于，与日本所持有的大量外汇储备是由本国企业的出口顺差所构成存在着根本区别，我国外汇储备的增加主要是由外国直接投资、外商投资企业贸易顺差和热钱所构成。例如，2010年我国外汇储备净增5 081亿美元，其中引进外国直接投资1 057亿美元，外商投资企业顺差1 243亿美元，热钱流入2 193亿美元（包括我国由于实行人民币结算业务而导致的几百亿美元流入），综合起来计算，热钱流入大约占2010年我国外汇储备净增额的43%，外国直接投资、外资企业顺差和热钱流入总共占88%，而我国企业（国有企业和民营企业）的贸易顺差在2010年的我国外汇储备激增中只占12%。由于我国外汇储备基本上是由外资和热钱所形成，它实际上代表着外资对我国国内资产的索取权，是我国间接的对外资的隐性债务。一旦人民币升值到位，外商特别是热钱持有者将拿手中的人民币兑换美元，如果外汇管理局没有足够多的美元现金让外商换汇，我国将发生严重的货币危机。其将导致人民币兑美元汇率暴跌，引发我国房地产泡沫的崩溃和大量企业特别是在海外融资的企业发生严重财务危机，外资将借机廉价收购中国企业和资产，外资对中国实体经济的控制将加强。

最后，我国购买美债的行为潜藏着政治风险。早在2009年初，笔者就在一篇正式的学术论文中指出，我国通过出口廉价产品、贱卖自然资源

---

① 周大平.教育财政投入“4%”难在哪里.瞭望，2009（21）.

和引进外国直接投资换取美元并购买美国国债，而美国政府将通过赤字开支发行的美元低息贷给跨国公司，跨国公司使用这些资金大肆收购中国企业并进而控制中国产业特别是高端产业。[①] 美国为了保证其货币霸权的垄断性收益和地位，对我国购买其实际经济资源采取了一系列针锋相对的限制措施，如出口管制条例，禁止向中国输出技术的“巴统”组织，禁止我国对美高科技产业投资和限制购并美国企业，等等；我国只能用贱卖产品和出售企业给美国投资者而获取的美元购买其不断贬值的国债。现在老百姓都已经看得很清楚：美国的战略目标就是要搞垮中国经济和分裂中国。而一旦中美之间发生军事冲突，不但我国存放在美国的黄金有可能被没收，而且我国用贱卖产品和企业获得的美元所购买的美债也有可能被宣布作废。显而易见，美国鼓动中国持有越来越多的美债，其目的之一就是要把中国持有的美债作为要挟中国的“金融核讹诈”的战略武器。

二、主流的思路将拖延中国经济问题的解决

不言而喻，我国外汇储备的激增和继续购买美债标志着我国经济患了较重的疾病。但自“美债危机”发生以来，专家们仍然很少关心外汇储备激增的原因，关注的焦点仍然集中在我国外汇储备和所购买的美国国债的安全问题上。总结起来，主要有以下几种观点。

首先，寄希望于美国做负责任的国家。央行领导此前针对美国两党通过债务上限法案时就曾敦促美国要“负责任”，并称中国外汇储备将继续坚持多元化投资原则，最大限度减少国际金融市场波动造成的负面影响。[②]《人民日报》则刊文建议，美国应提出令全世界信服的削减财政赤字方案、经济振兴计划，并采取有效措施维护美国及美债的国际信用，切实保障世界各国在美的资产安全。[③] 但是，如果我们了解美国金融危机的

① 贾根良. 评佩蕾斯的技术革命、金融危机与制度大转型. 经济理论与经济管理，2009 (2). 中国人民大学书报资料中心复印报刊资料《理论经济学》2009 年第 6 期全文转载。

② 周小川. 外储管理继续坚持多元化投资. 中国证券报，2011 - 08 - 04.

③ 石建勋. 美信用降级　后果很严重. 人民日报海外版，2011 - 08 - 08.

制度根源，我们就会知道，美国要有效地削减财政支出，大头在于医疗保险开支、社保支出和军事开支，而美国的政治体制决定了要削减这些开支项目注定是不能的，美国仍将通过增加财政赤字和印刷美元向外转嫁危机，达到一石二鸟的目的：在解决国内矛盾的同时，使各国的美元储备和所购买的美国国债贬值，减轻偿债负担。

其次，解除资本管制和藏汇于民。这些办法将加速金融危机的爆发，并导致中国经济的美元化。解除资本项目管制，让外国资本自由地进出我国，在目前将导致大量美元（以及欧元和日元）借人民币升值之机大量涌入我国，使我国进一步成为美元（以及欧元和日元）滥发的泄洪区，转嫁其财政赤字开支的负担。在将来，当人民币升值到位后，外资将会把手中持有的人民币没有限制地到央行换成美元（以及欧元和日元），加速资本外逃，引发金融危机。如果没有从根本上解决外汇储备持续增加的问题，藏汇于民的结果必然会使我国像拉丁美洲和波罗的海的小国一样沦为美元的“殖民地”。现在，拉丁美洲的美元化程度达到 70%，而爱沙尼亚等波罗的海小国紧随美国爆发金融危机的原因之一就在于该国国民主要是使用美元等买房和进行投资。

最后，采取多元化的投资战略，购买黄金和资源，加大对外直接投资。在目前欧债面临严重危机的情况下，购买欧债显然是不可取的。多元化投资当然可以购买黄金和资源，但对于我国不断激增的巨额外汇储备来说，购买资源和黄金也将是杯水车薪的办法。还有不少专家和官员提出，把握欧债危机蕴藏的投资机遇，加大我国对欧直接投资，是我国外汇储备“绝处逢生”的好时机。[①] 但笔者认为这种看法是非常幼稚的，为什么美国和澳大利亚不允许中国企业收购其企业？难道西欧国家会与美国和澳大利亚不一样，允许别国大规模收购其企业吗？如果了解历史，人们就会知道，美国和澳大利亚之所以崛起，是它们向西欧国家特别是它们的英国老师学习的结果，难道老师比学生还不清楚外国大规模收购其企业的恶果吗？[②]

笔者认为，专家们提出的上述种种办法根本就没有关心外汇储备激增

① 金辉. 专家建议 把握欧债危机蕴藏的投资机遇. 经济参考报，2011-08-16.

② 贾根良. 美国经济崛起之前排斥外国直接投资原因解析. 广东商学院学报，2010 (3).

的原因，他们所关心的只是外汇储备的保值和增值问题。这些办法能消除本文所提出的我国外汇储备激增对我国国内经济所造成的上述危害吗？显然是不可能的。如果不采取釜底抽薪的办法，不从根本上去除外汇储备激增的根源，那么，显而易见的是，不但外汇储备的出路或者说投资问题将日益陷入绝境，而且必将拖延对我国实体经济所患疾病的医治，这无疑将使病人病入膏肓。从根本上来说，目前专家们之所以只是关注外汇储备的保值和增值问题，是深受新自由主义经济学毒害的结果，更具体地说，是他们对外汇储备的看法受货币主义经济学范式支配的结果。实际上，导致我国外汇储备陷入困境的根源非常简单，它是结构问题，包括外贸和金融的结构问题，而非货币问题和投资问题，因此，本文将对此提出一种结构主义经济学的解决办法。

三、解决外汇储备激增和美债问题的对策及战略思考

截至 2011 年 6 月底，我国的外汇储备从 2010 年的 28 473 亿美元增加到了 31 975 亿美元，半年时间就净增 3 502 亿美元。如果按照这个比例计算，我国 2011 年将净增外汇储备大约 7 000 亿美元，将比 2010 年的 5 081 亿美元的净增额增加 38%，相对于 2003 年的 4 000 亿美元的外汇储备，8 年内激增近 8 倍，而且是加速增加。那么，是什么原因导致了几年来我国外汇储备的激增呢？

我们知道，自 2008 年国际金融危机爆发以来，我国政府提出了“扩内需、调结构、减顺差、促平衡”的一揽子应对政策，但是，其结果如何呢？2001 年，我国外贸依存度为 38.5%；2006 年达到 64.9%；之后虽有所降低，但 2010 年外贸依存度仍然高达 51.0%。此外，据报道，我国 2011 年 7 月的出口比 2010 年同期又增长了 20.4%，7 月的贸易顺差从 6 月的 222.7 亿美元膨胀到 315 亿美元。为什么“减顺差”喊了近三年了，贸易顺差不减反增呢？为什么热钱流入占 2010 年我国外汇储备净增额的 40%？显而易见，顺差减不下来的原因在于我国的贸易结构，而热钱流入的原因在于我国对热钱的打击力度远远不够，不然为什么自 2005 年汇率

改革以来我国外汇储备激增？因此，为了从根本上解决外汇储备贬值问题，更重要的是为了解决外汇储备所产生的严重的国内经济问题，笔者建议从经济结构和金融结构两方面采取措施，解决外汇储备激增和贬值问题。

首先，大幅度减少出口退税，逐步取消出口退税。这将有助于“减顺差”，但由于跨国公司对国际贸易的垄断结构，它们有可能抬高对美国或其他发达国家的出口价格，因此，“减顺差”的效果可能不会立竿见影。即使如此，减少乃至逐步取消出口退税仍将在很大程度上改善我国财政状况。例如，我国社保基金 2010 年余额仅为 8 566 亿元人民币，而 2010 年一年的出口退税就达到 7 300 亿元人民币，我国可以用由此节余的中央财政资金充实社保基金、增加教育经费、投资农田水利基础设施建设和修建免费高速公路等，并拿出相当部分由此节余的财政资金，采取发放消费券的办法直接补贴给失业和低收入群体，使之购买民营企业出口部门生产过剩的消费品。更重要的是，由于全球保护主义日益加剧，我国必须加快结构调整。在减少乃至逐步取消出口退税后，中央政府可以把每年由此节余的资金作为结构调整风险保证金，直接支付给失业群体。例如，如果按照每位工人每月最低 1 200 元工资和全年收入 14 400 元计算，2010 年中央财政资金作为出口退税支出的 7 300 亿元人民币就可以直接用于给 5 000 万失业人员直接发放工资，仅此一项，我国就不怕因为对出口导向型经济做大手术所导致的失业问题。

其次，取消对外资企业的优惠，通过相关措施大幅度提高外资企业工人的最低工资，限制跨国公司把消耗资源和污染环境的产业转移到我国。通过相关措施大幅度提高外资企业工人的最低工资，是启动内需的重要措施。同样，由于跨国公司对国际贸易的垄断结构，它们有可能通过抬高对美国或其他发达国家的出口价格，把我国出口部门工人工资的提高转嫁给外国消费者，而不会减少工人就业。

再次，减缓引进挤压我国民族企业市场空间和转型升级的外国直接投资，并使用多余的外汇储备回购部分在华外资企业。任何多元化的投资战略包括购买黄金和资源，都不如回购部分在华外资企业在经济效益上好；增加走向海外的对外直接投资，远不如回购部分在华外资企业胜券在手，而且更根本的是解决了外资对我国实体经济的控制问题。因此，笔者、赫德森、左大培和马耀邦在过去都多次呼吁中国政府应采取这类措施应对外汇储备的增加。例如，2010 年享受中国稀土出口配额的企业中就有几乎一半是外资企业，我们可以首先把这些资源类企业收归国有，而且是原价回购；在收归国有后，一部分保留为国企，大部分则拍卖给民营企业。通过回购部分在华外资企业，把在中国的外资企业定位于“拾遗补缺”的地位，这种地位实际上也是美国和欧洲国家能够允许中国企业在其所在国所处的地位。

最后，在金融结构方面，继续实行资本项目管制，严格审批国内企业到海外上市，并实行人民币贬值的政策。余云辉在这方面做了很好的研究：通过人民币贬值不仅可以抑制热钱流入，还可以降低存款准备金率，打开加息空间，以保证民营企业获得合理的盈利，同时，通过人民币贬值还可以减少自 2005 年以来因人民币升值所造成的汇兑损失。余云辉还指出，在与国际资本的博弈过程中，既要防止“贼进门”，也要防止“贼溜走”。在实行人民币贬值的过程中，也就是在“贼要溜走的阶段”，一定要关紧大门，坚守资本项目管制，决不放开资本项目的自由兑换，然后加速人民币贬值，使得国际资本机构所持有的人民币资产大幅贬值，以便减少境内财富向境外的流失。①

上述措施只是旨在解决我国外汇储备增加所带来的种种问题。那么，对于我国购买的巨额美债问题，将如何处理呢？可以肯定的是，我国不能再增持美国国债了，也不能再增持欧债和日债了。由于美债的贬值趋势是不可避免的，所以，减持美国国债是我国唯一的选择。问题是，怎样减持？我们可以比较两种不同的方案。一种方案是马上大笔抛售，即使我国可以接受持有的美债和美元现金外汇储备各损失 20%，但由于没有解决深层次的贸易结构和金融结构问题，所以马上大笔抛售也不是最佳选择。另一种方案则是，在加快实施上述解决外汇储备激增问题的措施的条件下，从现在开始就不断地小幅度减持美国国债，特别是要切实解决国内贫富悬殊问题，加快调整实体经济，从出口导向型经济转向国内经济大循环；经过 3～5 年的调整，我们再逐渐加大出售美国国债的力度，用通过

① 余云辉．当前货币政策的困境、原因及其对策．（2011－08－19）．http：//www.wyzxwk.com/Article/jingji/2011/08/247490.html.

其获取的美元购买适合国内经济结构调整所需的商品和资源，从而摆脱“美元霸权”的支配。

早在2009年，笔者就发表文章，呼吁政府做好战略规划，加快从出口导向型经济向国内经济大循环的大转变。[①] 但时隔两年，这种国内经济和实体经济的调整毫无起色，其结果是：由我国外汇储备激增所产生的问题越来越严重。笔者在这里要再次发问：主流的思路难道不是缘木求鱼的办法吗？难道这种思路不是正在使中国经济病入膏肓吗？我们还有其他的解决办法吗？如果没有其他的办法，那么，在采取国内经济大循环战略上，我们还畏惧什么呢？无疑，采取避重就轻的逃避办法，依靠外汇储备的激增和继续增持美国国债，最终必将给我国经济造成更大困难。因此，我们再也不能这样拖延下去了。

最后需要指出的是，笔者提出的大战略只是一种大的思路，所提出的具体实施措施肯定是不完善的，但愿它能起到抛砖引玉的作用，引发政府对这一问题作更深入和更系统的研究。

---

① 贾根良.化危为机，中国外向型经济需作战略大转型.广东商学院学报，2009（5）.《马克思主义文摘》2010年第3期全文转载。

第十三章　中国财政金融改革需要一场革命*

一、财政金融改革的必要性

中国的外汇储备占到全球外汇储备的三分之一，中国实际上已成为美元霸权的“支持者”。笔者在以前的论文中多次谈到，巨额外汇储备是中国自国际金融危机爆发后通货膨胀加剧的根源，而国际金融危机后中国外汇储备剧增是中国经济金融化的开端，它不仅损害了中国的货币主权，使民族企业资金极度短缺，高利贷盛行，基础设施投资和公共福利开支严重缺乏资金，还为美国通过赤字开支维持全球霸权提供了支持。

在上述情况下，所谓的“人民币国际化”、利率市场化和开放资本项目，只能为国际垄断金融资本创造巨大的投机机会，加重中国在金融上受制于美国的程度。只有在回收货币主权后，才能开始利率市场化改革，“人民币国际化”才不会沦为美元霸权的牺牲品。所以，问题的关键是破除美元霸权，而这首先要从停止增加外汇储备入手，这是笔者早在2011年就已经提出的，笔者为此提出了减缓引进挤压我国民族企业市场空间和转型升级的外国直接投资、严格审批中国企业海外上市和融资、打击热钱、逐步取消出口退税、建立中国出口卡特尔、提高出口部门工人工资、

---

* 本文根据笔者2013年春天一次讲课的录音稿整理修改而成。我国当时的外汇储备是3.31万亿美元。本文发表于2014年9月。

回购部分资源型外资企业和扩大内需等政策建议。

至于解决已有的巨额外汇储备问题，笔者一直以来就认为，所谓的中国专家们提出的有些建议是不符合中国国家利益的，例如，“藏汇于民”和使用外汇储备扩大对外投资是这些年来流行的看法和建议，而其主张者从没有提出过要停止外汇储备的增加。试想，在外汇储备不断增加的情况下，所谓的“藏汇于民”难道不是在建议通过倾泻美元到居民手中，导致中国经济的“美元化”吗？拉丁美洲经济的“美元化”难道不是前车之鉴吗？使用美元等外汇储备对外投资，难道不是在扩大美元的流通范围和影响力吗？这种做法难道不是在和人民币国际化争夺地盘吗？使用外汇储备扩大对外投资，实际上是要使我国企业成为美国在发展中国家推行美元霸权的急先锋。

如果所谓的中国专家们的建议不可行，那么，已有的外汇储备问题如何解决？

有关中国财政金融改革，笔者提出的是与主流经济学的思路在本质上完全不同的一种全新战略。主流经济学的思路实质上会让中国进一步受制于美国，笔者的战略则是要建立独立自主的国家货币金融体系。在笔者看来，中国的财政金融改革必须彻底抛弃新自由主义的思路，而其“顶层设计”要借鉴美国、日本在19世纪下半叶通过国家银行主权信贷实现国家崛起的历史经验，遵循与其相同的经济学原理，最终实现通过主权信贷这种金融革命为我国的工业化和自主创新提供廉价资本。

二、财政金融改革的步骤和配套措施

中国的财政金融改革是一项长期的系统性工程，在停止利率市场化和拒绝开放资本项目的条件下，目前可以采取以下步骤逐步展开：第一，逐步停止增加外汇储备（其基础最终在于发展模式和实体经济方面的根本性变革。笔者早在2010年就已经提出，如果从那时就开始调整，现在已经可以完全停止增加外汇储备了）。第二，使用外汇储备回购部分外资企业。第三，回购的外资企业拍卖给民营企业，壮大作为国民经济基础之一的民族私人资本，为民营企业提供有利可图的投资机会。第四，用出售（回购的）外资企业所获得的人民币偿还地方政府属于收费公路和城市基础设施建设的债务（这占相当大的比例），地方政府的收费公路和城市基础设施收归中央所有，实施高速公路免费、城市基础设施免费或大幅度降价，以降低社会流通成本和生活成本，为扩大内需提供基础。

上面四个步骤，可以同时解决外汇储备和美债贬值问题、地方政府债务问题、土地财政问题、跨国公司垄断和支配中国经济问题、壮大我国民营经济问题等，真可谓“一箭五雕”。笔者不反对跨国公司在中国建立适量的合资企业，但是，在中国 28 个行业中已有 21 个是外国跨国公司占据前几位的情况下，中国民营企业在这些行业中还有可能赶超这些跨国公司吗？显然难度很大。除了少数国有企业，中国民营企业应该主导国内市场，这是从英国到韩国崛起的基本历史经验。中国经济不应为跨国公司所主导。中国经济为跨国公司所主导的最终结果是地方财政的枯竭，现在长达十多年的地方政府土地财政就是工商业税基无法增长的产物。地方政府吸引外资的主要理由之一是税收，但岂不知它对跨国公司征收的税收只是九牛一毛？跨国公司通过转移定价等方式，早把大量利润转移到其母国，甚至在中国非常赢利的企业在账面上却是亏损企业，这种现象在中国非常严重。

笔者过去曾经多次讲过，用外汇储备回购部分外资企业并将其出售给我国民营企业，民营企业的春天就真正到来了，因为这将使民营企业占国民经济的比例至少增加 15%。这是一个很大的比例，是我国民营企业前所未有的大发展的证明。更加重要的是，这些被回购的外资企业占据的一般都是产业价值链的高端和最赢利的环节，在回购之后，它们不仅可以成为民营企业自主创新的平台，还可以通过“利润分享制”提高工人工资，而工人收入的提高最终将使其成为企业产品利润的来源（内需的扩大），并因其雄厚的利润为国家特别是地方政府财政提供丰厚的财源。这是从根本上解决土地财政问题的出路，因为只有工商业税收才是财政健全的唯一基础。

值得注意的是，在实施上述措施的第一步之时，中国财政金融改革还需要两项关键性的配套措施。首先，财政部开始实行主权信贷。根据外汇储备的减少数量和经济发展所需货币数量，财政部通过“形式上的”国债发行方式逐步增加基础货币的投放量，为基础设施投资提供免费的融资；并通过中国人民银行向个人和企业“真正地”发行国债，为之提供广阔的投资空间，直到多余的2.5万亿美元外汇储备完全消灭掉（留有8 000亿美元外汇储备应付贸易和国际收支就足够了），货币发行权全部收回的任务才告完成，完整的主权信贷开始实行。只有在这时，才可以开始利率市场化改革。其次，通过人民币结算、人民币贸易融资、使用人民币对外投资、对外发行人民币债券等方式逐步推行“人民币国际化”。

在完成上述四步骤的改革和实施两项关键性的配套措施之后，以创造巨大国债市场为核心的金融革命宣告完成。在这种情况下，笔者预期，企业生产性借贷的资金利率将有可能下降到不超过4%的水平①，在我国盛行20年并严重阻碍民营企业发展的高利贷将会销声匿迹，大量的廉价融资将为我国通过第三次工业革命实现起飞提供强大的动力。

① 这是当时针对民营企业贷款利率高达10%～20%甚至更高的情况所言的，正如目前日本等国负利率情况所表明的，实行主权信贷后，利率实际上还可以更低，但过低的利率对经济也不利。

第十四章　货币发行机制的缺陷与我国经济安全的隐患*

我们知道，随着经济增长和生产规模的扩大，中央政府通过财政开支提供的基础货币供应量也要相应地增加，否则，该经济体就会出现通货紧缩，这将导致产品和服务的价格下跌、企业贷款的实际利率上升，生产者将因此蒙受损失。因此，只要基础货币供应量的增加不超过生产规模扩大的程度，就不会产生通货膨胀。换句话说，只要一国劳动力没有实现充分就业和在资源利用不足的情况下，财政开支发行基础货币就不会造成通货膨胀。

基础货币供应量的增加主要有四种途径可供选择：第一，央行在二级市场上购买国债。美联储的资产负债表清楚地表明，美联储通过在二级市场上购买财政部发行的国债作为抵押是美国基础货币发行的主要途径。① 我国在 1995 年 3 月通过并在 2003 年 12 月修正的《中国人民银行法》第二十九条规定，“中国人民银行不得对政府财政透支，不得直接认购、包销国债和其他政府债券”；但第二十三条又规定，中国人民银行为执行货币政策，可以在公开市场上买卖国债、其他政府债券和金融债券及外汇。按照后一规定，我国财政部可以将国债出售给私人部门，然后，中国人民

---

* 本文完稿于 2015 年 12 月。

① 欧盟由于没有实现财政统一（实现财政统一就变成了一个国家），因而无法实行这种制度，这是“欧猪五国”发生主权债务危机的根本原因。有关欧盟主权债务危机对解决我国地方政府债务采取办法的警示请见第十六章和第十七章。

银行在二级市场上买入国债发行基础货币。但是，由于因外汇占款而被迫发行人民币基础货币，实际上中国人民银行在二级市场上通过间接购买国债发行基础货币是极其有限的。在2020年4月底中国人民银行的货币当局资产负债表上，央行对政府的债权为15 250.24亿元，但了解其历史的人都知道，它基本上不是通过购买国债发行基础货币的产物，而是中央政府在2007年为了向国家外汇投资公司提供注册资本金，通过记账方式（不用发行货币）向央行发行特别国债置换央行2 000亿美元资产，并加上通过二级市场向银行发行2 000亿元人民币国债形成的，这2 000亿美元作为外汇占款时已发行人民币基础货币。到2020年4月底，人民币基础货币（储备货币）是31.16万亿元，而外汇占款是21.19万亿元，外汇占款占比仍高达68%。①

第二，外汇占款。在1994年我国外汇并轨改革之后，外汇占款逐渐成为基础货币发行的主要途径。从2003年至2013年，外汇占款占基础货币供应的95%以上，并且在2005年至2013年持续超过基础货币发行量。

第三，购买黄金。但其在各国发行的基础货币中所占比例都很小。

第四，央行向商业银行的再贷款，即商业银行通过资产抵押等获取央行的贷款，从而扩大基础货币的供给。在1994年我国外汇体制改革之前，中国人民银行向商业银行的再贷款和财政直接向中国人民银行透支一直是基础货币发行的主渠道；但从1995年直到2014年底，再贷款在我国基础货币发行的途径中几乎消失了。由于2014年的外汇占款增速下降导致流动性紧张，央行从2015年才开始重启再贷款作为基础货币增加的途径：2015年1月16日，央行增加500亿元人民币再贷款额度，以支持金融机构继续扩大对“三农”和“小微”企业的信贷投放，目的是引导降低社会融资成本。

由此可见，从1994年至2013年，外汇占款深刻地改变了我国的货币发行机制。特别是从2003年至2013年，人民币基础货币几乎完全是以美元为基础发行的，形成了事实上的“美元本位制”，人民币信用本位制受

① 2020年5月10日更新数据。

到严重损害。[①] 以 2014 年 6 月末为例，在央行负债方的基础货币高达 27.99 万亿元人民币，其中包括 21.66 万亿元存款准备金和 6.33 万亿元流通中的现金；在资产方的外汇占款高达 27.21 万亿元人民币，与基础货币相差无几；如果再加上货币性黄金等其他国际资产，则高达 28.02 万亿元，甚至超过了基础货币规模。这表明我国的基础货币发行基本上已经是以美元等外汇为保证，国内信贷渠道基本关闭。[②] 一些学者将之称作人民币货币发行机制的美元化。[③] 这意味着人民币没有为内需提供信贷，这是 1998 年东亚金融危机时就提出的扩大内需一直无法落到实处的重要原因之一。我国的巨额外汇占款使我国在 2003 年至 2013 年的十年间丧失了运用主权信贷发展国内经济的能力，这不仅是造成我国基础设施建设严重缺乏资金、地方政府债务问题严重和总体债务率高企的主要原因，也是导致我国货币金融领域在 2009—2014 年出现诸多乱象如货币信贷空转、货币信贷快速扩张与流动性紧张、影子银行、高利贷盛行和企业融资成本高企的根本原因。[④]

一、基础设施建设缺乏资金和地方政府债务激增

基础货币发行机制的美元化是造成我国基础设施建设缺乏资金和地方政府债务问题严重的主要根源。在当代经济的不兑换货币制度下，只有央行通过直接购买国债或在二级市场上间接购买国债作为抵押发行基

---

① 贾根良. 解决我国外汇储备激增和美债问题的战略构想. 金融与保险（中国人民大学书报资料中心复印报刊资料），2012（7）.

② 丁志杰，孙小娟. 巨额外汇储备成为负担的表现与解决之策. 国际贸易，2014（10）.

③ 央行研究局原副局长景学成和农行首席经济学家向松祚就持有这种观点。例如，央行研究局原副局长景学成对记者表示："中国陷入了货币美元化的陷阱，整个的货币发行体系极大扭曲。"参见刘晓午. 高外储低收益　专家建议"去美元化". 中国经营报，2011-06-06。

④ 自然，企业融资成本过高是由多方面原因造成的。余永定认为，中介成本过高是企业融资成本过高的重要原因。参见余永定. 中国企业融资成本为何高企？. 国际经济评论，2014（6）。但通过对余永定文中所谈中介成本过高因素的分析，我们可以发现，中介成本过高的很多因素实际上仍然是人民币发行机制美元化所导致的金融制度扭曲和政策扭曲造成的。

础货币，才能为一国政府开支提供最廉价的资金来源。从财务角度来看，一国中央政府通过发行国债进行基础设施投资，将大大降低其经济体系的债务负担。早在19世纪末，美国经济学家布朗就已经认识到：货币实质上是一种社会和法律机制，是国家的一种创造物。政府可以通过印发自己的货币，而不是从私人银行和投资者处借钱为铁路融资。这样做，会为美国经济节省必须支付的巨额公债利息费用。[①] 一国中央银行通过购买中央政府发行的国债发行基础货币进行基础设施建设投资，可以大幅度地降低基础设施的价格，从而有力地促进内需经济的发展。而从私人银行和投资者处借贷或由私人进行基础设施投资，巨额的利息费用和利润索取将大幅度抬高其服务价格，从而使公路等基础设施变成私人投资者和商业银行作为收租者要求“过路留下买路钱”的工具，这是导致我国生产的产品在国内比在国外昂贵和内需市场扩大受到制约的重要根源之一。

在我国，自1994年“汇改”特别是2001年加入WTO以来，外汇占款就逐渐成为基础货币发行的主要途径，中国人民银行一直没有通过购买国债进行基础货币发行，为中央政府开支提供资金。例如，从2003年底到2013年底的十年间，我国基础货币大约增长了8.5倍，增加了大约21万亿元人民币，几乎都是通过外汇占款发行出来的，其数额相当于2013年2.6万亿元人民币高铁债务的8倍，或者大致上相当于2013年6月底我国地方政府负有偿还责任的债务10.9万亿元的两倍。假如这21万亿元的人民币基础货币是通过中央政府直接开支创造货币并通过发行国债减少流动性过剩（否则市场利率就会降低到零利率水平），那么，我国高铁建设就不需要高息从银行借贷和发行高息的长期债券进行筹资，地方政府在相当程度上也就不需要通过融资平台为其基础设施投资进行高息融资，目前严重的地方政府债务问题也就不会发生。由于外汇占款而不是国债成为我国基础货币发行的主要途径，这也导致了我国在义务教育、医疗卫生、社会保障等社会公共开支等方面严重缺乏资金。

① 赫德森. 中国经济如何融资与中国未来的塑造：来自美国经济史的一些经验. 国外理论动态，2011（12）.

二、大量资金不能进入实体经济领域和转型困难的根源

固然，外汇占款有相当大部分是由贸易顺差形成的，而贸易顺差在一定程度上是由鼓励出口的出口退税和人民币币值低估导致的（另一个重要原因是由加工贸易等贸易结构导致的），减少外汇占款的关键在于贸易结构的改变，而大量引进外国直接投资、国内企业赴美上市和热钱的流入也是外汇占款增加的重要途径。从这种意义上说，外汇占款是导致我国货币信贷空转、大量资金不能进入实体经济领域和我国从出口导向型经济向内需主导型经济转型困难的重要原因。如果我国基础货币的发行是通过中央政府开支，再通过国债发行回收流动性，那么，政府开支无论是进行基础设施投资还是用于公共福利开支，都必须通过购买私人部门的产品和劳务才能进行，而私人部门可以通过财政部门开具的支票获得实体经济发展所需的资金，在这种情况下，在 2003 年底到 2013 年底的十年间我国新增的 21 万亿元基础货币绝大部分将进入实体经济领域。但是，当我国新增的 21 万亿元基础货币以外汇占款形式“被动”发行出来时，其中有 13 万亿元人民币（大约占新增基础货币供给的 62%）[①] 主要进入了房地产和各种投机领域，而很少进入“收益率低下”的实体经济领域，这是造成我国货币信贷空转和大量资金不能进入实体经济领域的重要原因。

与此同时，在 2003 年底到 2013 年底的十年间，我国通过外汇占款形式发行的其余的 8 万亿元人民币进入实体经济领域，也是根据外需进行生产的，是服务于出口导向型经济而非内需经济的。调结构、扩大内需的融资，甚至地方政府 18 万亿元的投资，只能从“倒入”美元从而拥有人民币的人的手中获得高成本的资金。在这种情况下，国际金融危机爆发后我国提出的从出口导向型经济向内需为主的经济的转型就无法顺利推行，原因就在于外汇占款的增加对我国的产业结构产生了很大的影响。

---

① 笔者和几位金融界的朋友如余云辉、张庭宾就热钱问题交换过看法，他们都同意笔者的估计：在 2013 年底我国 3.8 万亿美元的外汇储备中大约有 2 万亿美元（大约 13 万亿元人民币）是热钱。

外汇占款发行基础货币，使得在华外资企业和我国外向型企业较容易通过结汇获得充裕的人民币资金，从而对其生产有很大的促进作用，这主要表现在以下两个方面：首先是技术人员、劳动力更进一步向在华外资企业和外向型企业转移。这是因为内向型企业由于资金不足，开工率低，对劳动力的需求日趋减少，大量技术人员下岗，而在华外资企业和外向型企业由于资金相对充裕，仍有扩大生产的势态，这势必促进技术人员和劳动力向在华外资企业和我国外向型企业流动。其次是大量的原材料向外贸部门转移。外向型企业有较充裕的资金，可以在生产资料市场上处于主导地位，为其及时低价购买原材料与机器设备创造了良好的资金环境。较低的成本又加强了在华外资企业和我国外向型企业产品的竞争力，创造了更高的利润。这就形成了一种循环，使得在华外资企业和我国外向型企业得到了更长足的发展。国际金融危机爆发后，外汇占款的激增对我国加快从出口导向型经济向内需为主的经济的转型产生了比较严重的抑制作用。

此外，外汇占款作为人民币基础货币发行的主要途径，还造成了两种危害。首先，我国外向型部门主要是外商投资企业从事的加工贸易，冲击了国内相关原料工业的发展，不利于带动国内产业结构的升级。在加工贸易方面，外商投资企业完全掌握市场和销售渠道，严密控制关键技术，技术和产品的开发能力大多留在国外，而中方只参与简单的加工装配环节，这阻碍了国内产业结构从价值链低端向价值链高端的转型升级。加工贸易以外商投资企业而非国有企业为经营主体的格局，造成我国原有的大工业基础和技术基础不能充分发挥作用，也延滞了整个加工贸易的升级和国内配套程度的提高，从而延缓了加工贸易对产业结构的带动作用。其次，一些外商投资企业将技术水平低、环境污染严重的工业转移到我国生产，给我国的环境带来了破坏性的后果。

三、基础货币发行美元化与我国的产业安全受到严重威胁

2003—2013年期间的人民币基础货币发行机制的美元化导致了国内

主权货币信贷渠道基本上被关闭，其不但为外资企业在我国建立了不受我国央行货币政策调控的独立空间，而且挤压了我国面向内需的民营企业的生存空间。美元流入导致中国人民银行增发大量基础货币，但是，这犹如海员在大海中航行一样——“水，水，到处都是水，却没有一滴可以喝”，因为这些人民币基础货币掌握在拥有美元的外资和外贸企业手中。为了避免增发大量基础货币导致通货膨胀，央行不得不提高存款准备金率和发行央票紧缩信贷。信贷紧缩导致大量面向内需的民营企业无法从正规银行系统贷到资金，不得不依靠高利贷和商业银行理财产品解燃眉之急（这是影子银行产生的原因之一），这犹如饮鸩止渴，其结果是民营企业大量倒闭，或者在生死存亡线上挣扎，而效益较好的企业也不得不通过向外国银行借入美元、中外合资、出售股权和海外上市等方式加入美元经济来规避信贷紧缩政策的挤压。在这种情况下，由于外资和出口型企业可以倒入美元，所以其不受提高存款准备金率等信贷紧缩措施的影响，其结果是人民币基础货币发行机制的美元化就为外资企业在我国建立了不受我国央行货币政策调控的独立空间。外资通过用美元换到手的人民币发放高利贷并收购经营困难的中国企业，迅速扩大和加强了对我国实体经济的控制，使我国的产业安全受到严重威胁。①

四、私人部门融资难和融资贵的基础性和根本性的原因

私人部门融资难和融资贵实质上是指面向内需的广大中小型民营企业的融资难和融资贵，这在从国际金融危机爆发到 2014 年这一时期表现得尤其明显，原因就在于人民币基础货币发行机制的缺陷。一方面，正如前面讲到的，外汇占款剧增导致民营企业融资难和融资贵问题；另一方面，外汇占款剧增使得央行无法再通过在二级市场上购买国债间接为财政开支提供货币供给，以 4 万亿元投资为标志的中央政府和地方政府的大规模投资对国内私人部门的融资产生了严重的“挤出效应”，大幅度抬高了金融

① 贾根良. 外储问题的根本在于外资和美债. 中国经济周刊，2011（38）.

系统的利率水平。因而，人民币基础货币发行机制的缺陷是造成私人部门融资难和融资贵的基础性和根本性的原因。[①]

国际金融危机爆发后，我国采取了大规模的4万亿元投资计划，据国家发改委测算，在4万亿元投资中，新增中央投资共1.18万亿元，其余资金来源于地方配套和民间资金。随后，地方政府相继出台投资计划，总资金规模高达18万亿元。[②] 中央1.18万亿元投资是通过发行国债扩大开支进行的。[③] 地方政府18万亿元的投资的一小部分是通过发行地方政府债券筹资的，而其余的绝大部分要通过银行信贷进行筹资。由于《中国人民银行法》第二十九条禁止央行直接购买国债和地方政府债券增加基础货币供给，中央政府通过发行国债筹集的1.18万亿元投资资金和地方政府通过债券发行筹集的资金都是从市场现有资金存量中筹集的。虽然央行可以在二级市场上通过质押式回购这些国债和地方债相应地新增基础货币供给，但由于外汇占款导致的流动性严重过剩使央行回收这些流动性而无暇他顾，所以通过质押式回购作为抵押新增基础货币供给的数量可以说微乎其微，由此导致的严重后果是中央政府和地方政府总计19.18（1.18＋18）万亿元的大规模投资不得不与面向内需的私人部门争夺现有的货币供给。这不仅对私人部门的融资产生了严重的“挤出效应”，还大幅度抬高了金融系统的利率水平，私人部门融资难和融资贵的问题就更加严重了。

五、影子银行的爆炸性增长和系统性金融风险的积聚

外汇占款增加的银行准备金利率低于存款利率，迫使商业银行提高贷款利率，从而催生了以商业银行理财产品为特征的影子银行的爆炸性增长。影子银行的“庞氏金融”导致了大规模的风险积聚和脆弱性融资，如

---

① 企业融资成本过高有多方面原因，中介成本过高是企业融资成本过高的重要原因。参见余永定．中国企业融资成本为何高企？．国际经济评论，2014（6）。

② 地方政府债券发行开闸在即　专家：由中央政府代发．中国新闻网，2009－02－18.

③ 孙轲．中央1.18万亿投资将通过发行国债扩大赤字进行．21世纪经济报道，2008－11－15.

不拆除这个定时炸弹，它将有可能给我国尚不健全的金融体系带来灾难性打击。我们前面已经提到，央行为了回笼因为外汇储备增加而超发的基础货币，采取了提高存款准备金率和发行央票等信贷紧缩措施。商业银行在央行的存款准备金是其一项资产，2014 年法定存款准备金的利率为 1.62%，超额存款准备金的利率为 0.72%，平均在 1.5%左右，远低于商业银行负债的综合成本。因此，商业银行只有通过提高其他资产利率主要是贷款利率，同时扩大资产负债规模，才能抵补缴存存款准备金的机会成本①，这就导致了以商业银行理财产品为特征的影子银行在我国的爆炸性增长。

商业银行理财产品的具体运作机制如下：(1) 信托机构作为理财产品的主要发行机构接受借款者的融资需求，与此同时发行自己的债务，这种债务就是理财产品。(2) 信托机构和投资者分别在银行开有存款账户，当投资者购买理财产品时，信托机构资产负债表中负债方的理财产品减少，同时，投资者在银行的存款就转移到信托机构在银行的存款账户中。由于银行参与这个过程，信托机构创造的私人负债就转化为权威性较高的银行负债，表现为信托机构的银行存款增加，而其理财产品减少；反过来，投资者通过银行账户购买理财产品，其银行存款减少，而理财产品增加。但实际上，投资者购买的并不是银行发行的理财产品，这个过程体现了银行为信托等金融机构的影子银行运作提供了重要的无形担保。(3) 对于银行来说，由于信托机构和投资者在银行都有账户，所以，理财产品的销售并没有导致银行资产负债表的实质变化，只是银行存款从个人账户转移到信托机构的账户。(4) 房地产投机加剧和地方政府投资规模的不断扩大导致货币需求大于货币供给，促使理财产品的利率节节攀升，从而刺激了国际热钱更大规模地流入并转化为理财产品。国际热钱流入越多，央行的信贷紧缩就越严厉，这就进一步刺激商业银行大力推动影子银行的发展，利率

---

① 首经贸大学金融学教授丁志杰认为，在中国高储蓄率和全球超低利率的背景下，由人民币基础货币发行机制美元化导致的这种状况是造成国内大规模货币信贷投放与利率利差居高难下并存格局的根本原因。参见丁志杰，孙小娟．巨额外汇储备成为负担的表现与解决之策．国际贸易，2014 (10)。

也就继续提高。①

虽然商业银行理财产品名为“银行理财”，但银行并不是理财产品的发行者，而作为影子银行的信托机构等非银行类金融机构才是其发行者。由于信托机构、融资企业以及理财产品的投资者在商业银行都有存款账户，理财产品的发行和销售无非是资金从投资者在银行的账户转移到借款者在银行的账户，这样就进一步刺激银行在资产规模受限、流动性短缺的状况下，绕过金融监管与非银行金融机构合作。影子银行业务规模迅速膨胀，大部分资金流向基建、地产和其他高杠杆低效部门，形成资金沉淀，周转率大幅下降。特别是自 2008 年国际金融危机以来，以地方政府为主导的投资扩张，使得对资金有饥渴症的地方政府通过表外贷款、银行间债务融资等形式融资，大量资金流向了地方融资平台和政府驱动投资的行业。尤其是在地方政府竞争体制中，许多“僵尸型”企业要依赖大量信用资源存活，流动性短缺和“钱荒”必然出现。同时，相关理财资金为规避监管在金融体系内“空转”（这就是人们常说的“货币信贷空转”），成就了地方政府的超强融资能力，促使金融更加泡沫化。

大量的分析表明，在货币信贷快速扩张的情况下，“钱荒”的主要原因是：影子银行随心所欲地对地方政府融资平台及房地产等风险较大行业的信用扩张，导致投资项目周期和理财产品周期的错配、恶性循环的结果，迫使影子银行通过不断提高理财产品收益率的方式继续扩大理财产品规模。但“钱”并没有通过银行信贷进入实体经济，而是在一系列加杠杆的金融运作后，变成了“钱生钱”的虚拟游戏，资金在各个金融机构间循环往复、获取利润，却无形中提高了中国实体经济经营者的融资成本，导致金融风险不断积聚。

刘新华教授等指出，我国商业银行理财产品的收益情况，经历了由保本固定收益向保本浮动收益转变，以及再向非保本浮动收益的转变，这一路径正体现了明斯基的金融不稳定假说所体现的“对冲性融资—投机性融资—庞氏融资”的演化。我国以“影子金融”为本质的银行理财产品促使商业银行体系从“避险型金融”向“庞氏金融”演化，而大规模的风险积

① 刘新华，孙欢欢. 商业银行金融理财的“影子金融”本质及其风险演化. 思想战线，2015（4）.

聚和脆弱性的融资方式演化，将给我国尚不健全的金融体系带来灾难性的打击。① 特别是当前和今后几年仍有可能持续存在的通货紧缩中，债务高企的企业债务偿付能力大幅度下降，影子银行引发系统性金融危机的概率大幅度提高了，因此，降低企业负债杠杆率并严厉遏制影子银行的发展是当前降低金融风险的首要任务。

回顾上面的讨论，我们可以清楚地看到，与前面的四个问题一样，影子银行的产生和发展的主要根源就在于人民币基础货币发行机制的美元化以及由此产生的中国人民银行货币政策的错位，因此，解决影子银行问题的治本之道还在于人民币基础货币的发行机制问题。因此，我们就在下一章讨论如何改革人民币基础货币发行机制问题，并在第十六章讨论这种改革与3%的财政赤字率红线问题的关系。

① 刘新华，孙欢欢.商业银行金融理财的“影子金融”本质及其风险演化.思想战线，2015 (4).

第十五章　改革人民币基础货币发行机制*

一、现代货币理论：改革人民币基础货币发行机制的理论基础

人民币基础货币的发行机制问题在本质上是国家财政金融制度的根本性问题。国家货币理论为我们分析国家财政金融制度提供了锐利的武器，因此，为了理解本书在财政金融方面提出的政策建议，我们不得不首先简单地介绍一下目前在我国还鲜为人知的现代货币理论。现代货币理论又称作国家货币理论，或者称作主权货币理论。① 该理论认为，货币主权是国家最重要的主权之一，它构成了一国财政金融制度的基础和核心。任何主权国家都拥有自己的主权货币，其本质是不兑换的主权政府负债。不兑换货币通常具有法定货币的功能，即被国家认可的能够偿付“所有公共和私人债务”的货币，它是唯一最终被接受的纳税货币。银行货币也可转换成国家货币行使支付清算职能，因此，在现代社会中，银行货币

---

* 本文完稿于2015年12月。

① 李黎力，贾根良．货币国定论：后凯恩斯主义货币理论的新发展．社会科学战线，2012(8)．

具有与国家货币同等的权利，既可以用来清算各银行之间的债务，也可以用来清算商业银行与中央银行之间的债务。不兑换货币的使用连接起整个国家的公共支付系统与私人支付系统。不兑换主权货币就成为位于债务金字塔（或债务层级结构）顶端的“权威货币”，是主权国家内部使用的最具流动性的负债。

主权货币理论是对凯恩斯“一个国家，一种货币”的国家货币思想的继承和发展。该理论认为，国家税收机制创造了人们对国家不兑换货币的需求，即任何主权国家都有权向其国民征税，并要求税收支付只能使用国家确定的货币单位和货币形态。税收机制背后是一个国家以暴力为基础的国家主权，因此税收创造国家货币价值以及公众对国家货币（包括国家认可的银行货币）的需求，即“税收驱动货币”①。发行主权货币并实施浮动汇率制度的主权国家能够支付得起任何使用本国货币的购买。只有私人部门首先将商品和服务出售给政府并获得国家发行的货币，它才可能依法纳税。而私人部门要想出售商品和服务给政府，政府必须首先通过财政开支发行流通中所需要的货币，私人部门才能使用其货币；政府征税并不是为其运转提供融资，而是为其作为主权信贷工具的不兑现纸币提供价值。由于主权政府支出在先，并且是不兑换货币的发行者，所以它能够承担得起使用其发行的货币进行国内购买的所有支付②，因此，它不需要向私人部门借债来满足自身对商品、服务及资产的购买。与新自由主义的货币金融理论向人们灌输的观念相反，中央政府发行债券的目的并不是为其开支筹资，而是为整个金融体系提供基准利率，稳定私人债务市场，因为作为货币发行者的中央政府从不需要向私人部门借贷。

国家货币理论认为，主权国家（这里指中央政府）的开支根本就不需要向私人部门借债，只要印刷和发行其不兑换货币就可满足其开支需求，这种货币发行权构成了国家财政和整个金融体系的基础，而发行债券只是一种利率保持机制。美国南北战争时期“绿背纸币”的发行就充分地说明了这一点。1861年，林肯刚当选美国总统不久，美国南方同盟军就开始

---

① 瑞.解读现代货币.北京：中央编译出版社，2011.

② 当然，这并不意味着主权政府（只有中央政府才是主权政府）能够过度支出，支出规模受制于一国的内生需求和政府发展本国经济的意愿目标，或更具体说要受实际资源、通货膨胀和政治意愿的制约。

炮击北方联邦军的军事要塞。林肯不想美国分裂，但南方决意要独立，他不得不捍卫国家统一。打仗要消耗巨大的国家财力，但财政部长却告诉林肯国库没有一分钱。这时，由英国金融利益集团和美国波士顿金融寡头组成的国际银行团要贷款给林肯政府，但林肯发现，如果接受其贷款条件，即使美国北方打了胜仗，国家也要破产，并像现在的一些拉丁美洲国家一样背负上永远还不清的债务。怎么办？美国一位州议员建议林肯直接开动印钞机印刷纸币作为战争经费，根本就不用考虑货币发行的黄金基础。林肯政府接受了这一建议，"绿背纸币"（纸币是绿色的）就这样诞生了。美国政府规定：除关税外，政府只接受其发行的"绿背纸币"作为纳税货币，这就保证了"绿背纸币"的法定货币地位和人们的被迫使用。"绿背纸币""凭空"为林肯政府提供了强大的财政基础，为其打赢美国内战立下了汗马功劳。林肯在战争结束后仍奉行"绿背纸币"政策，这就彻底地断了国际垄断金融利益集团的财路，所以林肯就遭到了后者派出的杀手的枪杀。

我们在前面已经谈到，作为不兑换货币，主权货币最突出的特征就是：中央政府拥有为国民经济体系提供货币供给的垄断权，这是货币发行权作为国家主权的重要表现。在美国等一些国家，中央银行主要是通过在二级市场上购买财政部出售给私人的国债作为抵押发行基础货币，国债则是因中央政府的赤字开支而发售的。在我国，按照《中国人民银行法》第二十三条的规定，中国人民银行也可以像美国和日本的央行一样通过在二级市场上购买财政部的国债作为抵押发行基础货币。但由于外汇占款在2003—2013年成为基础货币发行的主渠道，其占比高达95%，我国央行在二级市场上通过购买国债发行的基础货币可以忽略不计，央行用外汇占款替代了购买财政部国债发行人民币的机制。在这种情况下，财政部不得不向私人部门借债满足其赤字开支，这是外汇占款导致货币发行权旁落的基本原因，它严重制约了中央政府通过赤字开支创造货币以应对国内所面临的许多重大挑战的能力。导致这种严重后果出现的重要原因是1995年3月通过、2003年12月修正的《中国人民银行法》第二十九条："中国人民银行不得对政府财政透支，不得直接认购、包销国债和其他政府债券。"制定这条法律的主要理由是为了避免严重的通货膨胀。表面上来看，这是一项预防通货膨胀的合理规定。央行货币政策委员会的某位委员称上述银行法规定为一项意义深远的制度安排，是关闭了政府主动超发货币之门，许多学者也将其看作切断央行向财政透支的制度安排，是央行独立的制度保障。但实际上，这个规定使人民币主权货币的性质受到严重损害，使中央政府根据经济发展和其他需要自主发行与回收人民币的能力受到严重制约。在国际金融危机爆发后，我国因外汇占款被迫大量发行人民币所导致的通货膨胀特别是房地产价格暴涨，难道不比1995年之前的通货膨胀对经济的危害更大吗?

二、法国丧失货币主权的教训

法国丧失货币主权的教训值得深思。与我国在1995年3月通过的《中国人民银行法》一样，早在1973年1月3日，法国通过了一部史称"蓬皮杜—罗斯柴尔德法"的法律。这部法律禁止法国中央银行通过给其财政部提供透支和直接购买其国债发行基础货币。在这部法律通过之后，与此前法国政府通过向其中央银行无息或低息①出售国债并将之用于建设国家急需的大型基础设施项目不同，法国中央银行以1%的利率将钱借给私人银行，而私人银行再以4%的利率借钱给国家。据经济与金融学者彼埃尔-伊夫·鲁杰容在其著作《对1973年1月3日法律的调查》中的研究，这部分多出来的额外利息，就是法国今天巨额债务的根源②。法国的"蓬皮杜-罗斯柴尔德法"之所以禁止法国中央银行通过购买其财政部国债发行基础货币，其理由是"为了限制国家无节制地借款"，因为"无节制地借款必然会造成恶性通货膨胀"。问题是，这部以"反通货膨胀"为理由的法律出台之前的1952—1973年的20多年间，法国的通货膨胀率仅为

---

① 利息主要是为维持中央银行本身运行的必要支出。

② 到2017年底，法国政府负债已经高达22 998亿欧元，平均每个法国人负债为34 265欧元（相当于268 127元人民币）。2017年法国的GDP为2.58万亿美元（22 737亿欧元），而2017年底法国政府累计负债（22 998亿欧元）已超过法国2017年这一年的GDP。正如美国和日本一样，如果法国是主权货币国家，这么高的负债也不会成为问题，但由于法国加入欧元区，其中央政府已经从货币发行者转变为货币的使用者，因此，法国在制度上存在着国家破产的可能。

3.5%，实在看不出制定这部法律的需要。而正是在“防止出现恶性通货膨胀”的借口下，新出台的银行法规定，“禁止国家直接向中央银行借款”，国家“必须向私人银行进行有息贷款”[①]。这部法律的出台，彻底改变了法国政府与金融机构之间的关系结构，架空了国家对金融特别是对货币发行的垄断权，将其移交给了金融利益集团，金融机构在金融问题上凌驾于政府之上。逸尘认为，“蓬皮杜—罗斯柴尔德法”使法国在不知不觉之中失去了国家金融主权，引发了一系列影响至今的重大金融与经济后果，迄今已积重难返。这种看法是不对的，“蓬皮杜-罗斯柴尔德法”只不过是使私人金融机构在与法国政府的斗争中获胜，国家金融主权虽然受到很大损害，但并未丧失，导致今天法国丧失金融主权和财政问题积重难返的根源是加入欧元区。在 1999 年 1 月 1 日欧元诞生后，法国与其他欧元区各国一样都将货币发行权上交给欧洲央行，法国像一国的地方政府一样变成了货币使用者。“欧猪五国”的主权债务危机就是因为它们拥有赤字开支的财政政策却上交货币发行权而爆发的，这是法国以及其他欧元区诸国为了欧元而让渡货币主权付出的沉重代价。

“一个国家，一种货币”是现代货币理论的基础性原理之一，货币的本质是人与人之间的经济关系；在现代法币制度下，国家财政问题的本质在于能否垄断基础货币的发行权。正是因为这个原因，对欧元区各国来说，欧元实质上是外国货币，欧元区各国没有发行货币的权力，扩大政府开支只能增加税收或借债，存在着债务违约和国家破产的制度性根源；而欧洲中央银行发行的只是交换媒介，没有财政功能。要解决欧元内在的危机，欧元区就必须统一各国的财政，变成一个国家。但这是不可能的，因为欧元区各国经济发展水平的巨大差异和各自不同的利益诉求使其不可能实现财政统一。

如果欧元区不能统一其财政并成为一个国家，间歇性的动乱将不可避免，直到欧元最后消失。所谓国家，就是在一个区域提供公共福利的制度。在法币时代，体现货币发行垄断权的国家财政能力起着决定性作用，缺乏这种能力就无法为所有国民提供公共福利。前几年，意大利、法国和英国曾经掀起风起云涌的“脱欧运动”，但只有英国迈出了这一步。在未

---

① 逸尘. 谁让法国丧失了金融主权. 新民周刊，2014 (5).

来，“脱欧运动”还会兴起，也许10年左右，但一般不会超过20年，欧元将消失。欧元消失后，欧盟作为一个松散的联盟兴许还将存在，但消失仍是大概率事件。

欧元或欧盟的最终瓦解很可能将由法国的财政税收问题引发的动乱所导致，但也存在着意大利的动乱作为导火索的可能。在历史上，法国大革命就是因为财政危机而对第三等级（包括资产者、农民、无产者在内的市民、下层人民）征税而爆发的。法国政府目前背负着巨额债务，较大规模的开支就必须通过征税和借债来融资，无法通过“无中生有”的货币创造机制解决其财政危机，因此，矛盾的积累最终将因其财税问题而爆发大动乱。“黄背心运动”只不过是预演而已，法国的动乱将再次引发其“脱欧运动”，法国“脱欧”将导致欧元最终消失。这一预言的启示是：第一，国家（市场）规模是大国值得珍惜的优势。第二，欧元消失将会导致重大地缘政治的重组。欧元消失对中国将会产生哪些重大影响？我国必须早做研究。①

三、禁止央行直接购买国债没有历史和理论根据

《中国人民银行法》第二十九条的规定是在表面上学习美国做法的结果。实际上，在美国，联邦政府财政部已经通过相关制度安排绕开了央行法禁止央行直接购买国债的障碍，通过创造货币的方式进行赤字支出，这与财政部直接将国债卖给中央银行没有本质区别。这也就是说，在被奉为央行独立典范的美国，美联储实际上是不独立的，“中央银行独立”是一个伪命题。

从美国《联邦储备法》禁止美联储直接认购和包销美国财政部国债的历史起源以及历史演变来看，美国的这种禁止与避免通货膨胀也没有关系。历史研究说明，最早的《联邦储备法》允许美国联邦储备银行直接从财政部购买国债。美联储第一次使用直接购买权是在1917年3月，当时

① 以上三段是笔者2015年为某部委撰写的报告里没有的，是笔者2020年5月增加的。

美联储直接从财政部购买了 5 000 万美元的债务凭证，财政部将其中一部分款项用于支付购买丹属西印度群岛即今天的美属维尔京群岛所需的资金。在 1917 年至 1935 年期间，美联储经常使用这种权力直接从财政部购买国债，从来没有发生过任何事故，但随着金融界保守势力的反对，美国国会在 1935 年采取行动禁止了美联储直接认购和包销美国财政部国债。

然而，由于战时经济的需要，美国国会在 1942 年又改变了做法，对美联储直接从财政部购买国债提供了有限的战时豁免。二战期间，美联储随时可以购买国债以盯住 0.375%的目标利率，国债大部分出售给了私人银行，美联储也被允许直接购买了一些。二战期间，美国政府的债务占 GDP 的比重上升到 100%，赤字率为 25%，政府开支占到 GDP 的 50%，利率几乎接近于零。战争结束时，这一豁免不时得到延长，但最终在 1981 年到期。

美国国会之所以允许这种豁免于 1981 年到期，重要的原因就在于 20 世纪 70 年代中期在国库现金管理方面出现了一项重要的创新——“财政部税收和贷款账户”（treasury tax and loan accounts），美国财政部可以通过这个账户绕开美国《联邦储备法》有关美联储不得直接购买美国国债的法律规定。其制度安排如下：美国财政部可以持有来自“财政部税收和贷款账户”的税收和国债销售的收入。当财政部想要进行开支时，就可以将存款从这些账户中转移给美联储。美联储规定财政部在开支票之前要有存款，避免从财政部直接购买国债。然而，私人银行总是随时准备着购买国债，为这个账户提供信贷。当财政部需要将存款转移到美联储的时候，如果（私人）银行准备金不足，它们可以出售国债给美联储或者使用其作为附属担保物借入美元。这些程序现在在美国金融市场上是相当完善的，以确保美国财政部总是可以通过美联储为其开支票进行支付，这也就是说，美国财政部总是可以通过间接的方式从中央银行取得融资，中央银行无法限制财政部的赤字开支。①

正是由于美国的“财政部税收和贷款账户”等制度安排可以确保财政部通过赤字开支无障碍地发行其国债，其支付系统运转良好，所以，美国

---

① 后来，我们就这一问题专门撰写了一篇文章。请参见贾根良，何增平. 为什么中央银行独立是伪命题?：基于现代货币理论和经济思想史的反思. 政治经济学评论，2018（2）。

在 1981 年就终止了对于美联储直接从财政部购买国债的豁免，也就没有必要再修改其央行法了。这也就是说，没有必要废弃“禁止央行直接从财政部认购、包销国债”的法律规定了。美国赤字开支的规模也就是国债发行的规模是由美国国会所决定的，财政部和美联储都无权决定，因此，这不是一个纯粹的经济问题，从根本上来说是政治问题，正如美国两党围绕债务上限或“财政悬崖”的斗争所表明的。

在笔者看来，美国不会修改其《联邦储备法》还有另外两个更重要的原因。第一个原因是，如果由美联储直接购买财政部一部分国债，华尔街金融利益集团将损失掉一大块利息收入，这是他们所不允许的。第二个原因是美国垄断资本利益集团对广大的发展中国家“踢掉梯子”的需要。尽管建立在这个法律规定之上的“中央银行独立”是个伪命题，但这不妨碍它作为一种制度安排和意识形态发挥作用。制度的面纱在被揭开之前就是真实的制度障碍，它可以通过阻碍人们进一步认知的方式发挥作用。发展中国家常常将此作为发达国家的先进制度经验加以学习；同时，为了获得外国投资（例如，这常常是 IMF 贷款的重要条件），发展中国家在进行制度改革的同时，常常被动地接受这一套意识形态。如果发展中国家不能正确认识这种意识形态的本质，这种意识形态就将成为发达国家踢掉发展中国家经济赶超的“梯子”的工具。因为一个国家——特别是发展中国家——如果没有与美国政府相类似的制度安排以绕开“禁止央行直接从财政部认购、包销国债”这种制度障碍，而经济政策制定者信奉中央银行独立制度的意识形态，并且接受了目前在经济理论界占统治地位的财政平衡的财政观，那么，这种法律规定和中央银行独立制度就剥夺了该国政府运用主权货币为其工业发展和技术创新提供廉价融资的权力。其结果就表现为该国所需资本的奇缺，从而为外国资本控制其财政金融提供了制度条件。

综合以上讨论，我们可以得出结论：在不兑换纸币制度下，法国和我国中央银行以避免严重通货膨胀为由禁止央行通过购买其财政部国债发行基础货币的理由是不成立的。因此，我国没有必要受其限制。换言之，我国财政部财政开支没有必要再像美国和日本的央行一样全部通过央行在二级市场上购买国债作为抵押发行基础货币，可以直接将国债卖给央行发行一部分“无息货币”，因为财政部和央行都是国家机构，国债计息只是形式，其净利息收入最终要上交财政部的国库。同时，财政部仍可以在一级市场上将国债发售给私人部门，因为按照西方发达国家的经验，国债是央行利率调控机制中最重要的货币政策工具。央行要通过国债的买卖维持其合意的利率目标，同时它也为私人部门提供了金融投资的机会，因为在封闭经济条件下，一国的国债规模大致上等于私人部门的净金融资产，国债发行给私人部门是后者储蓄增长的基础。因而，国债市场是金融市场的重要基础，决定着金融市场的深度。此外，人民币货币区的建设也离不开国债市场的发展。

四、改革人民币基础货币发行机制的建议

上节从美国历史的角度考察了禁止美联储直接认购和包销美国财政部国债的历史起源和其存在的特定环境，并从操作的角度对美国如何通过相关制度安排绕开这一法律规定予以分析，说明了“央行独立”是伪命题。现在，我们再从比较的角度看一下别的国家。在最新出版的一本宏观经济学教科书中，作者指出，“澳大利亚、新西兰、加拿大和英国等一些主权经济体的央行参与政府债券一级市场，不受法律限制。然而，在实践中，除加拿大外，这些国家的央行对一级市场的参与有限。自 1913 年美联储成立以来，这一禁令就被写入了美国法律，尽管有时也有例外，比如在第二次世界大战期间，当时财政赤字达到 GDP 的 25%”①。央行可以直接购买财政部发行的国债的最近例子是英国，据 2020 年 4 月 9 日的报道，英国财政部和英国央行联合声明，为抗击冠状病毒提供资金，英国央行将暂时可以直接货币化政府债务，直到疫情平息。声明中宣布，将扩大财政部在英国央行的透支账户规模，该账户规模可以上升到实际不受限制的额度，使财政部能够在短期内增加支出，而不必动用英国国债市场。②

综合以上讨论，笔者建议修改《中国人民银行法》第二十九条，使中

---

① MITCHELL W，WRAY L R，WATTS M. Macroeconomics. London：Red Globe Press，2019：369.

② https：//www. fx168. com/fx168_t/2004/3765978_wap. shtml.

国人民银行可以直接通过认购和包销一部分国债发行基础货币，这不仅将会为中央政府节省相当大一笔公债利息费用，而且将为中央政府实现公共目标提供大得多的操作空间。① 对这一观点，笔者需要做两点说明。第一，无论是财政部直接将国债卖给央行，还是财政部将国债卖给私人部门，财政部赤字支出的结果总是在进行主流经济学所谓的“财政赤字货币化”。主流经济学只将前者称作“财政赤字货币化”而将后者排除在外是不符合实际的，是错误地理解财政部赤字支出创造货币过程的结果，财政部将国债卖给私人部门同样是“财政赤字货币化”的行为，因为央行在这两种情况下都必须为市场提供额外的货币供给以供财政部开支。第二，在修改《中国人民银行法》第二十九条后，财政部实际上仍必须在一级市场上将大部分国债出售给私人部门，但必须建立起类似于美国“财政部税收和贷款账户”的制度，这是保证财政部赤字开支顺利进行和在进行国债买卖时整个金融系统平稳运行的制度条件。要充分理解这两点，可以深入研读我们的相关研究成果。②

上述人民币基础货币发行机制优于再贷款和抵押补充贷款（PSL）等增加基础货币的方式。主要发达国家的基准利率体系都是以国债市场为基础的，国债市场规模过小，就难以作为定价基准。国债市场的深度发展不仅可以为广大投资者提供流动性很强的投资机会，还可以降低国债利率。中国人民银行通过再贷款和抵押补充贷款无法达到这种金融改革的目标，而目前通过质押式回购（封闭式回购）的操作方式在二级市场上吞吐国债提供基础货币的数量是极其有限的③，应该加大国债发行规模，降低再贷款和抵押补充贷款提供基础货币的比例，这应该成为人民币基础货币发行机制改革的方向。同时，通过买卖国债吞吐基础货币作为主要的货币政策工具对流动性进行调节，也应该是人民币货币政策工具改革的方向。因

① 在2012年春天的两会期间，由中国社会科学院法学所刘海波起草，并由笔者和江涌、余云辉签名的《关于废除〈中华人民共和国中国人民银行法〉第二十九条的提案》，曾通过重庆大学法学院的全国人大代表陈忠林教授提交，但最后因没有下文而不了了之。

② 请参看贾根良、何增平：《为什么中央银行独立是伪命题?：基于现代货币理论和经济思想史的反思》第四部分“中央银行独立与财政约束”，载《政治经济学评论》2018年第2期。——2020年4月笔者补充说明。

③ 质押式回购的债券所有权并没有发生改变，只是作为质押品，所以不体现在中国货币当局资产负债表上的“对政府债权”科目，而是作为表外科目另行记录。

此，壮大国债市场对于我国金融改革来说是非常紧迫的工作。

但是，这项工作因为外汇占款受到严重阻碍。因此，加大国债发行规模，就必须同时较大幅度地缩小外汇占款发行人民币基础货币的规模，直至最后将其减少为零，这是人民币基础货币发行机制改革的主要制约因素。有关这一问题，请见本书第十六章第三节“我国无法运用财政赤字应对重大挑战的根源”对这一问题的讨论。

自 2012 年上半年以来，由于外汇占款增长速度的下降，人民币基础货币发行机制改革的窗口实际上就已经打开了，但是，中国人民银行并没有通过公开市场业务将购买国债作为增加基础货币供给和提供流动性的主要途径。数据表明，2012 年前 7 个月外汇占款仅增加了约 2 988 亿元。平均来看，1—7 月，月均新增外汇占款不足 500 亿元，较以往动辄三四千亿的水平大幅下降。2014 年 4 月，央行口径的外汇占款大幅下滑五成。[①] 自此之后，外汇占款没有再继续增加。伴随着我国外汇占款出现趋势性下降，事实上，基础货币发行方式也出现了很大变化，央行对货币政策的主动权上升，这就为我们目前进行人民币基础货币发行机制的改革提供了较好的环境。外汇占款特别是其增长速度下降后，中国人民银行先是通过降准、降息增强流动性，并通过中期借贷便利（MLF）、常备借贷便利（SLF）和抵押补充贷款等工具对流动性进行调节，然后在 2015 年初重启了通过对商业银行再贷款发行基础货币的途径，但没有通过买卖国债吞吐基础货币对流动性进行调节。

虽然有些文章指出，借鉴国际经验，预计今后央行会逐渐加大政府性债券购买力度，以公开市场操作投放基础货币。但这些文章都认为，现在时机还不成熟。一篇发表于 2014 年 6 月的文章指出：目前这一渠道并不畅通，主要受制于两个因素：一是国债规模有限。我国记账式国债总量约 7.8 万亿元，不到央行外汇占款总量三成。二是国债市场交易量小。商业银行和信用社持有国债 5.5 万亿元，更多出于资产配置而非交易目的，通常持有到期。2013 年国债市场月均交易量仅 4 640 亿元，央行动辄千亿的基础货币操作量，会造成国债市场大幅波动。另一篇文章指出：“买卖国

---

① 刘晓翠. 中国外汇占款锐减　再贷款或成基础货币投放主渠道. 华尔街见闻，2014-06-03.

债吞吐基础货币，需要一个有足够深度和广度的国债二级市场，否则空间不够，大规模的购买国债将引发利率飙升，推高国债发行成本。”① 这两篇文章只考虑到了现有国债存量，没有考虑到通过新增国债发行基础货币的问题。实际上，中国人民银行在二级市场上买卖国债的规模可以与财政部在一级市场上发售国债的规模相匹配，这样就不会造成国债市场的大幅波动和国债利率的提高。国债规模和通过买卖国债吞吐基础货币有一个逐渐发展的过程。中国人民银行使用再贷款和抵押补充贷款等增加基础货币供给而不是通过买卖国债吞吐基础货币，将延缓国债市场的发育。外汇占款增长速度的下降甚至外汇占款的减少，为人民币基础货币发行机制的改革提供了难得的历史机遇，如果不抓住这个机遇，将延迟我国金融改革的进程。

① 聂伟柱. 外汇占款流动性盛宴谢幕　货币投放渠道或生变. 第一财经日报，2012-08-15.

第十六章　3%的财政赤字率红线问题*

据报道，2015年11月6日，中国财政部副部长朱光耀在北京召开的第六届财新峰会上指出，传统经济学的理念，“比如3%的赤字率、60%的负债率标准是不是绝对科学，值得探讨”。朱光耀坦言，这两者的僵化“不利于经济增长和改革”。朱光耀的讲话引起了广泛的关注，市场人士认为这是为中国财政政策可能要扩大赤字规模吹风。在我国，3%的赤字率一直被规定为不可碰的天条。① 我们下面将通过实证研究说明为什么3%的赤字率和60%的负债率标准是不科学的，然后讨论我国财政赤字率突破3%的红线的前提条件。为了说明这个问题，我们首先需要讨论西方发达国家赤字开支的本质。

一、西方发达国家赤字开支的本质

大多数经济学家和政策制定者相信政府的财政赤字必须削减，即使在美国和欧洲也是这样。在欧洲，1992年2月7日欧共体12国外长和财政部长正式签订的《马斯特里赫特条约》规定，欧元区内各国都必须将财政赤字率（即赤字规模/GDP）控制在GDP的3%以下，并且把减少财政赤字作为目标；同时，各成员国必须将负债率（即政府债务/GDP）保持在

---

* 本文完稿于2015年12月。

① 张静，董云峰. 中国财政赤字率“硬杠杠”：不得超过3%. 第一财经日报，2013-07-29.

60%以下。上述两条就成为其他欧盟国家加入欧元区必须达到的重要标准。随后，该标准就逐渐变成了国际公认的政府债务的红线指标，尤其是在国际评级公司对一个国家主权债务进行评级的时候，该指标很重要。那么，为什么中国财政部副部长朱光耀要对 3%的赤字率和 60%的负债率标准的科学性提出质疑？为什么说“3%的赤字率、60%的负债率标准是不科学的”，是“不利于经济增长和改革”的呢？

这首先需要从作为不兑换货币制度或法币制度的现代货币制度说起。所谓法币制度，就是主权政府作为暴力机构垄断货币发行权的制度。在法币制度下，非政府部门获得货币的唯一来源是政府支出，只有在政府支出时，非政府部门通过为其提供商品和劳务，才能获得交税所需的货币。这也就是说，政府发行货币在先，收税在后；没有政府支出，非政府部门就没有交税的货币。因此，税收的目的并不是为政府支出融通资金，而是确保社会成员使用其发行的货币交税，税收制度是一种能够让其货币被社会成员广泛接受的强制制度，这就是现代国家货币理论对税收驱动货币的理论解释。

由于政府开支在先、收税在后，所以政府在购买商品和劳务时需要给其提供者开具一张债务欠条作为凭证（即国家货币），规定商品和劳务提供者可以在交税时使用这种债务欠条支付其税金。当商品和劳务提供者用这种债务欠条偿还国家的债务后——其主要形式是税收，政府欠的债务就被清偿了。因此，货币本质上是一种“债务—债权”关系。按照国家货币理论，主权政府有权发行自己的主权货币，该货币就是中央政府（包括财政部和中央银行）的负债。例如，美联储资产负债表清楚地表明，美国政府发行的美元是其负债即债务，资产则是发行美元时作为抵押的以美国税收为保障的国债，但美联储购买的国债占美国财政部发行国债的比例不到 10%。截至2018 年 10 月 11 日，美国财政部发行的国债总额已经超过了 21.62 万亿美元，占 GDP 的比例超过了 110%。按照货币是一种“债务—债权”关系的理论，美国财政部现在的 21.62 万亿美元国债（或称债务、负债）就构成了美元的基础，这被称作货币的“国债本位制”，美国国债则是美国政府赤字开支的产物：“政府出售的国债大致上在数量上等于其财政赤字。”① 美国国债总额是其历年财政赤字的总和。

对于现代货币理论有关政府开支和税收本质的上述理论，孙国峰教授提出了批评。② 在他看来：“现代货币理论认为货币创造的主体为政府，是一种由央行直接购买政府债务来供给货币的财政主导模式。这种‘教科书’式的‘铸币税’过程，势必造成严重的通货膨胀。央行直接创造信用货币扩大了流通货币总量，政府获得了全部流通货币增量，而该货币增量并未对应任何实际经济资源，同时，私人部门流通货币总量保持不变。如果政府和私人部门通过名义货币交换实际经济资源，政府拥有的流通货币增量将稀释流通货币对应实际经济资源的数量，又由于政府独占该增量，相当于政府通过多发货币，把私人部门的资源据为已有，会造成‘铸币税’的事实。……（为了抑制通货膨胀）现代货币理论开出的‘增加税收’的药方更是适得其反，因为，私人部门的实际经济资源已经被‘铸币税’隐性地转移了一次，现在又要遭受显性税收的二次剥削，这只能使得私人部门的实际经济资源相对名义货币更加稀缺，带来幅度更大、范围更广的恐慌性价格上升。”③

政府财政开支或更准确地说赤字开支创造基础货币不应被看作“铸币税”，政府赤字开支和税收更不应该被看作对私人部门的两次剥削，孙国峰教授之所以得出这种结论，是没有仔细阅读现代货币理论的论述所导致的误读。现代货币理论认为，主权政府不需要税收为自己的开支“融资”，它必须首先向私人部门发行主权货币，创造自己的负债，然后才能通过向私人部门征税来回收主权货币，销毁自己的负债；主权政府开支的过程就是向私人部门发行主权货币的过程。请注意，在这里，税收是销毁货币，目的是减少总需求，稳定币值，而不是政府通过征税增加自己可用的货币资源，因为一个发行自己主权货币和不受其财政能力限制的政府没有必要多此一举。孙国峰教授正是将征税理解成了政府再次将自己发行的货币集

---

① NERSISYAN Y，WRAY L R. Deficit hysteria redux? why we should stop worrying about U. S. government deficits. Levy Economics Institute of Bard College，2010（111）.

② 本段和以下两段是笔者为了让读者能更好地理解现代货币理论，在 2020 年 4 月增加的。对于孙国峰教授谈到的通货膨胀问题，限于篇幅，笔者在这里就不讨论了，请参看我们对他质疑的答复：贾根良，何增平. 现代货币理论与通货膨胀. 学术研究，2020（2）。

③ 孙国峰. 对“现代货币理论”的批判. 中国金融，2019（15）.

中在自己的手中用于开支，所以才得出了税收使得私人部门“现在又要遭受显性税收的二次剥削，这只能使得私人部门的实际经济资源相对名义货币更加稀缺，带来幅度更大、范围更广的恐慌性价格上升”，这是他仍错误地将税收理解为政府为自己的开支而“融资”所得出的结论。

那么，政府赤字开支和税收是不是孙国峰教授所说的“对私人部门的两次剥削”呢？实际情况是，当政府通过赤字开支向私人部门发行主权货币的时候，发行的是一种“我欠你”的债务凭证，通过使用货币这种“我欠你”的债务凭证购买私人部门的商品和劳务来集中社会资源用于公共目的；而反过来，私人部门得到货币后就拥有了政府“你欠我”的债权凭证，它可以视作对政府资源的索取权，私人部门可以用其购买政府提供的实际经济资源。因此，在这里发生的是政府与私人部门之间的“等价交换”，哪里会有“剥削”呢？征税实际上就是主权政府将其发行的货币中私人部门纳税的部分回笼或销毁。政府通过税收回收“我欠你”的这种债务凭证从而销毁货币，主要有三个目的：第一，通过税收驱动人们使用政府发行的债务，否则主权货币就难以得到人们的接受；第二，通过税收消灭私人部门的部分消费能力，缓解通货膨胀的压力，稳定总需求；第三，税收具有财富分配和收入分配、抑制不良行为等重要的功能，但它唯独不具有为政府开支“融资”的功能。实际上，孙国峰教授对此也有较好的理解：“在政府发行信用货币的条件下，税收不仅仅是社会财产的再分配，它的重要作用是作为政府发行货币的基础，为政府发行信用货币提供一个回笼渠道。”① 但令人费解的是，孙国峰教授却将赤字开支发行基础货币理解为“铸币税”，认为“私人部门的实际经济资源已经被‘铸币税’隐性地转移了一次，现在又要遭受显性税收的二次剥削”，这种说法实际上就否认了财政税收的公共目的，将政府的财政税收视作对私人部门的剥削。很显然，孙国峰教授自己也是不会同意他自己的这种观点的。

由于主权政府是唯一的货币提供者，显而易见，如果政府支出小于税收，国民就没有足够多的货币纳税；如果政府支出等于税收，国民正好完税，但无净储蓄余额；只有当政府支出大于税收即在赤字的条件下，国民才会有净货币资产。我们在前面已经指出，随着经济增长和生产规模的扩

① 孙国峰. 货币创造的逻辑形成和历史演进：对传统货币理论的批判. 经济研究，2019（4）.

大，货币供应量也要相应增加，否则将会产生对经济有严重危害的通货紧缩。因此，兰德·瑞指出，国家财政必须处于经常性的赤字状态，因为财政盈余会释放出强大的通货紧缩的压力。① 更重要的是，只有在国家财政存在持续赤字的状况下，非政府部门才会有净货币资产，因为其是以政府部门的负债（债务）来贮藏其财富的，这就是国债构成了一国现代金融市场基础的原因。这说明，政府部门开支的逻辑与非政府部门截然相反，企业和节俭的居民户只有在其收入超过支出的情况下，才能积累货币作为净储蓄，而作为企业和居民户净储蓄的货币来自作为政府负债发行的货币和债务。显而易见，以国债形式表现出来的政府负债等同于非政府部门的货币和金融资产，正是财政赤字产生了非政府部门的盈余或储蓄，即在封闭经济或对外贸易平衡的情况下，主权政府财政赤字＝国内私人部门净盈余＝国内私人部门净金融资产。

二、3%的财政赤字率红线没有事实根据

实际上，虽然《马斯特里赫特条约》规定了3%的财政赤字率，但对欧盟各国并没有约束力。例如，希腊是在1981年加入欧共体（欧盟的前身）的，但我们从表16-1中可以看出，从1990年到国际金融危机爆发前的2007年的18年中，每年的财政赤字率都超过3%。当然，人们可以说这是希腊爆发主权债务危机的原因。但是，美国在同一时期财政赤字率超过3%的年份就有10年，国际金融危机爆发后的2008—2012年，其赤字率则分别高达6.56%、11.64%、10.71%、9.71%和9.2%，平均为9.6%；日本在1994年至2005年的12年间，财政赤字率连年超过3%，年平均财政赤字率高达6.6%。当然，人们也可以说美国和日本的财政结构不健全。然而，英国在国际金融危机爆发前的18年中，财政赤字率超过3%的年份有9年，2008—2012年的赤字率分别为4.99%、10.98%、10.26%、8.41%和6.1%，平均为8.15%；德国在国际金融危机爆发前的18年中，也有6年超

① 瑞.解读现代货币.北京：中央编译出版社，2011：1.

过 3%；整个欧元区在 1990—1996 年的 7 年间连续超过 3%，平均为 5.16%，在同一时期，OECD 国家总体赤字率水平平均为 4%；在国际金融危机爆发后的 2008—2011 年，OECD 国家总体赤字率水平连续 4 年超过 3%，平均高达 6.3%。由此可见，用美国和日本的财政结构不健全解释这两个国家的高财政赤字率是不成立的。

表 16-1　主要发达国家、欧元区和 OECD 的财政赤字率（%）

	英国	美国	德国	日本	法国	澳大利亚	加拿大	欧元区或欧元15国	OECD国家总体水平	希腊
1990	−2	−4.2	−1.9	2.1	−2.4	−2	−5.8	−4.3	−2.9	−14
1991	−3.4	−4.9	−2.8	1.8	−2.9	−4.7	−8.4	−4.6	−3.7	−9.9
1992	−6.5	−5.8	−2.5	0.8	−4.5	−5.5	−9.1	−4.7	−4.5	−10.9
1993	−8	−4.9	−3	−2.4	−6.4	−4.4	−8.7	−5.7	−4.9	−11.9
1994	−6.8	−3.6	−2.3	−4.2	−5.5	−4.5	−6.7	−4.9	−4.2	−8.3
1995	−5.8	−3.1	−9.7	−5.1	−5.5	−3.7	−5.3	−7.6	−4.8	−9.1
1996	−4.2	−2.2	−3.3	−5.1	−4	−2.4	−2.8	−4.3	−3.2	−6.6
1997	−2.2	−0.8	−2.6	−4	−3.3	−0.7	0.2	−2.7	−1.8	−5.9
1998	−0.1	0.4	−2.2	−11.2	−2.6	1.6	0.1	−2.3	−2	−3.8
1999	0.9	0.9	−1.5	−7.4	−1.8	2	1.6	−1.4	−0.8	−3.1
2000	3.7	1.6	1.3	−7.6	−1.5	0.9	2.9	…	0.2	−3.7
2001	0.6	−0.4	−2.8	−6.3	−1.6	−0.1	0.7	−1.8	−1.3	−4.4
2002	−2	−3.8	−3.6	−8	−3.2	1.3	−0.1	−2.6	−3.3	−4.8
2003	−3.7	−4.8	−4	−7.9	−4.1	1.8	−0.1	−3.1	−4	−5.8
2004	−3.7	−4.4	−3.8	−6.2	−3.6	1.1	0.9	−3	−3.4	−7.4
2005	−3.3	−3.3	−3.3	−6.7	−3	1.5	1.5	−2.5	−2.8	−5.2
2006	−2.7	−2.2	−1.5	−1.4	−2.4	1.5	1.3	−1.3	−1.3	−3.1
2007	−2.8	−2.91	0.23	−2.09	−2.75	1.79	1.41	−0.7	−1.28	−6.78
2008	−4.99	−6.56	−0.06	−1.86	−3.35	−0.79	−0.39	−2.13	−3.4	−9.93
2009	−10.98	−11.64	−3.21	−8.85	−7.57	−4.55	−4.89	−6.39	−8.06	−15.56
2010	−10.26	−10.71	−4.29	−8.36	−7.12	−4.69	−5.55	−6.24	−7.47	−10.5
2011	−8.41	−9.71	−0.99	−9.52	−5.2	−3.88	−4.54	−4.11	−6.3	−9.16
2012	−6.1	−9.2	0.1	…	−4.8	−2.3	…	−3.7	…	−9

资料来源：1990—2006 年和 2012 年数据来自 OECD factbook 2014：economic，environmental and social statistics 和 OECD factbook 2009：economic，environmental and social statistics。2007—2011 年数据来自易千．主要发达国家政府债务规模和风险问题研究．北京：财政部财政科学研究所，2013。欧元区的赤字率为 1990—2006 年和 2012 年的数据，欧元 15 国的赤字率为 2007—2011 年的数据，出处分别同前。

国家货币理论代表人物兰德·瑞指出，希腊以及欧盟其他国家爆发主权债务危机的原因并不在于其高赤字率，而在于欧元并非其主权货币。对于欧盟各国来说，由于没有货币发行权，欧元实际上相当于外国货币，如果赤字率高过经济增长率，税收将不足以偿还债务，爆发债务危机是必然的。对于欧盟来说，欧盟各国实际上相当于我国的地方政府，这就是为什么欧盟给其成员国规定3%的赤字率的原因。虽然有研究指出，这个3%的赤字率是根据5%的经济增长率标准确定的，存在着严重的局限性①，但对于欧盟各国来说，由于没有货币发行权，这种规定仍是很重要的，因为像德国这种财政状况最好的欧盟国家，如果财政赤字率达到美国和日本那样高的水平，它也会发生主权债务危机。

然而，对于具有货币发行权的主权国家来说，3%的赤字率和60%的负债率标准是武断的，既没有科学根据，也没有得到经验事实的支持，财政赤字率究竟多高应该根据实际情况确定。例如：日本在1994年至2005年长达12年里年平均财政赤字率高达6.6%，英国和美国在国际金融危机爆发后的5年间财政赤字率平均每年分别高达8.15%和9.6%。在这些国家，既没有发生通货膨胀，也没有产生主权债务危机，却对英国和美国应对国际金融危机发挥了积极的作用，原因就在于中央政府对货币发行权的垄断。这不能不值得我国深思。

三、我国无法运用财政赤字应对重大挑战的根源

我国是主权货币国家，如果按照英国和美国等国家的经验来看，我国确实没有必要受财政赤字率3%的红线的限制，特别是在目前解决企业债务高企、通货紧缩和地方政府债务问题上，增加中央政府负债可能是最重要的途径。因此，如果没有下面我们讨论的我国货币发行制度缺陷的限制，在今后几年，我国每年的财政赤字率超过5%也是安全的。英美等国家的经验说明，货币主权得到真正保障的国家使用本国货币进行任何形式

① 陈建奇. 对《马约》赤字率、债务率参考标准的反思. 广东商学院学报，2010 (1).

的支出并不存在资金的约束，政府开支的真正边界是本国真实的资源约束，当所有资源被调动起来之后，额外的政府支出只能导致通货膨胀。由此看来，中央政府可以通过自身开支满足国内任何数量的货币需求，这种需求必须是内生有效的。当国内需求不足时，中央政府可以通过在扩大供给和增加需求两方面扩大开支，支持有成长前景并且吸收就业的产业部门，从而拉动就业，增加收入和扩大内需。因此，货币是中央政府调动国内闲置资源、调控国内经济的有效的和主动的手段，这种手段是任何主权政府都可以具备的。

但是，由于货币发行制度的缺陷和各种其他经济政策的影响，主权政府运用货币调控经济的主动性将会受到严重限制，甚至可能无法运用货币主权实施主权信贷。兰德·瑞指出："将本国货币汇率盯住另一种货币（或贵金属）的国家没有货币主权，因为其国内政策空间受到了必须保持这种盯住的必然性的约束。我们定义为主权货币的是一种非盯住的货币，意思是政府不承诺以固定汇率兑换其货币。"① 在阿根廷一度实施的货币局制度和目前在我国香港实行的联系汇率制度（实际上也是货币局制度）由于实行的是盯住美元的货币制度，因而是一种非主权货币手段，无法运用货币主权实施主权信贷。

总的来说，我国目前的货币发行制度存在两个严重的缺陷：一个是外汇占款发行人民币基础货币侵占了我国的主权信贷；另一个则是在外汇占款发行人民币基础货币自 2014 年以来所占比例逐渐下降的情况下，我国仍没有转向由财政部扩大财政开支发行基础货币，央行在现有《中国人民银行法》允许的情况下通过在二级市场上买卖国债为之提供配合的货币发行机制，而是主要采取了再贷款提供基础货币的方式。笔者先谈下第二个问题，然后集中讨论第一个问题。

首先，再贷款并不能解决我国经济发展中的两个突出问题：私人部门负债率过高和中小企业融资难、融资贵。按照我们前面的公式——在封闭经济或对外贸易平衡的情况下，主权政府财政赤字＝国内私人部门净盈余＝国内私人部门净金融资产，中央银行的再贷款是"出借"基础货币的

① NERSISYAN Y，WRAY L R. Deficit hysteria redux? why we should stop worrying about U. S. government deficits. Levy Economics Institute of Bard College，2010（111）.

行为，并不能增加归整个私人部门所有的净金融资产，反而要为中央银行的再贷款支付利息使其净金融资产有所减少，无助于降低私人部门的负债率。而通过再贷款提供的基础货币（准备金）数量受制于私人部门抵押资产的价值，有限的准备金数量使利率下行程度很有限。再贷款不能解决我国企业总体负债率（又称杠杆率）长期居高不下的问题，不能解决我国几千万中小企业融资难、融资贵的问题，因为私人部门要降低杠杆率就必须增加作为分母的净金融资产；要解决中小企业融资难、融资贵问题，就必须在再贷款之外提供更多的基础货币供给。在具有完全货币主权的国家，只有财政部的开支才能做到这一点。

其次，外汇占款目前在人民币基础货币发行中的占比仍高达70%左右，这严重地限制了我国运用财政赤字应对重大挑战的能力。我国积累的外汇储备越多，由外汇占款发行的人民币就越多，我国就越不能运用中央政府的财政赤字"无中生有"地创造货币为应对国内所面临的许多重大挑战提供财政空间；我国积累的外汇储备越多，我国民营企业和自主创新就越缺乏资金。

我国货币发行制度的上述缺陷与引进外资和追求贸易顺差的出口导向型发展模式密切相关。我国以外汇占款发行人民币实际上是以外汇作为担保发行人民币，而外汇是受美国等国家控制的主权债务，这就相当于把我国货币发行的主权部分让渡给了这些国家，削弱了我国运用货币发行调动国内资源和调控经济的主动性，严重地制约了我国中央政府通过赤字开支解决目前国内各种经济矛盾的能力。例如，美元是美国政府赤字开支发行的负债，也就是美国国债的货币化，当我国以美元流入发行人民币时，人民币就成了美元的代用券，美国政府通过赤字开支发行的美元兑换成人民币，用于购买中国商品和中国企业，而我国通过出口商品和"靓女先嫁"出售企业积累了大量的美元外汇盈余；美国决不允许中国购买其优质企业，只允许中国购买其利率很低和不断贬值的国债。与我国中央政府通过赤字开支发行人民币的目标相反，外汇占款实际上就是美国政府借助人民币这个中介调动我国资源服务于美国经济发展的目标。

我国以外汇占款发行人民币为美国财政赤字开支提供的资源正好等于我国中央政府丧失的可以通过赤字开支所能利用的资源，并导致了国债市场发展的严重滞后和抑制内需的效应。比较一下外汇占款发行人民币与赤字开支发行人民币，就清楚地说明了这个问题。在赤字开支的情况下，货币的使用者是我国中央政府，赤字开支扩大了内需，不仅不会“挤出”私人投资，反而会使私人投资增加。赤字开支将导致银行体系准备金总额的增加，过多的准备金将使同业拆借市场的货币供给大于需求，其利率就会下降甚至降为零。为了避免这种情况出现，政府（包括财政部和中央银行）通过发售国债吸收银行体系中过多的准备金，并通过国债的出售为非政府部门提供有利息收入的金融资产，这会推动国债市场的发展。

但在 2003—2013 年期间，当外汇占款成为人民币基础货币发行的唯一渠道时，基础货币激增导致银行体系中准备金激增，流动性严重过剩。为了避免通货膨胀，央行发行央票和提高存款准备金率，减少商业银行放贷。由于外资和出口商可以通过外汇占款兑换人民币，所以紧缩货币实际上紧缩的是内需所需要的人民币。外汇占款和赤字开支的比较说明，两者都导致了银行体系中准备金的增加，或者说“流动性过剩”；而且与政府赤字开支发行的货币不同，外汇占款发行的是基础货币，由于货币乘数的作用，外汇占款导致的“流动性过剩”更大。由此看来，外汇占款与赤字开支导致的“流动性过剩”至少是此消彼长的，外汇占款挤占了赤字开支。而且，在赤字开支的情况下，财政部和中央银行都通过发售国债吸收银行体系中过多的准备金；而在外汇占款情况下，央行发行的央票虽然本质上也是一种短期政府债券，但流通性受到很大限制，抑制了国债市场的发展。

外汇占款导致的人民币发行制度的缺陷与汇率制度有关。国家货币理论认为，发行主权货币并实施浮动汇率制度的主权国家能够支付得起任何使用本国货币的购买，国内所需资金完全可以由国家银行体系提供，根本就不需要到国际市场上筹资，除非使用外国货币购买外国资本品。但 2015 年 9 月相关部委发布的文件却进一步鼓励国内企业举借外债，正如在过去十多年一样，从境外倒入美元实际上成为获得人民币的手段，笔者认为这是完全没有必要的。导致这种状况的原因与我国目前的汇率制度并非完全浮动汇率制度有关，央行为了稳定汇率不得不储备大量外汇，因而需要引进外资和增发人民币购进外汇。

但是，除了热钱流入增加外汇储备外，外汇占款成为人民币基础货币发行主渠道的根本原因在于我国出口导向型经济发展模式，这种模式以我国从价值链低端通过加工贸易加入国际分工和大规模引进外资为特征。加工贸易产生大量贸易顺差，大规模引进外资需要将美元在中国人民银行兑换成人民币，这导致了由外汇储备的激增所催生的外汇占款增加。所以，要从根本上改革人民币基础货币发行机制，就必须实现经济发展模式的根本性转变。而要实现经济发展模式的根本性转变，就必须通过保护国内高端产业、减少引进挤压我国民族企业市场空间和转型升级的外资、减少并逐步取消出口退税、严格审查我国企业海外上市等政策改革改变我国参与国际分工的方式，实现贸易平衡①；甚至为了实现人民币国际化，在将来实施贸易逆差战略。这种改革虽然是必需的，但由于传统思维模式的支配，政策部门很难接受这种改革建议。

然而，即使上述改革实施了，如果人民币基础货币发行机制不进行改革，本书第十四章所讨论的严重经济安全隐患也不能被排解掉，突破3%的财政赤字率也将缺乏有效的机制，原因就在于这需要中国人民银行以买卖国债作为吞吐基础货币的手段的配合。正如笔者在前面已经指出的，人民币基础货币发行机制改革的窗口在2012年初就已经打开，但中国人民银行采用了再贷款和中期贷款便利、抵押补充贷款等增加基础货币供给的创新手段，而没有认识到这些手段并不能为私人部门降低负债率提供净金融资产，没有认识到作为国际惯例的“财政部开支创造基础货币，央行将买卖财政部发售的国债作为其主要货币政策工具”的重要意义，从而由于国债市场规模过小导致国债目前无法成为货币政策的主要工具。国债市场是现代金融体系的基础，而中央政府的长期赤字财政是以一个深度发育的国债市场为基础的。以美国财政政策的操作程序为例，中央政府先进行赤字开支，赤字开支导致银行体系中出现超额准备金，超额准备金导致同业拆借利率下降；为了稳定利率在一个目标水平上，财政部和央行再通过发售国债减少银行体系的准备金存量，目的在于为非政府部门提供一种替代无利息的货币的金融资产。② 我们前面已经指出，以国债形式表现出来的政府负债等于非政府部门的货币和金融资产，这是目前法币制度时代“国债本位制”的货币制度的根源。

---

① 在过去几年中，笔者在发表的多篇论文中对此提出了一系列政策建议。

② 瑞. 解读现代货币. 北京：中央编译出版社，2011：192.

外汇占款发行人民币基础货币和没有建立起“财政部开支创造基础货币，央行将买卖财政部发售的国债作为其主要货币政策工具”的人民币基础货币发行模式，实际上导致了我国财政“捧着金饭碗要饭吃”，它不但造成了第十四章所讨论的严重经济安全隐患，而且也严重地捆住了我们的手脚，使我们无法有效地应对我国目前所遭遇的前所未有的挑战。

首先，在余永定教授看来，我国目前面临的最大挑战就是通货紧缩导致的经济衰退。显而易见，赤字财政政策是应对我国目前通货紧缩的良方，突破我国长期被视为铁律的3%的财政赤字率红线势在必行。

其次，经济的总体杠杆率过高和地方政府债务是目前我国面临的最大的金融风险，而我国中央政府的赤字率和债务占比与其他国家相比低不少，因此扩大中央政府的赤字开支并收紧企业和地方政府预算约束（杠杆转移）是解决地方政府债务问题和国民经济总体杠杆率过高问题的切实可行的办法。

但是，我国货币发行制度的缺陷以及国债市场的落后不但是造成我国上述困境的主要原因，而且现在仍严重地制约着我国通过赤字开支解决这些问题的能力。在历史上，金融制度的革命为大国崛起提供了强大的推动力。例如，众多经济史学家认为，英国的崛起和工业革命有赖于其意义深远的金融革命，西方学者迪克森在1967年发表的《英国的金融革命》中指出，这场金融革命的核心就是“用一套有效的政府信用制度（即国债制度——引者注）取代了玩于王室股掌之中的简陋制度”①。以本国财政开支而非外汇占款发行本国基础货币是完全货币主权的保证。我国如果要长期利用赤字率在3%以上的赤字财政解决国内诸多尖锐矛盾，就必须彻底消除外汇占款对国家财政基础的威胁，并建立起“财政部开支创造基础货币，央行将买卖财政部发售的国债作为其主要货币政策工具”的人民币基础货币发行制度，这无疑是一场意义深远的财政金融革命。

---

① 梅俊杰. 自由贸易的神话——英美富强之道考辨. 上海：上海三联书店，2008：129.

第十七章　财政可持续性与地方政府债务风险*

一、货币发行权是国家财政可持续性的根本性保障

目前，学术界一般认为，财政可持续性指的是在不改变税收收入和财政支出模式的条件下政府能长期保持偿债的能力，但就财政可持续性的确切定义或界定条件并未达成一致。刘尚希则从相反的角度对此进行定义，认为财政不可持续性指的是在未来某时点政府拥有的公共资源不足以支撑其履行所应承担的支出责任和义务，从而使经济、政治、社会的稳定和发展受到损害的一种可能性。[①] 在本文中，我们将从国家货币理论出发，对中央政府和地方政府财政可持续性的根本区别进行讨论，并应用于对地方政府债务风险问题的讨论。

国家货币理论认为，货币主权是一国经济主权的核心，是各国政府有效调控经济、防范风险和治理危机的一项重要制度保障。货币的本质体现为一种“债权—债务”关系，主权货币是主权政府的债务，现代货币与国家主权的结合体现出一国的“公共控制力”和“经济调控力”，货币主权

* 本文完稿于2015年12月。

① 刘尚希．财政风险：一个分析框架．经济研究，2003（5）．

特别是对货币发行权的垄断是一国政府合理配置资源、调控宏观经济、保证财政可持续性以及经济社会可持续发展的根本性保证。作为货币发行者，主权货币国家的政府支出不存在经济意义上的“财政约束”。除了受到通货膨胀的制约外，主权政府能够支付得起以本国货币计价的任何支出，不会发生非主权货币国家的“主权债务危机”。

与主权货币国家不同，“欧猪五国”的“主权债务危机”实际上是“非主权货币”的危机，原因就在于欧元区内各国政府没有欧元发行权而只有使用权，无法按需创造负债，即无法主动地发行货币，区内各国丧失了货币主权，财政可持续性的基础不复存在。这使一国本可以因国情不同而自主决定的各种政策“外生化”和“标准化”，从而大大削弱了各国政府调控经济的能力。欧元的非主权货币制度安排是“欧猪五国”爆发“主权债务危机”的根源所在。在货币制度上，欧盟各国相当于美国和我国的地方政府，只是货币使用者。在现代国家，因为只有中央政府拥有货币发行权，中央政府和地方政府的财政可持续性在本质上是不同的。一般说来，作为货币的使用者，地方政府与私人部门（居民户和企业）一样，都受到预算硬约束的制约，其财政可持续性受到严重制约。

与我国地方政府一样，欧盟各国具有财政政策权力，而不具有货币政策权力。为了对欧盟各国的财政政策权力进行约束，避免债务危机，《马斯特里赫特条约》规定欧元区各国都必须将财政赤字率控制在GDP的3%以下、负债率控制在GDP的60%以下。这个标准对主权货币国家来说是不科学的。对于美国、日本和我国的中央政府来说，财政赤字率达到5%甚至更高也没有出现财政不可持续的问题；而对于作为货币使用者的欧元区各国来说，3%的财政赤字率就太低了。比较一下同样作为货币使用者的美国各州，在国际金融危机爆发前，它们没有一个州的负债率接近《马斯特里赫特条约》的标准，甚至相对高负债的美国州政府的负债率（州政府债务/州GDP）大都在15%的范围之内（只是《马斯特里赫特条约》规定标准的四分之一）。[①] 国际金融危机爆发后的2009年，美国州和

---

① WRAY L R. Options for China in a dollar standard world：a sovereign currency approach. Levy Economics Institute of Bard College Working Paper No. 783，2014.

地方政府的债务余额总量为2.68万亿美元，约为美国GDP的19%，大约只是《马斯特里赫特条约》规定标准的三分之一。①

欧盟的教训和美国州政府债务的经验对我国财政可持续性有何借鉴呢？首先，中央政府对货币发行权的垄断是保证国家财政可持续性的基础。我国现行货币发行制度存在的缺陷对我国未来财政可持续性构成了潜在的巨大威胁。我国是具有货币发行权的主权国家，但2003—2013年外汇占款几乎成为我国货币发行的唯一渠道，这实际上已经对我国财政的可持续性造成了严重的损害。在外汇占款大幅度减少的情况下，央行再贷款和中期贷款便利等创新型发行基础货币的做法实际上也削弱了中央政府运用货币发行权为其提供财政基础的能力。因此，货币发行制度的改革已经成为国家财政可持续性的根本性保障。其次，虽然我国地方政府债务的风险目前总体可控，但是，由于没有从根本上消除地方政府过度举债的体制弊端，地方政府债务问题仍潜在地对国家财政的可持续性构成威胁。

二、应对地方政府债务的长期对策

被称为"经济宪法"的新预算法，历经十余年的持续修订和讨论，于2015年1月1日开始正式生效。新预算法的一个重大突破是允许地方政府直接发行债券，并做出了如下法律规定：地方政府债券只能用于偿还当前债务或指定的公共服务或项目的债务，从2016年开始禁止地方政府通过地方政府融资平台或企业渠道举债，地方政府债券必须纳入地方财政预算，预算计划必须在获批后20天内对外公布。

笔者认为：一方面，新预算法的精神得到贯彻依然路途漫漫，急需金融、财政方面的配套改革以及法律方面的配套规定，以便遏制地方政府过度举债的行为，并从根本上改善地方政府财政状况。例如，与《马斯特里

① 这一数据与L. Randall Wray提供的数据不一致，但笔者多次查证仍没有找到更权威的数据。对这种不一致的一个可能的解释是：债务余额是一个时点数据，L. Randall Wray的数据是指历史平均数据，而2009年的数据之所以高于L. Randall Wray的数据，原因在于金融危机的爆发导致美国的州和地方政府债务余额在该年急剧上升，危机过后将降低下来。

赫特条约》相类似，我国亟须研究将地方政府的赤字率和负债率（地方政府债务/地方政府 GDP 的比率）控制在多大比例的法律规定。另一方面，我们应当注意到，允许地方政府直接发行债券的新预算法是在地方政府债务急剧膨胀的特殊背景下通过的，它并没有考虑到如何解决导致产能过剩和地方政府债务急剧膨胀的地方政府竞争体制问题，所以它就不能从根本上消除地方政府过度举债的体制弊端，这就是我们说地方政府债务问题仍潜在地对国家财政的可持续性构成威胁的原因。

笔者认为，地方政府债务占全部政府债务比例过高是我国财政安全所面临的最大风险隐患。目前已有研究证明，在政府债务的层级机构上，地方政府债务比例越高，政府债务风险就越大。在表 17－1 所列欧洲 17 国中，2000—2011 年，10 个国家的地方政府债务占全部政府债务比例在 10％以下，绝大多数国家的地方政府债务占全部政府债务比例在 20％以下。但据审计署公布的数据，截至 2013 年 6 月底，考虑或有债务后，我国各级政府债务约 30.28 万亿元，其中中央政府债务余额 12.38 万亿元，地方政府债务余额 17.9 万亿元，我国地方政府债务占全部政府债务比例为 60％，是主要发达国家地方政府债务所占比例的 3 倍。

表 17－1　欧洲主要国家中央政府债务占全部政府债务的比例（％）

国家	2000	2001	2002	2003	2004	2005	2006	2007	2008	2009	2010	2011
希腊	107.1	106.8	108.2	109.3	110.4	109.7	109.8	109.5	109.1	107.8	107.4	106.3
爱尔兰	99.1	98.9	98.8	98.8	98.5	99.2	99.1	99.2	99.5	99.3	99.4	99.5
葡萄牙	97.1	95.8	97.7	97.6	97.3	96.6	97.0	97.2	97.4	97.3	97.8	98.2
英国	98.9	98.8	98.6	98.2	97.8	97.7	97.5	97.5	94.1	96.6	93.8	95.5
匈牙利	100.1	99.9	98.8	98.5	98.3	97.8	97.1	96.3	95.8	95.3	94.4	94.9
意大利	97.0	96.9	96.9	95.8	95.6	95.1	94.2	94.0	94.5	94.1	94.4	94.6
波兰	96.4	96.5	95.6	94.7	94.5	94.7	95.2	96.1	96.1	94.8	94.4	94.3
芬兰	114.8	108.3	103.0	100.9	97.2	95.0	92.8	92.3	91.5	90.4	91.0	92.2
比利时	93.3	93.9	93.9	92.6	92.3	93.1	93.4	93.9	94.0	91.7	91.3	91.7
奥地利	91.9	91.1	92.6	93.5	93.2	93.5	93.3	93.3	94.2	93.5	92.0	91.3
荷兰	87.5	88.2	88.8	89.6	89.9	89.4	88.9	89.9	92.1	91.7	91.2	90.0
丹麦	92.6	91.8	90.6	89.6	88.1	85.5	81.9	77.7	80.6	82.4	83.5	84.8
西班牙	84.0	83.2	83.7	83.7	85.1	84.3	83.2	83.0	84.0	85.9	85.4	84.6

续表

国家	2000	2001	2002	2003	2004	2005	2006	2007	2008	2009	2010	2011
瑞典	112.7	96.7	93.2	92.8	93.2	92.9	93.1	90.5	88.1	89.6	88.0	84.4
法国	85.6	86.4	88.0	86.4	84.3	83.4	82.8	82.7	83.1	82.6	82.1	81.8
德国	64.5	62.6	61.8	61.3	61.1	61.3	61.6	61.8	61.1	60.9	64.0	63.6
挪威	72.4	68.3	74.3	77.8	77.7	77.7	82.8	81.4	80.0	73.1	71.8	57.3

资料来源：世界银行、欧盟统计局、各国央行财政部。转引自易千．主要发达国家政府债务规模和风险问题研究．北京：财政部财政科学研究所，2013：61。

与欧洲各国一样，美国、日本的中央政府债务一般占据全部政府债务的大部分。由于没有找到美国和日本的相关数据，我们使用地方政府债务余额总量占当年 GDP 的比重来替代性地说明这个问题。2009 年，美国的州和地方政府债务余额总量为 2.68 万亿美元，约占美国 GDP 的 19%；2007 年，日本地方政府债务余额总量约为 74 万亿日元，约占当年 GDP 的 14%。[①] 我国 2013 年年中的 GDP 数据大致是 54 万亿元人民币，根据 2013 年 6 月底地方政府债务余额 17.9 万亿元粗略计算，地方政府债务余额占 GDP 的比例大约为 33%，比美国和日本的平均水平高一倍。值得注意的是，美国是地方政府高度分权的联邦制国家，按理说其地方政府的负债率会较高，但通常情况下其地方政府的负债率仍在 15%的范围之内，而我国目前地方政府的负债率却比其高出一倍，这是我国地方政府竞争体制导致地方势力日益过大的结果。

综合以上国际经验的比较，笔者认为，我国地方政府债务占全部政府债务比例应该在十年内从现在的 60%逐渐降低到 20%以内，地方政府的负债率应该从目前的 33%降低到 20%以内，并且各省、直辖市和自治区的负债率在十年后不得高于这一比例。地方政府债务占全部政府债务比例的这种大幅度下调是一项艰巨的任务，笔者预计需要十年左右的调整才能达到这一目标，这种调整涉及中央与地方财政关系的根本性改革。

地方政府和中央政府在对待财政政策上的态度是截然不同的，地方政府天生就具有扩大负债率的倾向。我国应该吸取欧盟的教训："欧猪五国"发生"主权债务危机"的财政原因是其赤字率和负债率过高，而《马斯特

① 易千. 主要发达国家政府债务规模和风险问题研究. 北京：财政部财政科学研究所，2013：61.

里赫特条约》规定欧洲议会不负有救助责任。虽然我国与之不同（若地方政府债务危机爆发，地方政府债务的偿还责任最终还得由中央财政来承担），但无疑我国地方政府债务占全部政府债务比例过高对中央财政的可持续性构成了威胁。此外，地方政府债务占全部政府债务比例过高还具有很多弊端，如导致地区之间的收入分配差距拉大。以地方政府自行发行债券为例，经济发达和财力雄厚的省份可以获取更低的地方债发行利率，而经济越不发达的地区，其地方债发行利率就越高，这就造成了经济不发达地区难以发展的恶性循环。2015 年，辽宁地方债发行“流标”，标志着我国地方政府债券利率趋异的开始。更严重的是，地方政府债务占全部政府债务比例过高，对主权政府从全国一盘棋角度合理配置资源、调控宏观经济、保证经济社会可持续发展是极其不利的。因此，我们提出如下政策建议：严控地方政府赤字和债务，扩大中央政府的开支。

三、严控地方政府赤字并扩大中央政府的开支

自国际金融危机爆发以来，我国采取积极的财政政策，财政赤字率提高了，但与世界上绝大多数国家相比，中央政府的财政赤字率仍是很低的。在排除了中央政府对地方政府的财政转移和税收减免后，中央政府的财政收入大于其直接开支，换言之，中央政府的财政收入快速增长而其开支却没有跟上，这导致了中央政府的财政盈余自 2000 年以来的快速增长。在扣除对地方政府的转移支付和退税后，中央政府的实际赤字率（为负数）在 2000 年以来持续下降。造成这种状况的主要原因是中央与地方的财权和事权不匹配。1994 年起实施分税制改革后，更多的税收从地方政府转移到中央政府，而中央政府在社会公共开支方面应承担的责任却没有承担起来。

扣除中央对地方的转移支付和退税后，地方政府赤字率自 2000 年以来持续上升，这几乎与中央财政的状况相反。地方政府的赤字率过高，而中央财政实际上存在财政盈余。近年来，中央政府和地方政府税收收入大致各占 50%，但支出比例却各为约 30%和 70%，这是造成地方政府债务

急剧膨胀的原因之一。

除了前面已经谈到的以外，地方政府债务占全部政府债务比例过高，以及地方政府的赤字率高于中央财政，还存在以下严重弊端。其一，这无法使中央政府的财政开支在各地区之间实现均等化，更无法给予落后地区更高的人均开支比例。其二，这使政府无法预防通货膨胀。地方政府更少有可能因为通货膨胀的压力而减少开支或提高税收，特别是在我国地方政府竞争体制下，不会有一个地方政府因为通货膨胀在全国范围内上升而降低对当地经济发展速度的兴趣。只有在国家层次上，政府才有降低通货膨胀的动力。

“十三五”规划建议中提出，在中央与地方财政关系的改革方面建立事权与支出权相适应的制度，适当强调中央的事权和支出责任。本章的政策建议与“十三五”规划在方向上是一致的。目前，将地方政府的部分公共开支责任更多地收归中央的工作实际上已经在开展中，尤其是在公共安全、教育、环境保护、医疗健康等领域。我们建议，中央政府不仅要承担起更多的社会开支的责任，也要承担起地方政府公共基础设施建设相当大部分的开支，这将使各地区之间中央政府的财政开支均等化，甚至在某种情况下提高落后地区的人均开支比例。

这种改革具有以下两方面的重要意义。首先，这对于社会服务开支全国均等化以及应对人口老龄化对养老基金和医疗保险基金的挑战具有极其重要的意义。只有这样，我们才能建立全国统一的社保、救助和失业保险体系，这种全国统一的体系将大大增强劳动力在地区之间的流动性，提高资源配置效率，统一国内市场。其次，这种改革对于破除地方政府竞争体制也是关键性的。只有从根子上断绝地方政府过大的财权，才能从体制上铲除产能过剩和地方政府过度负债的基础，从而为中央政府建立国内不受任何阻碍的统一市场并实施统一的产业政策创造条件。

第四编

应对中美经济战的战略与政策选择

第十八章　我国创新驱动发展战略亟须建立“新型举国体制”*

党的十九大报告指出，“加强应用基础研究，拓展实施国家重大科技项目，突出关键共性技术、前沿引领技术、现代工程技术、颠覆性技术创新，为建设科技强国、质量强国、航天强国、网络强国、交通强国、数字中国、智慧社会提供有力支撑”，在2035年跻身创新型国家前列。要实现这一战略目标，就必须充分发挥我国“集中力量办大事”的制度优势。正如中共中央、国务院在2016年5月发布的《国家创新驱动发展战略纲要》中指出的，要发挥社会主义市场经济条件下的新型举国体制优势，集中力量，协同攻关，加快突破重大核心技术，开发重大战略性产品，在国家战略优先领域率先实现跨越。

一、美国两种不同类型的“举国体制”

与单一国有制和计划体制下“两弹一星”的“举国体制”不同，如何建立混合所有制和市场经济条件之下的“新型举国体制”？这一问题是决

---

* 本文原标题为《借鉴美国经验在相关部委创建高级研究计划局》，被中国特色社会主义经济建设协同创新中心《成果要报》2017年第3期（总第125期）采用。经过修改，2019年3月以现有标题《我国创新驱动发展战略亟须建立“新型举国体制”》发表于《改革内参》2019年第9期。

定我国创新驱动发展战略能否取得成功的关键之一（另一关键是“市场重于技术”）。值得说明的是，举国体制并非我国独有，而且与军工密切相关。与我国“两弹一星”一样，美国曼哈顿工程和阿波罗登月计划也属于高度集中的举国体制。但美国在二战后高科技霸主地位的形成却是来自另一种相当不同的举国体制——相对分散的网络型举国体制。1957 年 10 月，苏联先后将“伴侣号”等两颗卫星成功送入太空，标志着苏联航天技术和核武器投送能力已经超越美国，美国以核武器优势抵消苏联常规军队和武器优势的“第一次抵消战略”正式失败。美国为之举国震惊，朝野陷入紧急状态。正是在这个事件的巨大冲击下，美国改组其军工体制，成立了对其颠覆式创新产生重大影响的国防部高级研究计划局（DARPA），构建了超越传统国防或军工概念的“国家安全政府部门”体制。

美国的“国家安全政府部门”以国防、军事和情报机构为核心，不仅包括国防部（含三军部门）、国家宇航局和国土安全部，也包括能源部、国家科学基金会和国立卫生研究院等部门。这种军民融合的体制将信息、生物、能源、纳米和材料等几乎所有高科技研究都纳入了“国家安全政府部门”的管辖范围，从而形成了市场经济体制下相对分散的网络型举国体制。美国的这种网络型举国体制为我国在市场经济条件下如何建设“新型举国体制”特别是军民融合国家战略的实施提供了重要借鉴。就我国科技创新体制中长期存在的“老大难”问题来说，如何处理好市场配置资源与举国体制、军事与民用、基础科研与创新商业化三大关系问题，是建立我国“新型举国体制”的核心。但由于受到新自由主义的影响，国内对这些问题的认识存在着严重的误区。英国著名演化经济学家马祖卡托的畅销书《企业家型国家：破除公共与私人部门的神话》和布洛克主编的英文著作《国家创新：美国政府在技术发展中的作用》有力地破除了这些误区。

目前，在国家与市场的关系特别是两者在创新方面的作用上存在许多神话。例如，一种流行的看法是：公共部门是低效、迟滞的，私人部门是富有活力的，企业是创新主体。但前述两本英文著作的研究却揭示出，苹果手机背后的任何一项关键技术都是获得了政府资助的，虽然近年美国苹果公司在各类“全球最具创新精神企业排行榜”上一直名列前茅。布洛克的书揭示，1971 年至 2006 年间，在被《研发杂志》的年度奖选中的 88 项最重要的创新之中，有 77 项——或者说其中的 88%——完全依赖于联邦政府提供的研究支持。此外，生物制药产业 75%的新发明出自依靠公共资金维持运行的实验室。又如，另一个流行的神话则是风险资本是创新的开拓者，但前述两本英文著作却揭示出：风险资本经常是在政府投资并承担创新的主要风险之后才进入的。奥尔斯瓦尔德和布兰斯科姆的研究证实：政府为发展初期的技术企业提供的融资相当于“创业天使”的全部投资，而且是私人风险资本投资额的 2～8 倍。

经常有人告诉我们，政府在经济中的作用应该受到限制，因为它没有能力“挑选出优胜者”，无论“优胜者”是属于一些新的技术、经济部门，还是属于特定的企业。但实际上，在过去几十年内，美国政府虽然没有盯住某一家公司，却仍然挑选出了“优胜者”。虽然大多数的政策制定过程都涉及与学者和企业家的磋商，但是人们可以清楚地看到，主要的推动力和发展方向——从基础报告到预算方案——都是来自政府高层官员。美国政府不仅像投资人那样行动，下注于多样化的创新项目的“投资组合”，还构建保护本国企业、实施政府采购法等成套的政策体系来扶植本国企业的创新。例如，美国的公立学校是苹果产品忠实的客户，1994 年，苹果产品占据了美国小学和高中教育电脑支出的 58%。这些研究揭示的大量隐秘的事实确实令人吃惊，但更令人吃惊的是，英国《金融时报》副主编兼首席经济评论员马丁·沃尔夫在 2014 年以“国家是创新的真正发动机”为题给《企业家型国家：破除公共与私人部门的神话》撰写书评。这个过去的新自由主义者写道，创新取决于勇往直前的企业家精神，但甘冒最大风险并做出最大突破的并不是私营部门，而是政府。

正如著名演化经济学家佩蕾斯指出的，美国这个通常被认为最能代表“自由市场”制度的国家，却是在创新领域进行政府干预最多的国家。但这些政府干预以前从没有被政策制定者或主流媒体公开讨论过，它们都被“隐藏”起来了。那么，美国为什么能“隐藏”得这么好？布洛克对此作了很好的解释：政府对科技创新强有力的干预之所以被“隐藏”起来，其主要目的是防止保守势力的反对，市场原教旨主义思想的成功使其被遮蔽起来了。《企业家型国家：破除公共与私人部门的神话》一书分析说，美国国防部高级研究计划局打着“国家安全”而不是“经济表现”的旗号直接从事创新活动，能源部高级项目研究局打着“能源安全”而不是利用国家力量占领科技制高点的旗号开展活动，这些做法在很大程度上都掩盖了

“美国是在创新领域进行政府干预最多的国家”这一事实。

二、创建我国“新型举国体制”

目前，流行的一种看法是：中国的科技发展不尽如人意是因为政府干预太多。但很少有人认识到，我国缺少美国国防部高级研究计划局这样的引领高科技创新的政府管理机构。我国的国家重大科技专项特别需要像美国国防部高级研究计划局一样由来自生产第一线的内行专家去组织与监督，但我们有些重大专项却采取了“863计划”的组织办法，甚至采取了自然科学基金的管理办法，而这些科技活动的评审机制并不是以创新的商业化为目标的。美国国防部高级研究计划局不是一般的行政管理机构，也不是类似美国国家科学基金会的科研管理机构，而是独立于科技部和财政部等政府职能部门，由顶级科学家和工程师等内行构成的有预算自主权的政府机构，这些人能扎根于他们所资助的具体科研团队中。美国这种以政府主导为特征的科技创新体制具有三个明显的特点：任务导向型、市场化项目运作制、发挥军事和航天等尖端技术对民用技术的引领作用。这是在市场经济而非计划经济、在前沿突破性技术创新而非追赶型技术创新（如我国的“两弹一星”或日本的技术追赶）条件下的“举国体制”。

美国在创新领域的这种强有力的政府干预是通过美国国防部高级研究计划局等政府机构来推进的，这些政府机构具有四项主要功能——投入针对性资源、经纪活动、开放窗口和加速新技术商业化，任务导向型、市场化项目运作制、军事和航天等尖端技术对民用技术的引领作用就是通过这些功能得到体现的。所谓投入针对性资源，是将政府的资助集中于推动技术专家们去克服技术创新中的某些关键性障碍。市场化项目运作制主要是通过经纪活动和对具体项目的资助进行的，经纪活动就是为科学家和工程师及需要解决他们有关想法和技术问题的人们提供联系的活动，并为各种不同的相关科研方案提供资助。政府科研管理机构最重要和最大的开放窗口是通过小企业创新研究计划和小企业技术转让计划进行组织，小企业创新研究计划仅为小企业提供资金，而小企业技术转让计划支持小企业与大学或政府实验室研究人员之间的合作。最后是加速新技术商业化，关键的工作是制定加速新技术商业化的标准。

在改革我国科技创新体制上，美国这种任务导向型的国家创新体制有许多经验值得我们借鉴，其中之一就是要改变科研人员的研究导向。“新型举国体制优势”这种提法最早是在“十三五”规划草案中提出的。据报道，在2016年3月“两会”期间的科技界小组讨论会上，“举国体制”成为委员们提到的高频词，但许多人可能对这个概念的理解有偏差。例如，在陈凯先院士看来，最能诠释这四个字的就是“青蒿素”的研制过程。但在今天，科研协作变得越来越困难，因为在做研究之前，大家可能最先关注的是到底谁应该排在第一位。笔者认为，陈院士的看法仍是从基础研究和目前我国自然科学基金运作方式的角度来看待“新型举国体制”的。如果科研合作是以任务和产业化为导向的，特别是如果采用美国国防部高级研究计划局的体制，那么，谁应该排在第一位这个问题就不会成为障碍。为了建立社会主义市场经济条件下科技创新的“新型举国体制”，笔者建议借鉴美国的成功经验，将能源局升格为能源部，并在科技部、工信部、国资委、能源部、国防科技工业局、国家航天局和国家安全部等国家部委分别创建高级研究计划局，由国务院统一领导和协调。

第十九章　揭露美国在对待“中国制造2025”上的双重标准*

一、引言

本文写作前不久，美国政府于美国时间2018年9月17日宣布将于9月24日起，对原产于中国的2 000亿美元商品加征10%的关税，并将于2019年1月1日起将加征关税税率上调至25%（此前对500亿美元中国输美产品加征25%的关税已生效）。美方公布的本轮关税清单长达194页，与7月10日美国贸易代表办公室（USTR）发布的长达195页的2 000亿美元产品清单基本一致。① 随后，中国商务部立即做出回应，表示中国将“不得不同步进行反制”②。正是特朗普的一意孤行导致了中美

---

* 本文是2018年9月笔者与博士生楚珊珊合作撰写的文章，以《中国制造愿景与美国制造业创新中的政府干预》为题，发表于《政治经济学评论》2019年第4期。

① 最新关税清单中有近300个关税细目从原始清单中移除，在具体细目之下的一些子类目产品也从清单中移除了，包括智能手表、蓝牙设备等特定的电子消费品，特定的化学品、纺织品、农产品，一些安全健康类产品如自行车头盔，还有橡胶、塑料手套、医院卫生用品等。关税清单不仅仅涵盖了电机电气设备和机械器具等高端制造业行业，很多低端制造业产品和消费品也位列其中。

② 商务部.商务部新闻发言人就美方决定对2 000亿美元中国输美产品加征关税发表谈话.(2018-09-18). http：//www.mofcom.gov.cn/article/ae/ag/201809/20180902788074.shtml.

贸易摩擦的不断升级。不论是中美贸易摩擦期间还是中美磋商过程中，美方一直聚焦于所谓的“中国不公平贸易行为”，这似乎是 2018 年 3 月以来中美贸易纷争的症结所在。美国学者西格尔就此指出：“美方‘301 调查’报告中‘逆差’只出现了 1 次，而‘中国制造 2025’则出现高达 116 次。显然，这才是它瞄准中国的最主要目标。”① “中国制造 2025”是谈及中美贸易摩擦绝对绕不开的焦点话题，与此同时出现了一种主观倾向的、西方式的误读乃至歪曲。

早在 2017 年 12 月，曾任美国总统首席战略专家和高级顾问的班农在日本的一次演讲中谈及中国时声称：事实上，中国国家领导人从未计划加入到遵循 WTO 规则的行列中来，而是制定自己的计划，首先是“中国制造 2025”这一战略计划，旨在掌控全球 10 大产业，其中 3 个产业——芯片及硅片制造、机器人和人工智能，将使中国在 21 世纪掌控全球的制造业。其次是“一带一路”，“一带一路”是中国真正大胆的地缘政治扩张。2018 年 3 月，美国白宫贸易委员会主任、加州大学尔湾分校商学院教授纳瓦罗直言：“中国肆无忌惮地宣布‘中国制造 2025’计划，等于告诉其他国家，未来中国要主宰所有新兴产业（包括人工智能、机器人、量子计算机等），其他国家的经济不会再有什么未来可言。”② 2018 年 4 月，美国著名记者、时事评论家扎卡利亚③以及美国前助理国务卿坎贝尔④分别发文，表示认同特朗普在贸易问题上对中国的指摘，认为中国的经济道路背离了美国长期以来所希冀的“自由、公平、公开”的发展方向，反而不可避免地滑向了国家资本主义发展模式。不仅学术界和政界如此，甚至一贯奉行与中国进行自由贸易的商业界高管，如苹果 CEO、摩根大通 CEO、

---

① 林雪萍．中国制造三周年回顾．（2018－05－21）. http：//im. cechina. cn/18/0521/11/20180521110943. htm.

② 祁月. 纳瓦罗：301 关税毫无疑问将直指“中国制造 2025”．（2018－03－29）. https：//www. sohu. com/a/226645493_130887.

③ ZAKARIA F. Trump is right：China's a trade cheat. （2018－04－05）. https：//www. washingtonpost. com/opinions/global-opinions/trump-is-right-chinas-a-trade-cheat/2018/04/05/6cd69054-390f-11e8-8fd2-49fe3c675a89_story. html? utm_term=. fc6b6ace3f8d.

④ CAMPBELL K M，RATNER E. The China reckoning：how Beijing defied American expectations. Foreign affairs，2018，97（2）.

特斯拉 CEO 等都公开表示理解特朗普对华的强硬政策。[①] 西方学术界、政界乃至商业界肆意歪曲、无端指责“中国制造 2025”发展意图的言论一时之间甚嚣尘上。

2018 年 6 月，美国白宫贸易和制造业政策办公室发布了一篇题为《中国的“经济侵略”如何威胁美国和世界的技术与知识产权》的报告，指出“中国毫不掩饰其在某些领域的经济扩张政策和行动，通过重要政府文件确立为国家战略”，认为中国产业政策的“引进、消化、融合与再创新”是对世界技术和知识产权的“窃取”，这种“经济扩张”行为不仅危害美国经济，更是威胁了全球创新系统。[②] 不难看出，这不过是贸易战以来，从美国角度对“中国制造 2025”各种横加指责的老调重弹。

相对于上述流行观点，麻省理工学院斯隆管理学院黄亚生教授的态度似乎较为缓和，表明为了应对“中国制造 2025”这样的计划，美国应该像 1957 年苏联发射世界上第一颗人造卫星“斯普特尼克一号”的时候那样，大量增加政府在科学方面的开支，而不是通过征收关税。[③] 但他仍指出“中国制造 2025”是国家主义的产业政策，其政府主导模式以及对他国的排斥和壁垒是中美冲突的焦点所在。黄亚生教授进一步指出，美国是自下而上，通过对科研和大学的投入推动国家的创新；而中国通过中央政府主导，自上而下地激励创新，这种国家计划背后的制度安排和操纵使美国感到实质性的威胁。[④] 黄亚生教授这种“美国创新是市场自发，而中国创新是国家主导”的错误言论甚至在国内也颇有市场。如刘工昌撰文指出，政府干预无法保证其方向性抉择的正确性，政府政策导向性太强会阻

---

① 黄亚生. 特朗普的政治战. (2018－04－09). http://huangyasheng.blog.caixin.com/archives/178963.

② White House Office of Trade and Manufacturing Policy. How China's economic aggression threatens the technologies and intellectual property of the United States and the world. (2018－06－18). https://www.whitehouse.gov/wp-content/uploads/2018/06/FINAL-China-Technology-Report-6.18.18-PDF.pdf.

③ 黄亚生.《中国制造 2025》本应是美国的又一个“斯普特尼克（Sputnik）”时刻. (2018－05－08). http://huangyasheng.blog.caixin.com/archives/180642.

④ 黄亚生. 中美贸易冲突的实质是制度冲突. (2018－05－29). http://huangyasheng.blog.caixin.com/archives/181597.

滞创新；并从美国视角审视中国创新，主张应赋予市场主体地位，促进自由竞争。国务院发展研究中心产业经济研究部部长赵昌文则明确强调，“中国制造 2025”始终坚持发挥市场的主导作用，坚持开放合作，对国内外企业一视同仁。①

从上面的讨论中我们可以发现，美国学术界、政界和商界基本上一致认为，中美贸易战的症结除了贸易逆差问题，还包括产业发展问题，并逐渐形成一种共识，即中国是危害美国利益的“经济敌人”，抑或是其主要“战略竞争者”，到 2025 年中国将成为美国的最大威胁。与此同时，国内绝大多数学者则不明真相，一边倒地认为与美国相较，中国政府干预更甚，并极力宣扬中国应该坚持市场的主导作用。

事实果真如此吗？“中国制造 2025”的统筹规划是否凸显出中国旨在谋求世界霸权的战略意图？而美国是否如其所宣扬的那般，始终奉行自由市场经济理念，中国则是“保护主义最严重”的经济体？国内学者的认知是否有失偏颇？事实胜于雄辩，我们可以通过比较美国先进制造业计划和“中国制造 2025”的战略谋划来进行研判，通过还原美国历史上产业政策的真相，回应流行观点对“中国制造 2025”的误解和夸大。因此，本章第二部分将以中美两国的制造业创新中心为对象，比较美国先进制造业计划与“中国制造 2025”；在此基础之上，第三部分以美国半导体产业发展历程为例，梳理二战以来美国联邦政府相关政策，直观地还原美国政府作为技术创新的领导者、市场塑造者和市场创造者的本来面目，准确把握美国产业政策的基本逻辑；最后一部分是本章的结论。

二、美国先进制造业计划与“中国制造 2025”：制造业创新中心的比较

国际金融危机爆发后，“去工业化”导致美国制造业高地不断丧失以

① 曲解“中国制造 2025”，美国是无知还是刻意？：访国务院发展研究中心产业经济研究部部长赵昌文.（2018－04－06）. http：//www. miit. gov. cn/n1146285/n1146352/n3054355/n3057267/n3057272/c6120419/content. html.

及创新能力日益萎缩的挑战不断凸显，在这种情况下，借由“再工业化”提振制造业并重塑美国制造业部门从而构筑新的制造业优势成为美国经济发展的现实要求。美国联邦政府审时度势，提出先进制造业计划（Advanced Manufacturing Program），并于 AMP1.0 报告中提倡启动该计划，旨在促进美国高端制造业发展，占领产业制高点，同时运用颠覆性创新和先进制造技术改造传统工业，重振美国中低端制造业的国际竞争力，最终引领世界制造业的未来趋势和发展方向。“双向挤压”导致中国制造业在新一轮产业革命中步履维艰，改变制造业“大而不强”局面以实现制造业转型升级成为中国加快转变经济发展方式的内在要求。中国政府顺应形势，制定了《中国制造 2025》并于 2015 年 5 月 8 日印发，致力于构建实现制造强国的技术体系和产业体系，突破核心技术，先人一步占领新一轮科技革命制高点，旨在通过“三步走”使中国跻身制造强国之列，为制造强国建设第一个十年描绘了蓝图。

值得注意的是，中美两国都将制造业创新中心作为谋求先进制造领域创新高地的核心，其基本原则、战略目标及其重点大同小异，但在布局定位、运作治理、资金投入、成员参与度、人才培养等方面却存在较大差距。“中国制造 2025”和美国先进制造业计划都将制造业创新中心作为构建其工业体系的核心。通过对其进行比较（见图 19－1 和图 19－2），我们不难发现“中国制造 2025”在战略谋划上远不及美国先进制造业计划，在实施措施上也不如美国先进制造业计划具体和周密详细。

（一）布局定位

早在 2012 年 3 月，时任美国总统奥巴马就提出创建“国家制造业创新网络”（NNMI）的倡议，计划十年内在全国范围创建 15 个顶级的制造业创新中心（Institutes for Manufacturing Innovation，IMIs），后扩大预算，又提出创建 45 个制造业创新中心的主张，以期夺回制造业领袖地位。截至 2017 年 1 月，15 个国家制造业创新中心已筹建完成 14 家。审察 NNMI 战略计划的整个脉络，该计划明确提出美国制造业创新网络的基本功能就是支持和推进制造成熟等级在 4～7 这个阶段的发展，将实验室成

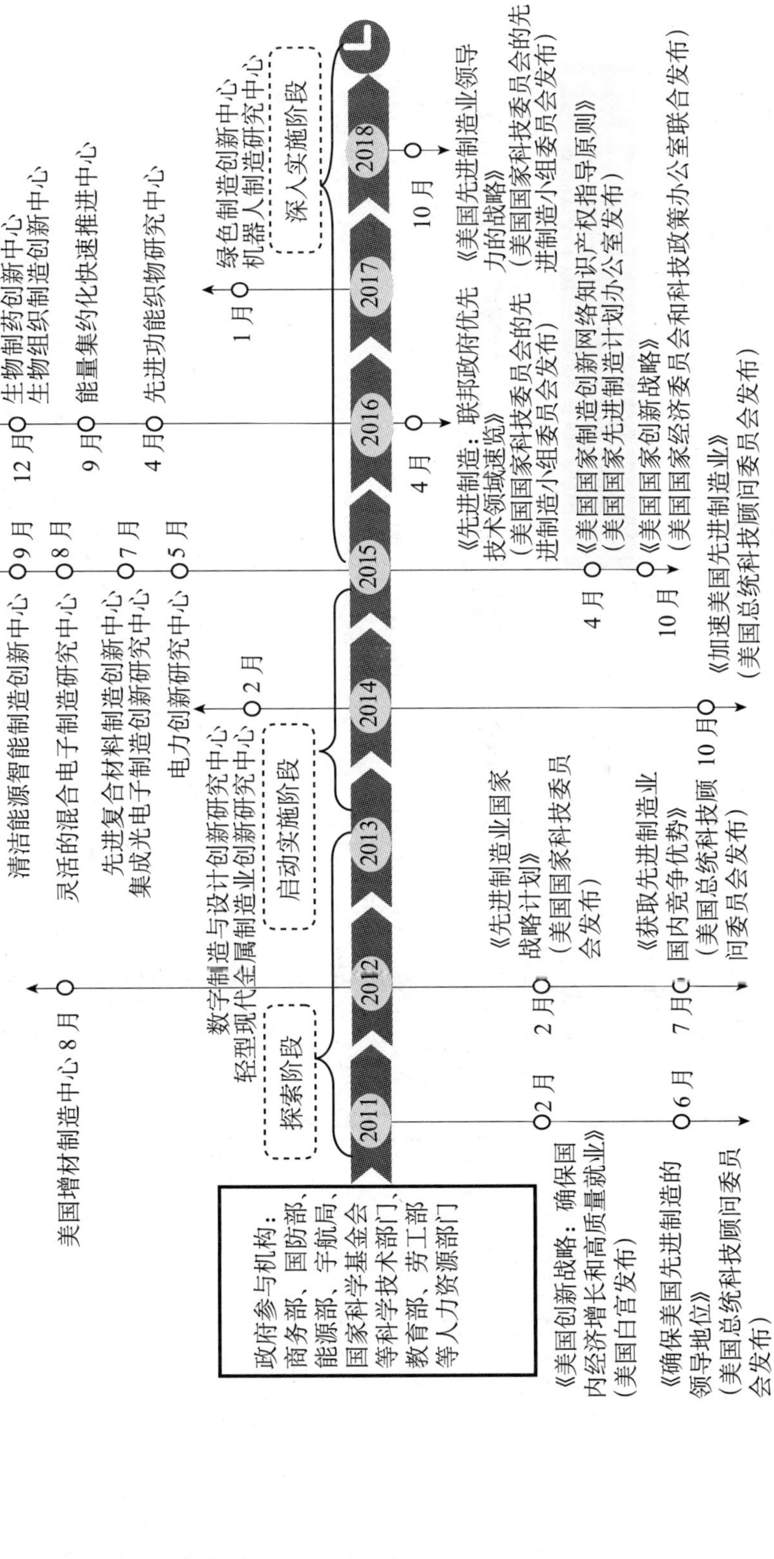

图 19-1　美国先进制造业计划战略部署及制造业创新中心推进情况

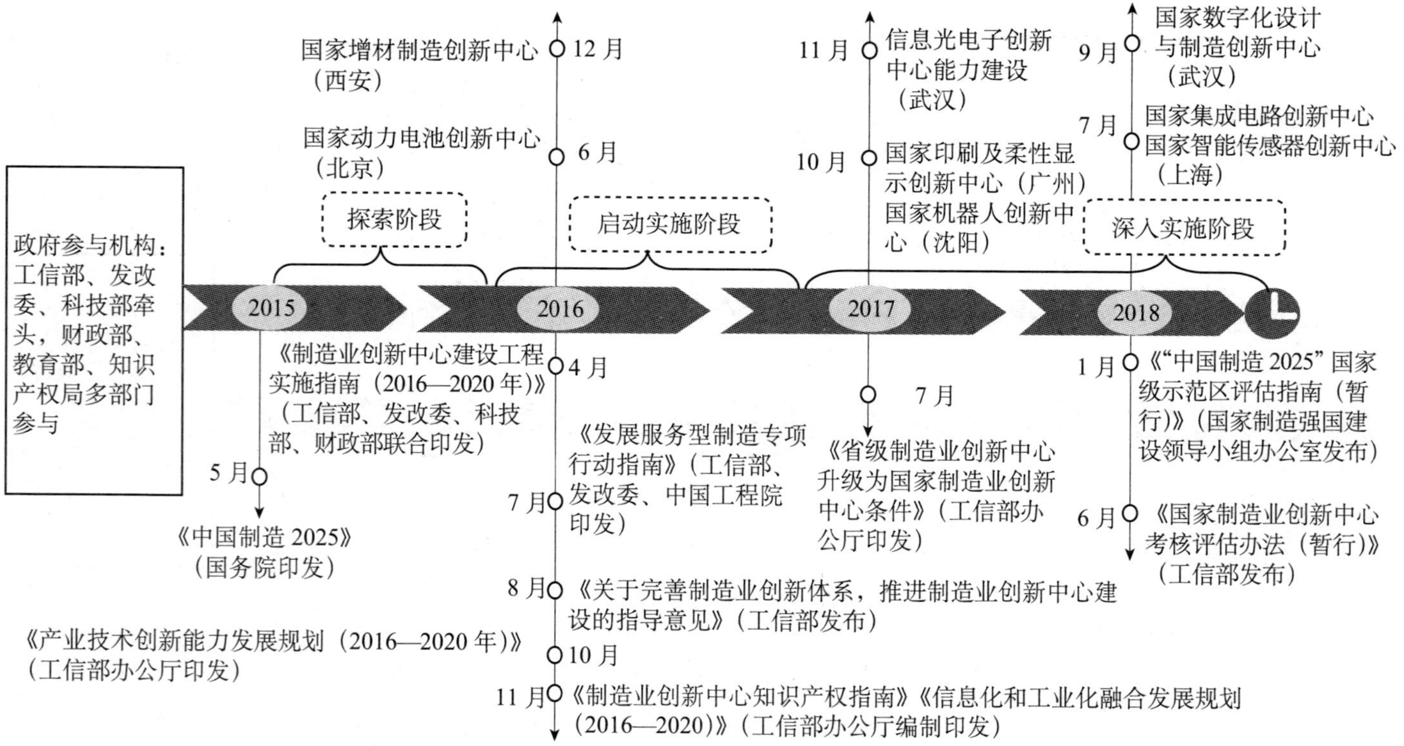

图 19-2 “中国制造 2025”战略部署及制造业创新中心推进情况

果转化为商业化产品，并就技术研发成果转化的方向和方式提供了具体的、具有可操作性的方案和路线图，以降低私人企业在技术和资金上的风险；同时以研讨会的形式共享信息和转化方法，促进先进技术的“孵化”，助推美国产业竞争力的升级，围绕科技成果转化形成一个遍布美国的制造业创新网络。

而根据《中国制造 2025》，“到 2020 年，重点形成 15 家左右制造业创新中心（工业技术研究基地），力争到 2025 年形成 40 家左右制造业创新中心（工业技术研究基地）”，而且目前我国业已建成 8 家国家级制造业创新中心。虽然中美创新中心建设总量相近，但是从我国《制造业创新中心建设工程实施指南（2016—2020 年）》来看，其定位比较泛泛，仅仅是多次强调建设“新型创新载体”，其科研成果转化方向和方式更是缺乏可操作性的指引。不仅如此，为了全面对接《中国制造 2025》，各省份纷纷部署相关行动计划，截至 2017 年 7 月，已培育建设 35 家省级制造业创新中心①，但各创新中心作为网络节点，功能交叉，规模分散，难以整合并形成合力。

（二）运作治理

美国制造业创新中心的日常运作是由政府、产业界、学术界以及其他利益相关机构以董事会的形式进行联合治理。董事会由各界代表组成，创新中心的负责人作为执行董事负责该中心的日常运转。虽然美国联邦政府在创新中心建立之初发挥了主导作用，但各创新中心是高度自治的，其日常运营是由极具影响力的非营利性机构②牵头，增强其影响力以吸纳会员，通过分层级会员制激励创新中心与会员之间以及各层级会员之间的协作。③ 各创新中心围绕特定战略目标和方向，整合内部资源，联合攻克工

① http：//www.miit.gov.cn/n1146295/n1146592/n3917132/n4545264/c5964939/content.html.

② 公司和大学不可以牵头，但是大学的下属独立机构或独立实验室可以作为牵头机构。美国的创新中心的牵头机构一般包括：大学下属科研机构、行业协会形成的产业联盟、政府直接设立的独立的非营利机构。

③ 中国电子信息产业发展研究院．美国制造创新研究院解读.北京：电子工业出版社，2018：51－55.

程化难题，聚焦于商业化产品的转化，同时培育和开发高技能劳动力，形成良好的合作伙伴关系，构建优越的制造业生态创新体系。

但是，中国制造业创新中心采取的是“企业法人＋联盟”的形式①，明确指出创新中心要以市场机制为主，根据市场需求，自主开展各类经营活动，在运营管理方面仍处于探索阶段，且政府主导色彩相对于美国并不浓厚。此外，关于我国制造业创新中心的牵头机构，其选择标准和评估指标并未明确，缺乏良好的内部交流和外部交流路径，其运作机制尚待进一步完善。

（三）资金投入

美国联邦政府对于每一创新中心，资助金额一般在 7 000 万美元到 1.2 亿美元之间，资助时间是 5～7 年，非联邦（民间）资助金额和联邦资助金额的比例一般为 1∶1，特定领域这一比例会更高，每一创新中心的累计投资规模都在 1 亿美元以上。截至 2017 财年，14 个创新中心获得联邦政府资助 10 亿美元，非联邦政府资助承诺 20 亿美元。但是，联邦资助的支出规划根据创新中心特点的不同而有所不同，美国政府给出了为期 7 年的资金投入的时间表，其后，联邦政府投入将逐步退出，最终创新中心在财政上自负盈亏、自行发展。由此，每个创新中心必须设计明确的、灵活的、可持续的营利模式，通过会员年费、服务费、技术转化项目投资、知识产权使用费和捐赠等构建起持续的资金流②，实现独立发展并反哺技术研发以及投入创新，力图通过这种良性的资金循环实现创新中心的可持续发展。

而我国的制造业创新中心，除 2016 年建立的国家动力电池创新中心投入 5 亿元外，根据有关规定，创新中心资助比例不超过总投资的 50%，单个项目支持额度不超过 3 亿元；部分省级制造业创新中心虽明确了初始

① http：//www.miit.gov.cn/n1146295/n1146592/n3917132/n4545264/c6363288/content.html.

② BONVILLIAN W B. Advanced manufacturing：a new policy challenge. Annals of science and technology policy. 2017，1（1）.

补助金额[①]，但是投入力度明显不如美国，而且也缺乏美国联邦政府这种“深入浅出”的资金投入机制以及可持续的资金循环机制。

（四）成员参与度

创新中心的作用是将各方联合起来形成合力，架构起基础研究和产品开发（商业化）之间的桥梁。截至 2017 财年，美国国家制造创新网络共集聚成员 1 291 个。成员中，制造商有 844 个，占 65%，其中小企业占 2/3，共有 549 个；大学、社区学院等学术科研机构共有 297 个，占 23%；联邦、州和地方政府机构，国家实验室及非营利组织有 150 个，占 12%[②]，凸显了创新中心强劲的集聚整合能力。而且美国大部分的制造业创新中心的成员参与数量都在 100 家左右，数字制造与设计创新中心甚至达到 307 家，且其规模仍在不断扩大。

我国已建成的制造业创新中心的成员单位数量与美国相比差距很大，且我国创新中心的资源整合力度不足，协同创新特征不明显，尚未形成全方位融合的创新生态系统。如最早创建的国家动力电池创新中心，拥有包括股东在内的成员单位仅 13 家，其中电池企业只有 4 家；而 2018 年 9 月创建的国家数字化设计与制造创新中心是目前所有创新中心中成员规模最大、覆盖范围最广的，但其拥有的包括股东在内的成员单位仅 73 家。

（五）人才培养

推动先进制造业发展必然伴随着对高技能劳动力的需求，意识到这一点后，AMP2.0 专门提出要采取措施确保人才输送，提出推广学徒制模式并创建试点项目，建立全国统一技能认证体系及培训课程，循序渐进地培

① 包括 500 万、1 000 万、2 000 万、3 000 万和 5 000 万五档。

② Advanced Manufacturing National Program Office, National Institute of Standards and Technology, U. S. Department of Commerce. Manufacturing USA annual report, fiscal year 2017, 2018. https://doi.org/10.6028/NIST.AMS.600-3.

训技术人才，以及推出新的先进制造业工程教育等政企紧密结合的人才培养计划；并建议由美国制造业创新中心帮助AMP2.0专门编写文件和计划，以进一步推广和复制先进制造业人才的培训措施，由此大部分美国制造创新中心在创建之初便紧紧围绕先进制造业本身承担起了劳动力教育和培训的职能，设立教育与培训投资计划，精准对接重点领域人才需求。比如，面向未来轻量化创新中心已创建多年，一直是所有制造业创新中心中劳动力教育和培训方面的领先者，仅2017年就通过其101个劳动力教育和开发附属机构推进了10个人才培养计划，涉及从高中层次的STEM教育到技术培训，再到工程教育，涵盖各个教育阶段，覆盖全国16万学生，贯通制造业人才系统培养渠道。

相较于美国制造业创新中心既是创新载体又是人才培育基地，我国在2016年方才制定《制造业人才发展规划指南》这一引领性的文件，但直到中兴事件爆发，才惊觉芯片人才缺口达32万。2018年8月16日发布的《中国集成电路产业人才白皮书（2017—2018）》指出，集成电路领域还存在技术人才紧缺与高流失率并存这一困境。[①] 此外，根据《人民日报》对三省六市100家企业的调查，制造业企业面临着技术人才“找不到、招不来、留不住”的三难问题，缺乏人才引入的系统性政策。[②] 先进制造人才供给与需求严重脱节，人才缺失特别是核心技术研发人才的严重不足成为先进制造业发展的绊脚石。

综上所述，美国制造业创新中心的运作已有6年经验，其运营机制和部署方案已趋于成熟，而我国制造业创新中心只有2年的实践经验。不仅如此，中美制造业创新中心虽然同在“顶层设计”之下，但中国在布局定位、运作治理、资金投入、成员参与度、人才培养等方面不如美国实施得好，在广度、深度、力度、凝聚度上与美国差距也较大。美国先进制造业计划具有明确的、详细的促进创新和投资的具体举措，由此促进部门协同、上下联动，形成合力，夯实产业基础，其国家作用是全方位的、具体的、系统性的；相比之下，“中国制造2025”多为“纲要”“指

① 高亢.我国集成电路产业人才呈稀缺状态.（2018－08－18）. http://www.gov.cn/xinwen/2018－08/18/content_5314803.htm.

② 制造业引才须综合施策.人民日报，2018－09－17.

南”“指导意见”等引导性、方向性、倡导性的规划。通过这种比较研究，我们不禁要问，究竟是美国还是中国更具“国家资本主义模式”的性质?

二战后，美国在宣传自由贸易和自由投资学说的同时，却通过非关税贸易壁垒和外资投资审查等实施保护主义。几年前，对于中国的中兴、华为、三一重工等企业在美投资，美国外国投资委员会动辄就以“国家安全”名义进行审查而加以拒绝。美国对“中国制造 2025”的指责实际上更适合于美国而不适合于中国，不论是美国商务部长被提名人罗斯指责中国是“保护主义最严重”的经济体①，抑或是黄亚生、刘工昌等站在美国角度指摘中国政府干预程度超越美国的观点，都是不切实际和有失偏颇的。

事实上，与当前更加自由化和市场化的中国经济相比较，自二战后以来一直到现在，美国才是保护主义和更强烈国家干预的真正代表。正如施兰克和惠特福德所言：“数十年来，在分散的政治制度下，联邦政府一直在推行产业政策……美国的产业政策不只保护了市场竞争，维护了宏观经济稳定，而且还通过各种不同的机构和手段提供公共服务，以满足企业的特定需求。”② 正如安德鲁和乔希所指出的，美国通过或隐蔽的或明确的方式推行产业政策才是美国的真实历史和现状。我们下面就史实为根据，揭露美国发展型国家或其自身“国家资本主义模式”的真相。

三、二战以来美国以技术为基础的产业政策

本部分以半导体产业发展历程为例，简要回顾二战以来美国政府实施的以技术为基础的国家政策，从而顺理成章地延续到了产业政策类型的转

① 冯迪凡．特朗普贸易官员初始任务确定　中方驳斥其保护主义论调.第一财经日报，2017-01-20.

② 沃德.美国的两面性：自由市场意识形态与产业政策的真相.贾根良，李家瑞，译.中国社会科学内部文稿，2017（6）：114-137.

变与升华，由此直观地还原了美国联邦政府作为技术创新领导者、市场塑造者和市场创造者的本来面目。从下文的历史回顾中，我们可以得出一个非常明显的结论：二战后，美国政府在不遗余力地倡导自由放任理论的同时，一直精心设计和实施以生产为核心的选择性产业政策，在生产相关的创新和技术方面推行了大规模的公共投资计划，从而强化了美国作为全球创新和技术领袖的地位。

亚历山大曾于1994年指出，早在二战结束之前，美国就前瞻性地制定了宏伟的计划以实现战后转型。① 如1944年，战时科学研究与开发局主任布什受命于罗斯福总统，为二战后科学研究任务制定发展规划，之后主持并发布了《科学：无止境的前沿》② 这一著名报告。布什指出，不应荒废战时形成的研发能力，特别需要联邦政府资助基础研究，并提出了促进基础科学研究的“管道模式”③，为20世纪美国科学进步规划了蓝图。在这一报告指导下，联邦政府对基础研究和应用科学研究的资金投入大幅增加。④ 为适应新兴技术发展趋势的内在要求和应对冷战的外部压力，美国国防体系发生长期转变。美国国防部不但资助研究的早期阶段，而且资助所有后续阶段，包括开发、原型设计、产品设计、示范、测试平台直至初始市场创造，贯穿整个创新管道，远远超越了常规的研发投入的角色，即“扩展管道”模式；其政策也并非囿于惯常的研发投入政策工具，还涵盖了政府采购、知识产权和反垄断政策等。正是通过这一“互联”的创新体系，美国国防部引领了20世纪的电子计算、半导体、超级计算、软件、个人电脑和互联网等计算和信息技术创新浪潮。⑤

以集成电路的发展历程为例。1947年，贝尔实验室的约翰·巴丁、沃尔特·布拉顿、威廉·肖克利成功研发出晶体管。20世纪50年代，半

① ALEXANDER J D. Military conversion policies in the USA：1940s and 1990s. Journal of peace research，1994，31 (1)：19－33.

② BUSH V. Science：the endless frontier. Washington，DC：United States Government Printing Office，1945. https：//www. nsf. gov/od/lpa/nsf50/vbush1945. htm.

③ 具体来说，在这一模式下，政府仅支持早期研发阶段，后续阶段交由市场。

④ 皮萨诺，史. 制造繁荣：美国为什么需要制造业复兴. 北京：机械工业出版社，2014：115.

⑤ RUTTAN V W. Is war necessary for economic growth? military procurement and technology development. New York：Oxford University Press，2006：1－16.

导体的军事潜力得以立即运用，国防部直接资助这一技术的生产工艺研发和“试错”实验，承担了晶体管开发的风险和成本以实现批量生产。根据蒂尔顿的研究，截至 1959 年，联邦政府资助了该领域研发投入的近 25%。不仅如此，联邦政府还通过政府采购的形式支持半导体企业的发展。1958 年，得州仪器公司的基尔比发明集成电路。集成电路研发成功后四年间，客户只有美国空军和航空航天局（NASA）。甚至到 20 世纪 60 年代中期，美国政府一直是美国制造的集成电路的唯一客户。[①] 随着集成电路商业化应用臻于成熟，政府采购占比从最初的 100%下降到 20 世纪 90 年代的不足 10%。正是得益于这种政府采购过程，很多新的半导体公司纷纷出现，如仙童半导体公司；随着时间的推移，这些新创企业还获取了在该行业的技术领先地位。也正是这一过程，极大地推动了该行业的早期成长和价格下降，使得集成电路技术从贝尔实验室、仙童半导体公司和英特尔公司转移到苹果手机或平板电脑之类的电子设备；更重要的是，这一过程使得半导体在美国的生产逐渐涵盖了设计、制造、封装、测试等几乎所有产业链环节，为美国成为发展型网络国家（developmental network state，DNS）奠定了基础。

虽然集成电路首先由美国创造，但是日本于 1976 年发起一项超大型集成电路计划，旨在增强日本半导体的制造能力。1985 年，日本在这一领域实现技术赶超。面临激烈的国际竞争，为了恢复美国在半导体领域的领导地位，美国国防部高级研究计划局下属的联合半导体研究协会于 1987 年组建了半导体制造技术联盟（Sematech），国防部提供了 5 亿美元的拨款，为期 5 年，并且明确指出将研发投入的 80%用于 2～3 年内可转化为商业成果的短期项目，20%用于 3 年及以上的长期项目。[②] 美国半导体制造技术联盟并没有囿于针对基础研究的研发计划，反而着重强调了未来五年联合开发技术的“路线图”，以指导制造商和供应商的研发投资和产品开发，并推动制定有关设备技术标准和性能目标的协议。1995 年，

---

① 贾根良. “中兴事件”对中国加入 WTO《政府采购协定》敲响了警钟. 学习与探索，2018（8）.

② CARAYANNIS E G，ALEXANDER J. Strategy，structure，and performance issues of precompetitive R&D consortia：insights and lessons learned from SEMATECH. IEEE transactions on engineering management，2004，51（2）：226－232.

美国半导体制造技术联盟便帮助美国重获制造业领袖地位。在此期间，国防部高级研究计划局为了实现技术突破，支持加州理工学院的卡弗·米德和施乐帕克研究中心的林·康维开发了半导体设计规范及相应的“晶圆代工”模型，即制造和设计过程的分离模式，大大提高了其效益，但同时也导致了半导体产业公地的衰退。其他领域的制造活动也出现了类似的大规模外移现象。这种断层逐渐威胁到美国自身的研发能力，加之2008年经济危机，便引发了奥巴马一系列的“制造业振兴计划”——借政府的“有形之手”重建公地之举。

美国半导体制造技术联盟是国防部支持生产转型改进的经典例子，创造了经典的创新联盟模式，实现了从传统的产业政策到网络型产业政策的转变和升华。从长期政策的视角看，围绕制造业技术和过程创新组建的跨产业、大学、政府机构的创新组织模式比年度资助意义更为深远，其作用和成效影响至今。近年来，这一“互联”模式以制造业创新中心的形式回归，力图应对复杂的、以生产为基础的挑战，占领下一次产业革命的制高点。从上一部分可以得知，美国制造业创新中心的构建思路是，将学术界（包括大学、社区学院及国家实验室等研究机构）、产业界（制造企业、初创企业等）和政府（联邦政府、州和地方政府及经济发展组织）等连接起来。学术界致力于并完成基础研究；产业界负责产品的开发和推广；而政府需要识别产业界、学术界和政府之间的合作机会，并提供资金支持。创新中心的作用则是将各方联系起来，架构起基础研究和产品开发（商业化）之间的桥梁。创新中心的活动在总体上是通过美国先进制造业计划办公室（AMNPO）全权负责，这就是马祖卡托所说的政府所发挥的“发展型角色”作用。①

美国联邦政府在半导体产业发挥的作用并非孤立案例。借助于戴维·P.安吉尔②、戴维·C.莫厄里、马祖卡托、罗伯特·H.沃德、贾根良③、

① MAZZUCATO M. The entrepreneurial state：debunking public vs. private sector myths. London：Anthem Press，2013.

② ANGEL D P. Restructuring for innovation：the remaking of the U. S. semiconductor industry. New York：The Guilford Press，1994.

③ 贾根良．强烈呼吁恢复自主创新产品政府采购的三个文件.（2017－01－13）. http：//www. wyzxwk. com/Article/chanye/2017/01/375802. html.

周建军[①]等国内外学者对美国产业政策发展史的研究，我们很容易看到：半导体的发展、计算机硬件的商业化、互联网的普及等，都取决于政府的长期战略以及有目标的投资行为，特别是政府采购的关键作用。正如贾根良所指出的：政府采购在美国计算机、大飞机、芯片产业和互联网等众多核心技术的原始创新和霸主地位的形成中发挥了关键性的作用。但是，相较于美国政府采购在推进关键技术应用过程中的关键作用，我国对资助创新的支持基本上只是提供研发资金支持和税收减免等供给方创新政策，缺乏政府采购这种极为重要的需求方政策，这也是导致我国在中兴事件中被人扼住咽喉的主要根源。[②]

作为网络型产业政策的典型，美国先进制造业计划可谓"十年磨一剑"。通过考察其十多年来的报告、专项计划、战略规划等，可以发现美国当下的"国家制造业创新网络"并非偶然或是突然的战略举措，其内在思路和逻辑也不是"再工业化"所激发的，而是数十年来美国以创新政策为名实施政府干预实践的延续和升华。虽然美国政府不断在各个场合中声称本国没有产业政策，特别强调创新政策与产业政策的不同，但是，在这种"投资创新，规划先行，谋定而后动"的统筹指导下，我们发现美国的创新政策实际上就是产业政策。从更广泛的背景来理解，如果依然假设私营部门企业家和风险资本家的"自由市场"会产生更好的结果，那么这一假设是基于对政府主导的创新网络获得的收益的无知。在发展的关键节点上，联邦政府无不是以投资和创新作为重振国家经济的两大手段，其投资具有战略性、灵活性和任务导向性，其创新具有预见性和变革性，其技术领域既考量了短期的接受度，又考量了长期的应用潜力。所有这些美国成功的故事，都证明美国工业基础不是凭空产生的，不是自下而上涌现的，更不是市场自发的，而是"顶层设计"的产业政策与企业家勇于创新相互激荡的结果，也是美国本土产生的"国家资本主义"的产物。[③] 这并非偶

---

① 周建军.美国产业政策的政治经济学：从产业技术政策到产业组织政策.经济社会体制比较，2017（1）：80－94.

② 贾根良."中兴事件"对中国加入WTO《政府采购协定》敲响了警钟.学习与探索，2018（8）.

③ LIND M. Who's afraid of industrial policy?.（2012－01－31）. https：//www.salon.com/2012/01/31/whos_afraid_of_industrial_policy/.

然，而是某种程度的必然，只不过美国政府以“捍卫国家安全”作为幌子，将其产业政策成功地隐形了。

从历史和事实的角度来看，美国从来都是通过选择性的产业政策推动创新革命的浪潮，美国在世界上的领先地位与政府干预息息相关。就美国先进制造业的组织过程而言，在国家层面上，美国政府审时度势，设立专职机构、制定专项计划以及出台大量政策和法规等进行支持，而且这些努力实际已经超越了一代人的时间；在操作层面上，联邦政府一直在分散的、相互独立的政府机构内，以不同的方式推行促进美国技术变革的产业政策，来满足不同类型的组织对特定人才或重要资源的需求，特别是通过构建协同创新的社区，孕育下一代产业革命的领导者，从而进一步推动了产业升级和经济发展。相较之下，通读《中国制造 2025》可知，它只是提出了动用财政资金加大对技术的研发力度、组建研发联盟的计划，但这不过是对美国惯常做法的模仿而已，在政策实施的广度、深度、力度、凝聚度和实际效果方面都远不及美国。由此来看，美国政府这种两面派作风，不过是“只许州官放火，不许百姓点灯”的行径而已。

四、结语

流行观点认为，中国力图通过“中国制造 2025”支配世界，这种经济扩张行为不但威胁美国经济，更是危害了全球的创新体系，是国家主义产业政策的表现。但通过还原美国的历史，我们可以发现，二战以来，美国政府实施了比官方说法多得多的产业政策，美国一直以来都是以创新发展为主题，以技术突破为主线，以获取产业竞争的制高点为主攻方向，以引领世界制造业的未来趋势和发展方向为目标，以健全的研发政策为保障网，以维护知识产权为利益链，以国际安全为借口，以促进技术扩散为发力点，由此引领了高新技术研发和创新浪潮。美国联邦政策的部署和制定从来都是一个有步骤、有计划的过程。一方面，它符合美国的发展方向和整体利益；另一方面，它提供具体的详细建议，具有较强的可操作性。这种政策实施的范围涵盖了从推进主要技术创新（通用性技术）到特定部门应用该技术及其衍生产品，再到类似农业推广服务的制造业推广服务。[①]与中国公开而明确的发展议程不同，美国促进产业升级和发展能力的产业政策则很少进行公开讨论或辩论。美国学者马祖卡托和布洛克[②]分别将其称为“企业家型国家”和“隐形的发展型国家”。显然，美国政府并非自由市场命运的被动接受者，相反，它将未来积极地掌握在自己手中，通过创造技术革命的巨浪，推动勇于创新的企业家成为弄潮儿。

颇为讽刺的是，从未置身产业政策之外的美方却通过对中国发起“301调查”，直指“中国制造2025”，仅仅通过搜集国家发布的规划文件或援引一些研究机构基于假设的报告，便横加谴责中国在技术转让、投资、市场准入等方面实施不公平的保护举措。这种混淆视听的行为罔顾事实，缺乏客观证据，是建立在道听途说、主观臆测和不实之词基础之上的。[③] 透过其表象，不难看出这是典型的贸易保护主义和单边主义行径，借知识产权保护之名，行贸易保护之实。到底是中国旨在谋求世界霸权，还是当前霸权国家妄图阻止新兴国家的发展，可谓一目了然。

事实上，自20世纪80年代以来，美国等西方国家政府一直在向包括中国在内的发展中国家施加强大压力，要求它们“遵循比较优势”，并继续专注于初级商品出口和低端制造业的组装等活动，并限制它们在开发生产能力上的“政策空间”[④]。这种施压不过是发达国家长期以来试图阻止“外围国”上升为“中心国家”的手段的继续。只是“施压手段”不是依靠坚船利炮、殖民统治和种族意识形态，而是依靠有条件的贷款、自由贸易协定和新古典主义理论的新手法……这是为维持现有的世界经济“中心—外围”结构开出的药方。在这种结构中，高回报、高关联度、高收入

---

① BLOCK F，KELLER M. State of innovation：the U. S. government's role in technology development. Boulder：Paradigm，2011；WEISS L. America Inc.?：innovation and enterprise in the national security state. Ithaca：Cornell University Press，2014.

② BLOCK F. Swimming against the current：the rise of a hidden developmental state in the United States. Politics and society，2008，36（2）：172－174.

③ 余永定．中美贸易战的回顾与展望.（2018－07－08）. https：//www. sohu. com/a/239957479_425345.

④ WADE R. The art of power maintenance：how western states keep the lead in global organizations. Challenge，2013，56（1）：5－39.

需求弹性的活动主要集中在“中心国”，维持“中心国”而非“外围国”的繁荣。① 由此看来，自由贸易和贸易保护只不过是不同的经济手段，在何时何地选择哪种手段，国家利益是决策的基本原则。对美国来说，当某种产业的国家竞争力受到其他国家威胁时，它就会不遗余力地采取保护手段；但当其他国家无法与其竞争时，为了打开别国市场并获取垄断地位，祭起自由贸易的大旗就成为它的必然选择。②

因此，一方面，我们应该充分地认识到，美国政府的意识形态与其政策实践是相背离的。美国自二战至今的成功故事都凸显了美国政府产业政策的作用。正是长期以来美国实施的大规模的技术和创新方面的公共政策，为美国获得并保持高新技术引领者的地位奠定了基础。而国内学界鼓吹不受政府干预的市场竞争和自由企业，这是与历史上美国以及其他大国崛起的历史规律背道而驰的。所以，我们应破除“自由竞争”和“自由贸易”的神话，坚持政府在推进技术变革和加速产业升级与多样化方面应发挥更积极的作用，而非遵循传统的“将产业升级和多样化留给市场”的理论。另一方面，我们应该清醒地认识到，美国“只许州官放火，不许百姓点灯”的双重标准说到底是一种虚伪的表现而已。美国越是千方百计阻挠“中国制造2025”，越是说明这一战略规划的正确性，我们切不可受到美国妄加指责的影响，也决不能上当受骗，而是要反其道而行之，不要按照美国所说的去做，而要按照美国所做的去做，并且要比美国做得更好。

因此，我们需要深入研究美国以网络型产业政策模式为基础的先进制造业计划，充分借鉴其构建“发展型网络国家”的思路和具体措施等方面的有益经验，构建我国科技创新的“新型举国体制”。“新型举国体制优势”这种提法最早是在“十三五”规划草案中提出的。据报道，在2016年3月“两会”期间的科技界小组讨论会上，“举国体制”成为委员们提到的高频词。但是，许多人可能对这个概念的理解有偏差。例如，在陈凯先院士看来，最能诠释这四个字的就是“青蒿素”的研制过程。但在今

① WADE R. The invisible hand of the American empire. Ethics and international affairs, 2013, 17 (2): 77-88.

② 贾根良. 不要陷入迷信“自由贸易”的误区. 经济导刊, 2014 (10): 65.

天，科研协作变得越来越困难，因为在做研究之前，大家可能最先关注的是到底谁应该排在第一位。笔者认为，陈院士的看法仍是从基础研究和目前我国自然科学基金运作方式的角度来看待“新型举国体制”的。如果科研合作是以任务和产业化为导向的，特别是如果采用美国国防部高级研究计划局的体制，那么，谁应该排在第一位这个问题就不会成为障碍。为了建立社会主义市场经济条件下科技创新的“新型举国体制”，笔者建议借鉴美国的成功经验，将能源局升格为能源部，并在科技部、工信部和能源部等国家部委分别创建高级研究计划局，统筹协调与美国等国家在重大核心技术和前瞻性突破创新上的全面竞争。

但是，我们也应该认识到，美国的“发展型网络国家”存在着由资本主义制度而内生的本质缺陷。正如著名发展经济学家沃德在对其进行评价时指出的，如果美国“通过一个顶级的中央机构，在联邦政府机构的各种计划之间进行更多的协调，美国的产业政策可以变得更有效率”①。沃德还指出，波特曾否认国家战略的优势，但现在却改变观点说：“如果美国两党通过建立一个联合计划组织，协调总体的（和发展的）优先事项，美国国会将会从中受益。为了将许多互不相干的法案整合成系统的政策，需要更多的在综合立法方案上的选票。”② 但是，由于美国资本主义制度的内在缺陷，美国的“发展型网络国家”根本就不具备我国社会主义制度集中力量办大事的优势。我国应该继续发挥“两弹一星”举国体制的优势，总结改革开放以来在这方面的成功经验和教训，加强中央政府对产业规划的统筹能力，加快完善鼓励创新的政策体系，构建我国创新驱动的“新型举国体制”，推动“中国制造 2025”取得更辉煌的成就。

笔者认为，中国特色的“新型举国体制”至少需要具有以下两个特征。第一，充分发挥国有企业作为创新驱动先锋和国家创新意志的政策工具的重要作用，在国资委设立科技创新高级研究计划局可以作为一项具体措施，这体现了我国社会主义制度集中力量办大事的所有制优势，对这一

①② 沃德.美国的两面性：自由市场意识形态与产业政策的真相.贾根良，李家瑞，译.中国社会科学内部文稿，2017（6）：114-137.

问题的深入研究对于我国国企改革也具有重大意义。[①] 第二，建议中央成立高规格的创新政策委员会，统一协调笔者建议设立的国家各部委的高级研究计划局以及各省之间的创新活动，建立将分散与集中相结合的具有中国特色的“新型举国体制”。很显然，在这些方面有许多重大问题需要探讨，我们只能留待以后再继续讨论了。

---

① 贾根良. 开创大变革时代国家经济作用大讨论的新纲领. 政治经济学报，2017（1）.

第二十章　征收高出口税：中美经济战出奇制胜的“杀手锏”*

早在 2018 年 4 月 11 日，笔者就已指出，美国战略家很清楚对来自中国的产品加征进口关税解决不了美国的贸易逆差问题，关税问题只不过是特朗普施放的烟雾弹而已，他的真正目的就在于：一是给中国政府施压，利用其直接投资在中国国内压制中国价值链高端的发展；二是声东击西，迫使我国彻底开放金融市场。在随后的文章中，笔者又指出，特朗普对中国发动的贸易战并非局限于关税战，而是包括技术战、知识产权战、投资战和货币金融战等在内的全面经济战争，因此，“应对中美经济战只和美国打关税战无济于事，必须针对美元霸权和美国的投资保护主义采取对等反制措施。我国比美国更需要保护自己的民族产业，保护价值链高端，保护国内市场!”① 问题的关键是：我国如何才能达到这一目标呢？2018 年 7 月中旬，笔者上报了一篇相关内容的内参文章，但自此之后，笔者就完全转入了对经济思想史史学理论的研究。然而，中美经济战的形势在 12 月初陡然紧张，促使笔者不得不重拾对该问题的研究，其结果就是提出了笔

---

* 本文根据笔者在 2018 年 12 月 13—14 日给研究生授课的录音和 12 月 23 日所做学术报告的 PPT 整理修改而成，完稿于 2018 年 12 月 31 日。本文发表于《武汉科技大学学报（社会科学版）》2019 年第 2 期。

① 贾根良. 只有保护民族经济才是应对中美经济战的正确选择.（2018 - 09 - 05）. http：//www. cwzg. cn/theory/201809/44331. html.

者曾自称为“夺取战略性根本胜利的奇策异谋”的“出口税战略”①。

本文的目的就是对这一战略进行较为详细的初步讨论。文章的第一部分将讨论我国为什么不能因特朗普关税的“纸老虎”而对其做出让步，从而提出对我输美产品征收高额出口税的设想。第二部分比较详细地分析了征税的对象、税率设定和相配套的总体外贸战略问题。第三部分借用英国古典经济学家威廉·配第的“政治算术”概念，对这一战略作为“免费午餐”的短期国家利益进行计算。最后两部分则讨论：如果将这一战略扩展为进出口平衡战略，它将如何引发中国经济革命性的变革。其中，第四部分简要说明它对主权信贷、减税、财政投资和攻克核心技术的重要意义；第五部分从自主国内市场、民营经济大发展和高端价值链的进口替代的角度，扼要论述它对突破“中等收入陷阱”的关键性作用。

一、问题的提出：特朗普关税的“纸老虎”并不可怕

为了能更好地理解事情的来龙去脉，我们有必要简述美国对中国发动经济战的过程和主要事件。迄今为止，我们可以将其大致上划分为三个阶段。

第一个阶段是从北京时间 2018 年 3 月 23 日开始，到中兴事件暂告结束为止。3 月 23 日凌晨，美国总统特朗普签署备忘录，基于美贸易代表办公室公布的对华“301 调查”报告，指令有关部门对华大规模加征关税，并限制中国企业对美投资并购，中美经济战正式开打。4 月 16 日晚，美国商务部发布公告称，美国政府在未来 7 年内禁止中兴通讯向美国企业购买敏感产品。5 月 15 日，《华尔街日报》援引来自美国政府官员的内幕消息报道，美国放行中兴的交换条件是中国放行高通收购恩智浦半导体的交易案，以及取消数十亿美元的美国农产品进口关税。据分析，一旦高通收购恩智浦成功，就会引发整个供应链的恐慌，对于国内正在快速发展的半导体行业是个沉重的打击。过去十年，中国在半导体行业至少投入了

① 贾根良. 我国对出口美国产品征收出口税将使美国一败涂地. 公众号“贾根良经济学”，2018-12-13.

1 500 亿美元，希望获得在全球半导体行业中的领先地位，但目前这种行业政策导向已开始影响美国在该行业的市场份额。如果高通收购恩智浦被放行，对于本就脆弱的国内半导体行业来说意味着将会被进一步限制发展空间。6 月 7 日，中兴通讯与美国商务部达成新和解协议，中兴通讯支付巨额罚款并接受美国向其派驻合规监督官，中兴事件暂告结束。

第二个阶段是从美国政府对来自中国的出口产品加征进口关税开始，到 2018 年 12 月 1 日中美两国元首达成重要共识为止。北京时间 2018 年 7 月 6 日 12 点整，美国政府开始对中国出口到美国的 340 亿美元的多种商品加征 25%的进口关税；8 月 23 日，美国又对中国 160 亿美元的出口商品加征 25%的关税。中方反击措施是，截至 8 月 23 日，对美国的 500 亿美元出口商品对等加征 25%的关税。9 月 24 日，美国又对中国出口到美国的 2 000 亿美元产品加征 10%的关税，并声称自 2019 年 1 月 1 日起增加至 25%；如果中国实行反制，则再对中国 2 670 亿美元产品加征关税。但在 9 月 24 日时，中国已无法再采取对等关税措施了，因为根据中国海关统计，2017 年中国进口美国商品总额为 1 539 亿美元，而根据美方统计，仅有 1 304 亿美元，所以实际实施的措施是增加对美国出口到中国的 600 亿美元商品征收 5%～25%的关税。但令人费解的是：我国为什么不对美国的服务贸易征税？2016 年，美国对中国服务贸易顺差为 557 亿美元。

第三个阶段就是从 2018 年 12 月 1 日开始到本文完稿时仍未结束的现阶段。据报道，2018 年 12 月 1 日，中美两国元首达成重要共识，停止相互加征新的关税。

特朗普挥舞关税大棒，一直在步步紧逼，企图迫使中国对其提出的致命通牒妥协投降。中国谈判代表团只能与其艰难地周旋。实际上，美国的这种高关税恫吓只不过是“纸老虎”的行径而已。为什么这样说呢？只要我们看一下统计数据，就会明白这一点：美国 7 月开始对中国征收高关税，但 8—11 月美国对华贸易逆差不仅没有减少，反而增加了；11 月，中国对美贸易顺差激增至创纪录的 356 亿美元。① 虽然到 2019 年上半年中国对美贸易顺差将有可能出现较大幅度的减少，但事实已经证明，中国对

① 外媒关注：中国 11 月对美贸易顺差创新高.（2018-12-09）. https://baijiahao.baidu.com/s?id=1619341384401098333&wfr=spider&for=pc.

美顺差不减反增这一事实说明我国不应该答应特朗普的任何条件。即使美国在2019年3月2日将2 000亿美元的中国对美出口产品的关税率提高到25%，对中国出口也不会造成多大影响，笔者估计不会达到十年前国际金融危机对中国出口一半的影响程度：2009年我国对外贸易进出口总值比2008年下降13.9%，其中出口下降了16%。[①] 在笔者看来，美国提出的所谓中国强制性技术转让、非关税壁垒和结构性改革等问题都是无端的指责和无理要求，中国岂能被特朗普关税的“纸老虎”所吓倒，从而接受其无理要求？

笔者一直主张，应对中美经济战，我国奉行的战略应该是毛泽东主席的“你打你的，我打我的”战略思想。我们决不能被特朗普牵着鼻子走，我国不仅不应该答应他的条件，还应该取消已经实施的进口美国农产品和汽车的措施，拒绝批准高通-恩智浦交易，并对出口美国的产品征收高达美国进口关税率3倍左右的出口关税。对于笔者的这一建议，绝大多数人可能感到不可思议，因此，就有必要对这一战略的可行性进行一番研究。

二、战略打击：对我输美产品征收高额出口税

据美国商务部数据，在美国2016年的贸易逆差中，美国对中国的贸易逆差就占47%。[②] 笔者这里首先要提出的问题是：美国这种巨额的对华贸易逆差是否形成了对中国进口商品的严重依赖？如果中国对出口到美国的产品征收高额出口关税，会不会导致美国国内工业消费品物价大幅度上涨？继续对美国农产品征收高关税会不会导致其大量滞销，引发美国农民的抗议？两者的共同作用会不会导致美国股票和债券暴跌，从而引发美国社会特别是支持特朗普上台的美国中下层民众对其强烈不满？即使笔者的这些假设都能成立，肯定仍会有很多人提出质疑：你这个馊主意定将“杀

---

① 2009年进出口数据：去年贸易顺差减少三成.（2010-01-11）. https://business.sohu.com/20100111/n269498285.shtml.

② 美商务部.美国2016年贸易逆差中国占比47%.（2017-02-08）. https://finance.qq.com/a/20170208/017632.htm.

敌一千，自损八百”，它肯定会导致我国产品的大量滞销、中小企业倒闭潮和劳动力的大量失业。而那些觉得我的建议似乎有道理的人可能会问：你这个计谋难道只是为了逼退特朗普吗，是否还有更深层次的考虑？是的，在笔者看来，这是中国经济转型的一个绝佳历史机遇！而要回答这些问题，关键在于搞清楚征收高额出口税是否成立。这一问题将留待下一节再回答。在这里，笔者首先讨论征税对象和税率的设定、征税的基础以及相配套的总体外贸战略问题。

（一）征税对象和税率的设定

从2017年中国对美出口统计中，可以观察到占比名列前茅的三类产品：机电、音像设备及其零件、附件（以下简称机电类产品）；纺织鞋帽、家具、玩具（以下简称纺织类产品）；杂项制品。具体情况如下：第一，在2017年中国对美出口4 297亿美元的总金额中，机电、音像设备及其零件、附件出口金额高达1 985.89亿美元，占比为46.20%，该类产品在2015年占美国全部机电类产品进口总额的39%左右，表明美国在该类产品上对华进口依赖程度很高。① 而且，这类产品有一定的技术含量，一年甚至一年半之内中国生产商很难被其他国家和美国本土生产商所替代。第二，2017年全年，中国对美国出口的纺织鞋帽、家具、玩具等产品共计1 094亿美元，占中国对美国出口总额的25.5%，占美国全部该类产品进口总额的比例高达43%左右，表明美国在该类产品上对华依赖程度很高②，但短期内（至少6个月）难以从其他国家进口较大量的替代品。第三，杂项制品占中国对美出口的11.88%。暂不考虑对杂项制品征收出口关税，我国机电类和纺织类两大类产品就占2017年对美出口的69.20%，征收出口税的产品总额共计3 079.89亿美元（机电类产品1 985.89亿美元+纺织类产品等1 094亿美元）。

针对我国上述两大类对美出口产品，笔者根据美国寻求替代品的难度设定不同的关税率，替代程度越高，征收的出口税就越低，具体情况如

①② 鄂永健.贸易战对中美两国物价影响的深度分析.（2018-06-16）. http：//finance.sina.com.cn/zl/bank/2018-06-16/zl-ihcyszsa2792607.shtml？tj=none.

下：第一，在机电类产品中，美国免征进口税的苹果手机等共计484亿美元，中国对其征收85%的出口税；对于特朗普已征进口税25%的产品，中国再征收60%的出口税。因此，机电类产品总的关税率（美国进口关税和我国出口关税的加总）设定为85%。第二，纺织类产品的总关税率设定为55%，其基本构成如下：美国已征税10%的，中国再征收出口税45%；特朗普没有征收进口税的，中国征收出口税55%，总体关税率为55%。

（二）征税的基础

对我国出口到美国的产品征收高出口税，存在着客观的基础。第一，中国以牺牲环境和资源等为代价，一直在贱卖其产品。第二，外资企业特别是美国经销商获得了超额垄断利润，它们对中国的出口税具有非常强的承受能力。第三，征税的好处不能让美国垄断，而应基本上由中国获得。以下两个案例取自我国官方研究报告：《关于中美经贸关系的研究报告》。

> **案例1**：中国小家电产能占全球产能80%以上，出口额约占全球的45%。2016年，中国小家电出口额342亿美元，但基本以代工为主，出口价格一般为终端市场零售价的1/4左右，有的甚至更低。①据此计算，美国分包商和经销商的经营管理、运输、销售和利润占终端市场零售价的3/4。
>
> **案例2**：在中国出口的纺织服装、鞋帽等商品中，美国进口商和零售商获益占到商品整体利润的90%。② 例如，中档羽绒服出口均价约每件40美元，美国市场终端销售价则在200美元左右，出口价是零售价的1/5。中国企业在加工环节的获利约占产品终端售价的1%～2%，获益非常有限，美国进口商是主要受益者。③

从以上两个案例可以看出，对中国出口到美国的产品征收高额出口税可以迫使美国经销商给中国企业让利。我国不应再允许发达国家的跨国公

---

①② 中国商务部.关于中美经贸关系的研究报告．商务部官网，2017-05-25：24.

③ 同①25.

司趾高气扬地宣称："拿走利润，给中国留下 GDP!" 2010 年，笔者曾针对这种状况，提出建立中国出口产品价格卡特尔的建议①，但卡特尔的组织不易建设，实施成本也比较高，而出口关税就可以很容易地解决这一问题。以案例 2 为例，出口价格为 40 美元，如果我国对其征收 55%的出口税，美国进口价格（没有计算海运成本和利润）将为 66 美元，假定美国市场终端销售价仍为前述 200 美元，那么，美国运输商和经销商的成本和利润总计为 134 美元，仍是我国生产商出口价格的两倍！

（三）总体外贸战略

上述征收出口税的措施需要一整套外贸战略与之相配套，这包括：(1) 取消对美出口的所有出口退税；(2) 人民币汇率升值 10%。自中美经济战以来，截至 2018 年 12 月中旬，人民币汇率已贬值 12%以上。基本的思路是，在人民币汇率升值 10%后，汇率基本上维持不变。对于人民币汇率的升值幅度问题，仍需进一步讨论。在采取这两项措施后，对美出口机电类产品总关税水平为 110%（征税 85%+假定取消的出口退税率为 15%+汇率升值 10%），对美出口纺织类产品总关税水平为 80%（征税 55%+假定取消的出口退税率为 15%+汇率升值 10%），两大类出口产品简单非加权总关税水平为 95%。在半年至一年半之内，假定汇率稳定，再假定美国经销商和发包企业等减少 25%的利润，从别国进口替代性商品抵消价格上涨 25%，那么，美国国内同类商品物价上涨将是多少？45%！在这种情况下，美国的物价总水平和消费物价将上升多少？只要消费物价上升 15%，就能达到对特朗普政府的战略打击目的。

此外，我国还应采取以下配套措施：第一，对稀土等大量有色金属征收高出口税，保护生态环境！② 第二，继续对美国农产品征收高进口税，恢复进口农产品的国内生产，振兴农业，这是对粮食危机防患于未然的根

① 贾根良. 解决"美元陷阱"和人民币汇率问题的正确思路. 广东商学院学报，2010 (4).

② 贾根良，刘琳. 中国稀土问题的经济史透视与演化经济学分析. 北京大学学报（哲学社会科学版），2011 (4): 136-144.

本措施，其他理由还可参看笔者的相关研究。① 第三，取消外资企业（包括合资企业）对美国以外国家的出口退税，对出口到美国以外国家的中国企业仍保留新的出口退税政策，但宣布2～5年的调整期，5年后将全部取消。第四，争取在5年左右实现我国进出口的基本平衡，也就是在5年左右将贸易顺差降低为零；对“一带一路”国家实施进口资源（逆差）、出口制成品（顺差）和略有逆差的贸易平衡战略。

（四）美国经销商寻求替代中国进口品的难度问题

笔者曾经指出，美国巨额的对华贸易逆差形成了对中国进口商品的高度依赖，如果中国对其征收高额进口税，美国短期内（比如半年）很难从其他国家获取较大量进口，而美国国内恢复生产需要较长时间（比如一年）和更高成本（至少提高一倍）。问题是，笔者的这种假定是否成立？这是高额出口税战略成功实施的关键问题之一。笔者在这里要问的是：什么叫高度依赖？即使不考虑产品质量，加工组装价值链从中国迁出并在别国重建、美国发放产品质量国际认证资格证书等各种进口手续难道不需要半年（纺织类产品）和一年（机电类产品）吗？由于篇幅所限，笔者在这里只引证一些相关看法。

对于机电类产品，曾有专家告诉笔者，出口美国需要很多门槛。例如，一个简单的LED灯，涉及三四十个零部件，每个都必须有条码和相关质量标准，美国如果要寻找这些产品的替代品，仅仅在对产品各个部件走流程化的审定上就得需要一年的时间，更何况目前全球很难找到从性价比上与中国制造相提并论的产品。对于纺织类产品，肖立晟、袁野使用“进口渗透率”的概念计算了美国目前免征进口税的产品对中国出口产品的依赖程度。所谓进口渗透率，是指进口产品销售额占国内市场总销售额的比重，在其计算中，进口渗透率超过50%的有：玩具（96%）、运动用品（81.73%）、羽绒及其制品（75.06%）、帽类及其零件（64.31%）、鞋靴（55.74%）、其他纺织制成品等（54.59%）、家具等（51.81%）和杂

① 贾根良．扩大进口战略的隐忧与国民经济平衡增长新论．当代经济研究，2012（12）．

项制品（50.98%）。①

针对美国经销商寻求替代中国进口品的难度问题，黄树东曾有如下论述："那些不可替代的产品美国则依然必须从中国进口，不影响中国对美国的出口。那些低端的可替代产品，有人认为可以完全被其他发展程度更低的国家或经济替代，其实，这是不可能的。首先，低端产品不可能由发达国家替代；且由于数量巨大，也不能被其他发展中国家替代。我们以印度和越南为例。印度的GDP约为2.2万亿～2.3万亿美元，5 500亿美元相当于其GDP的1/4左右；如果让印度1/4左右的经济转变成对美国市场的出口，这即使不是不可能，至少无法在几年内完成。越南的GDP不到3 000亿美元，不可能出现大规模的替代。要把5 500亿美元产品从中国转移到其他低水平的国家去，是一个巨大的资源和产业链在全球的重新配置过程。就算不是不可能，至少在短期内不现实。短期内，这种替代非常小，对中国出口的影响非常小。总之，即使由于贸易战一些中国产品被替代，中国也有非常长的窗口期，来成功管理它和进行转型。"②

三、对我输美产品征收高额出口税的免费午餐：惊人的政治算术

如果我国在中美经济战中征收高额出口税对特朗普政府实施定向战略打击能够成立的话，那么，现在还必须回答的问题是：这一战略将会对中国国内经济产生什么影响？它是否会像许多人所担心的那样导致我国产品的大量滞销、中小企业倒闭潮和劳动力的大量失业？相对于出口税战略对美国实施定向战略打击而言，这是我国许多人更关心的一个问题。英国古典经济学的先驱者威廉·配第，曾被马克思誉为"政治经济学之父"，《政治算术》是其代表作，笔者在这里借用其术语，对高额出口税战略将对我国经济利益产生何种影响进行一番计算。

① 肖立晟，袁野. 若对2 000亿美元中国产品加税，美国通胀几何. 中国经济时报，2018-08-15.

② 黄树东. 科学辩证看待贸易战对中国和美国的真实影响. 中国经济导报，2018-08-02.

笔者要问的一个问题是：如果对我国输美 70%的产品征收 95%的关税，美国从中国进口的产品的数量在一年之内将减少多少？会减少 50%吗？笔者估计将减少 30%左右。但在这里，笔者仍假定中国在 2019 年对美出口产品数量减少 50%。2017 年，中国对美输出的机电和纺织两大类产品总金额为 3 079.89 亿美元，为了计算方便，假定征收 100%的关税（出口税＋进口税），虽然数量减少了一半，但总的出口价值没有减少，中美双方关税总收入为 1 540 亿美元。那么，中国的出口关税收入将是多少呢？

据陈骁等人研究，美国进口第一大类“机电、音像设备及其零附件”征税占比为 47.6%；征税占比低于 10%的有“纺织原料及纺织制品”“鞋帽伞等；已加工的羽毛及其制品”等。① 按照这种研究，2017 年，中国对美出口机电类产品共 1 986 亿美元，美国征税产品的占比为 47.6%，共 945 亿美元产品被征税，因为美国征收 25%进口关税的产品总计才 500 亿美元，笔者在这里高估被征税 25%的机电产品数量为 400 亿美元，据此，对这部分产品美国征收进口税 100 亿美元；征税 10%的是 545 亿美元的产品，美国征收进口税 54.5 亿美元。2017 年，我国纺织类产品等对美出口 1 094 亿美元，美国征收 10%关税的占比为 10%，美国征收纺织类产品的关税金额为 10.94 亿美元。因此，美国对我国输出到美国的机电和纺织两大类产品征收的关税总收入共计 165.44 亿美元（100 亿美元＋54.5 亿美元＋10.94 亿美元）。

前面已提到中美双方关税总收入 1 540 亿美元，排除掉美国进口关税收入后，中国关税总收入为 1 375 亿美元（1 540 亿美元－165 亿美元）。由于取消对美出口退税，出口退税将减少多少呢？假定出口退税率为 15%②，中国对美出口退税支出将减少 462 亿美元（3 079.89 亿美元×

① 陈骁，魏伟，杨璇. 详解美国 2 500 亿加征关税清单.（2018－07－12）. https：//www.sohu.com/a/240790696_313170.

② 2015 年 1 月 1 日起，部分产品出口退税率再度调整，其中纺织品服装出口退税率提高至 17%，实现全额退税。参见纺织产品出口退税率再度调整 部分提高至 17%.（2015－01－07）. http：//www.chinairn.com/news/20150107/110241239.shtml。2018 年 9 月和 11 月两次提高出口退税率，机电类产品和纺织类产品受益最大。财政部于 2018 年 9 月 15 日起对机电、文化等产品提高增值税出口退税率，最高达 16%。

15%），这是中国变相的财政收入。因此，中国增加的财政总收入为 1 837 亿美元（1 375 亿美元+462 亿美元），按美元对人民币汇率为 6.3 计算，折合 11 573.1 亿元人民币。

在 2017 年中国对美出口中，外资企业占 54.2%[①]，我国财政部使用新增出口关税收入购买下全部中国企业（基本上是民营企业）出口减少的 705.32 亿美元的产品，共花费 4 443.52 亿元人民币；给出口美国的中国企业假定减税 7%，支出 622 亿元人民币（3 079.89 亿美元×45.8%×6.3×7%）。为什么减税 7%？因为许多中国出口企业是靠出口退税活着的，没有出口退税就要倒掉一大批，这是不是该清理的“僵尸企业”？但现在为了稳定经济，这些“僵尸企业”的大部分还必须活着，所以对出口产品转内销的原出口企业减税 7%，而原先的内销企业却没有这个减税优惠。

财政部购买下民营企业出口不出去的产品以及给中国企业减税 7%之后，财政盈余为 6 507.58 亿元人民币（11 573.1 亿元−4 443.52 亿元−622 亿元），但财政部也不留着。假如全部直接支付给农民工，购买下来的产品也假定全部免费送给农民工，农民工总收入=11 573.1 亿元财政总收入—给出口美国的中国企业减税 7%支出的 622 亿元人民币=10 951.1 亿元人民币。根据国家统计局的数据，2017 年全年农民工总量 28 652 万人，农民工平均月收入 3 485 元。[②] 出口关税总收入在支付减税后，全部剩余 10 951.1 亿元支付给农民工，每位农民工将增加年收入 3 822 元，年收入增加 9.14%[3 822 元÷(3 485 元×12 个月)]。由于农民工及其农村家庭是消费倾向最高的，所以，这一措施可以有力地扩大内需。

当然，购买下来的产品全部免费送给农民工只是一个形象的比方。笔者估计，应对中美经济战需要五年左右的调整期，在这个非常时期，我国可以对民营企业出口不出去的产品实行统购统销（发达资本主义国家在历史上例如战时也曾采取过同类措施），并根据不同地区的经济发展程度制定不同政策，比如最贫困地区，根据农民需要，可以免费赠送纺织品、鞋

① 李永. 中美贸易战峭壁下的“关税之伤”，美国利益首当其冲.（2018-07-04）. http：//baijiahao. baidu. com/s? id=1605044694378992583&wfr=spider&for=pc.

② 国家统计局：中国农民工达 2.8 亿人 月均收入 3 485 元.（2018-04-27）. http：//baijiahao. baidu. com/s? id=1598876545591281866&wfr=spider&for=pc.

帽，小件家具、玩具，建筑材料，等等；再根据经济发展程度不同，按原商品价格的10%、20%……60%出售给农村居民和城市居民，具体办法是：基层政府给贫困户和低收入者发放购物券，持有者到指定统销商店按折价比例进行购买，农村地区包括建筑材料、家具等。这些措施说明，只有社会主义国家才能将这些好处全部给予低收入者群体，并有强有力的组织能力实施这种战略。

至于外资企业出口减少的部分，只能让其自行解决；如果在国内市场上卖不出去，就得降价。为什么？因为“一模一样的衣服在中国的商场通常要卖1 000元，比美国的两倍还高”①。美国450元对中国1 000元，在中国生产的在中国销售，在中国国内市场理应比在美国市场更便宜，所以，外资企业没有理由在我国国内市场获取垄断暴利。但如果中国政府也买下其产品，怎能促其降价呢？

通过上述讨论，我们可以看到，在我国征收高出口关税后，中国企业基本上没有受到影响（政府买下全部产品），外资企业会倒闭一些，失业的工人也不会多，政府使用出口关税收入支付其失业救济金或采取“最终雇主”雇佣计划雇用其就业即可，无须增加新的财政负担。笔者估计，支付金额不会多于给出口美国的中国企业减税7%支出的622亿元人民币；如果按2017年全年农民工平均年收入41 820元计算，政府使用622亿元的出口税收入可使149万农民工再就业。如果减去这部分支出，财政总收入余额为10 329.1亿元，每位农民工增加年收入就不再是3 822元，而是3 605元，28 652万农民工年均收入增加为8.6%，而不再是9.14%。

笔者这一番政治算术的计算说明，所谓我国将出现产品大量滞销、中小企业大量倒闭和劳动力大量失业的担心是毫无根据的。不仅如此，在征收高出口关税后，政府财政没开支一分钱，产品过剩没有增加，工人局部的失业得到了妥善的解决，每位农民工年收入反而增加8.6%，国外同类产品在国内市场将降价。由此看来，出口税战略难道不是一种令人惊异的“免费午餐”吗？

---

① 聂辉华.为什么“中国制造”在美国更便宜?.经济学家茶座，2010（48）.

四、主权信贷、减税、财政投资和攻克核心技术

但上述讨论存在一个问题：如果我国对出口美国的产品征收高出口税，美国经贸商通过转口贸易由别的国家从中国进口，怎么办？这个问题需要海关研究，比如通过对发货目的地严查进行控制等。如果海关不能通过这些手段进行严格控制，就得考虑对出口别国的产品制定具体办法，比如在对发货目的地严查的同时，也对发货目的地征收比美国较低的出口税。但如果这些办法的效果都不理想，是否有可能对美国以外的国家采取与对美出口品一视同仁的办法？这种办法是否可行？笔者认为是可行的，理由如下：

2017 年，中国出口 22 600 亿美元，进口 18 400 亿美元，贸易顺差总额为 4 200 亿美元，其中对美贸易顺差为 2 758 亿美元，对美贸易顺差约占中国对外贸易总顺差的 2/3（65.7%），而对其他国家贸易顺差仅为 1 442 亿美元。2017 年，中国对美贸易顺差为 2 758 亿美元，假如计划用 5 年消灭这 2 758 亿美元贸易顺差，对美贸易顺差降为 0，将会对中国产生何种影响？或者进一步假定，我国计划用 4～5 年将出口退税降为 0，并就我国对世界各国的出口产品征收高出口税，也就是在 5 年后，中国对所有国家的对外贸易都将实现进出口平衡，没有贸易顺差，这将会发生什么事情？以后者为例，我们先看两个数据：根据海关总署的数据，我国 2017 年贸易顺差为 28 700 亿元。[①] 又据财政部公布的数据，2017 年全国一般公共预算收入 172 567 亿元，同比增长 7.4%，其中，税收收入 144 360 亿元，同比增长 10.7%；出口退税金额 13 870.37 亿元，创历史新高，占我国税收收入比例已经达到 9.6%。[②]

假定 5 年后，我国每年不再有 28 700 亿元人民币的贸易顺差，其结

---

① 海关总署：2017 年贸易顺差为 2.87 万亿　收窄 14.2%.（2018－01－12）. http：//money.163.com/18/0112/10/D7UM7I5C002581PP.html.

② 财政部 2017 年财政收支情况新闻发布会实录.（2018－01－25）. https：//baijiahao.baidu.com/s?id=1590561373630117325&wfr=spider&for=pc.

果是：我国再也没有必要以 4 556 亿美元外汇占款增发 28 700 亿元人民币了。那么，在这种情况下，企业扩大再生产的资金将来自哪里？由于不可能再依靠美元增发货币了，我国就可以完全实行以国债为基础发行人民币的机制。本来，我国每年来自贸易顺差的外汇占款——比如 2017 年的 4 556 亿美元——就是美国财政部发行美国国债印刷美元购买中国产品的产物，出口企业通过结汇制将贸易顺差产生的美元交给中国人民银行，从而堆积了大量“烫手”的美元储备。在外资和我国出口企业通过结汇制获取人民币信贷，从而服务于美元经济的同时，我国大量以内需经济为市场的民营企业却因为缺乏信贷资金而陷入困境。①

正如笔者早就指出的，自布雷顿森林体系在 1971 年崩溃以来，“美元霸权的诞生使世界贸易异化成为一种美国印刷不被任何实物支撑、只由美国军事力量支持的美元纸片交换其他国家实物产品的贸易形态，使出口导向型经济成为美国剥削和掠夺的对象，彻底颠倒了历史上英国、日本和许多小型经济体通过出口导向型经济发展模式实现国家崛起的经济学逻辑”②。在这种情况下，我国在对外贸易中所积累的美元外汇储备实际上是向美国缴纳的赋税。自 2009 年以来，笔者在多篇论文中谈到，巨额外汇储备是我国自国际金融危机爆发后通货膨胀加剧的根源，而国际金融危机后外汇储备的剧增则是中国经济金融化的开端，它不仅导致中国货币主权在相当程度上的削弱，也导致面向内需的民营企业资金极度短缺，高利贷盛行，基础设施投资和公共福利开支严重缺乏资金，直到 2014 年之后，这种状况才得到缓解。我国对外贸易的贸易顺差战略再也不能继续下去了，征收出口税是解决我国贸易顺差常年居高不下问题的有效战略。我国没有必要采取贸易逆差战略，但大量的美元顺差在理论上必须降低到零，而在实际经济中存在少量顺差也是可行的。

如果我国每年不再有比如 2017 年的 4 556 亿美元的外汇占款，那么，我国的货币自主发行权和主权信贷就可以得到较完整的恢复，财政部就可以发行 28 700 亿元人民币国债，由此所获得的资金就可以通过购买国内企业的产品和服务注入经济体系之中，服务于内需的企业将获得源源不断

---

① 贾根良. 外储问题的根本在于外资和美债. 中国经济周刊，2011（38）：20－21.

② 贾根良. 新李斯特经济学作为一个学派何以成立?. 教学与研究，2015（3）：16－17.

的资金供给，民营企业的信贷难问题将会得到很大的缓解。

根据2017年中国4 556亿美元贸易顺差计算，在我国消灭这种贸易顺差后，每年财政部将增加财源28 700亿元人民币，而在每年存在4 556亿美元贸易顺差的情况下，财政部白白地损失掉这28 700亿元人民币的铸币税。[①] 2017年中国出口退税金额为13 870.37亿元，如果取消所有出口退税后，政府减少13 870.37亿元支出，这反过来等于财政部增加13 870.37亿元收入。其结果是，中国每年至少增加42 570亿元的“财政收入”，这还是在没有考虑假如我们不这样做这五年间顺差和出口退税继续增长的情况下。在这种情况下，中国经济将会发生何种变化?

很明显，出口税战略的推行最终将导致中国对外贸易顺差大幅度减少。假定中国进出口贸易达到绝对平衡，也就是进出口金额相等，那么，按照2017年的数据计算，我国中央政府的财政收入将增加四分之一，但这种“财政收入”没有一分钱再是来自出口税收入。五年后，假定贸易顺差和出口退税均为零，中国每年至少将增加42 570亿元的“财政收入”，而2017年国家财政收入为172 500亿元，也即每年增加的财政收入相当于2017年财政收入的25%。这不仅将有力地支持目前对企业的减税，用于社会保障体系等社会福利支出，还会有大量资金投入到新工业革命的核心技术研发上，还可以在振兴农业中大量投资于农田水利基础设施建设。

例如，我国社保基金和养老金余额严重不足。“我国社保基金2010年余额仅为8 566亿元人民币，而2010年一年的出口退税就达到7 300亿元人民币，我国可以用由此节余的中央财政资金充实社保基金、增加教育经费、投资农田水利基础设施建设和修建免费高速公路等。”[②] 2017年末，我国社保基金资产总额为22 231.24亿元，其中，基本养老保险基金资产总额3 155.19亿元。[③] 我国2017年一年的出口退税金额就等于我国社保基金资产总额的62.4%，是基本养老保险基金资产总额的4.4倍。

又如，清华大学微电子所所长魏少军教授指出，我国每年用于集成电

---

① 贾根良.新李斯特经济学作为一个学派何以成立?.教学与研究，2015 (3)：16-17.

② 贾根良.外储问题的根本在于外资和美债.中国经济周刊，2011 (38).

③ 全国社会保障基金理事会社保基金年度报告 (2017年度). (2018-07-31). http：//www.ssf.gov.cn/cwsj/ndbg/201807/t20180731_7417.html.

路的研发总投资才45亿美元，不到300亿元人民币，仅占全行业销售额的6.7%，不到英特尔一家企业的一半。① 集成电路的研发投资总额只占2017年我国外汇占款的1%，占该年出口退税的约2%。我国有钱用出口退税补贴外国消费者，却没有钱大力支持集成电路的研发！在这种情况下，我国将如何与发达国家在核心技术上展开竞争呢？只要进出口贸易达到平衡，国家财政使用相当于2017年外汇占款金额的铸币税的十分之一，就可以将集成电路的研发投资增加十倍！

五、自主国内市场、进口替代与突破“中等收入陷阱”

自主掌控国内市场，为本土核心技术创新提供有保障的市场，这是历史上所有成功崛起国家的最基本的历史经验。本文之所以提出率先取消外资企业的出口退税、对我国出口产品征收高出口税并在一段时间内对民营企业出口过剩产品实行统购统销，重要的目的之一就是为民营企业的大发展和大规模进口替代提供战略性国内市场空间，从而推动我国经济发生深刻的结构性变革。

在过去的八年间，笔者一直在讲，如果外资企业将其产业链特别是对我国经济负面影响最大的加工贸易从我国迁走50%，中国民营企业的春天就到来了！因为只有这样，我国才能给民营企业腾出更大的产业发展空间，使其大幅度地增加投资机会，特别是在外资占据我国价值链高端的情况下更是如此。在外资企业从我国迁走50%的同时，它就给中国民营企业腾出了巨大的国内市场空间；同时，由于迁走的50%的外资再也不能在国内直接销售了，它如果想通过出口将产品销售到中国，就必须缴纳进口关税，国内市场因此就可以得到保护。那么，50%的外资迁离中国，将为我国民营企业的大发展提供多大的市场空间呢？

以美国在华企业为例。根据美国商务部经济分析局的数据，2015年美资企业在华销售额高达4 814亿美元，远高于中资企业在美256亿美元

---

① 来莎莎，李娜，钱童心．“芯”痛之下，中国如何破局．第一财经日报，2018-04-18.

的销售额。[1] 按照这一数据进行计算，2015 年美国实现对中国“投资顺差”为 4 558 亿美元（4 814 亿美元－256 亿美元）。又根据中国国家统计局的数据，2015 年中国对美货物贸易顺差为 2 610 亿美元，其中 54.2% 也就是 1 415 亿美元是由外资企业所实现，中国对美服务贸易逆差为 333 亿美元。如果按照从事贸易和投资的企业的国家性质进行计算，那么，2015 年中国企业对美贸易顺差总额为 862 亿美元（2 610 亿美元－1 415 亿美元－333 亿美元）。将“投资顺差”和贸易顺差进行加总，我们可以看到，2015 年中国对美“贸易和投资逆差”高达 3 696 亿美元（4 558 亿美元－862 亿美元），中国企业为了获得对美 862 亿美元的贸易顺差，竟然损失了高达 4 558 亿美元的国内市场。这说明：如果将直接投资考虑在内，美国不仅对华没有贸易和投资逆差，反而具有巨大的顺差！美国在华企业在没有通过国际贸易的情况下，其产品隐蔽性地大量占据着我国国内市场！如果将日本、韩国和西方所有发达国家在华跨国公司都考虑在内，我国国内市场被其支配的状况将是惊人的，其后果也是严重的，笔者在以往的论文中对此已有许多探讨，但并没有讨论它对我国进口替代工业化的危害，本文仅以存储芯片的案例说明这一问题。

近年来，长江存储等我国一批企业开始攻关存储芯片，意图突破三星、SK 海力士、东芝和镁光等厂商对中国市场的支配。然而，为了狙击中国存储芯片，特别是为了狙击长江存储 2019 年的大规模生产，三星采取了三项重要措施。“一是三星刻意控制产能，防止存储芯片价格下滑。由于三星可以控制产量，直接导致美国一些半导体设备厂商的设备出货量在短期内下滑了 20% 左右。三星之所以要这样做，极有可能是想在国产存储芯片上市前，再大赚一笔钱，存储充足的弹药，为将来和国产存储芯片打价格战做准备。另一个消息是三星在不久前宣布其第五代 V-NAND 正式量产。……如果国产存储芯片上市之时，三星开始暴增产能，而且是最新的第五代 V-NAND，国产存储芯片将面临技术和成本双重竞争，将会处于非常不利的局面。”[2] 第三项措施是在中国开办新工厂。据报道，

---

① 中华人民共和国国务院新闻办公室. 关于中美经贸摩擦的事实与中方立场．(2018－09－24). http：//www.gov.cn/zhengce/2018－09/24/content_5324957.htm#1.

② 铁流. 三星抑制存储产能赚取高利润 国产存储芯片恐被狙击.（2018－07－17). http：//www.sohu.com/a/241639229_119709.

2018 年 3 月，三星在西安举行存储芯片二期项目开工奠基仪式，总投资额为 70 亿美元，这是三星继 2012 年在西安投资 100 亿美元建立电子存储芯片项目后再次追加投资。三星在中国开办新工厂无疑是针对长江存储等我国存储芯片的幼稚工业而来的，一些文章的题目就表达了作者对这种态势的忧虑，例如，“豪投 70 亿美元！三星又一次在中国开建工厂，将与国产存储一决高下”，“三星出手，投资 70 亿在国内建新厂，国产芯片再难翻身?”，等等。

进口替代是指进口被国内工业所替代。长江存储所从事的事业无疑是进口替代工业化，但在与三星等国外厂商的竞争上，它所建立的幼稚工业在刚开始量产的时候无疑处于劣势地位，因为技术人员、管理者和工人只有通过“边干边学”，才能学会以发达国家的标准高效地利用技术，他们需要时间积累生产、技术和管理等方面的经验，特别是在大规模生产存储芯片这种尖端技术上需要比一般工业更加复杂的经验。在这种情况下，进口替代工业就需要关税保护，以便使其安然渡过陡峭的学习曲线，这就是美国第一任财政部长汉密尔顿早在 1791 年就已提出的“幼稚工业保护理论”。从英国到 20 世纪下半叶的韩国，历史上所有成功崛起的国家都经历过这种“幼稚工业保护”的进口替代工业化阶段。

“幼稚工业保护”的实质是市场保护，因为幼稚工业渡过陡峭的学习曲线需要其成长的战略性市场空间。就中国存储芯片而言，如果限制三星在华进行直接投资，中国就可以使用关税保护手段应对三星以摧毁长江存储等幼稚工业企业为目的的低价倾销。正是为了防范中国出现竞争者，同时也是为了预防中国对幼稚工业采取关税保护的手段，三星早在 2012 年就在西安通过建立存储芯片生产工厂提前进行了战略布局，而 2018 年 3 月的追加投资更是直接地瞄准了 2016 年才建厂的长江存储。在三星于我国进行大量直接投资的情况下，关税保护的手段已毫无作用可言。如果三星打价格战，长江存储将面临陷入亏损和无力追加研发投资的严峻考验；假如政府对其提供补贴，其效果也远不如关税保护。假如在政府大量补贴之下，长江存储还不能战胜三星的话，政府的这种干预行为就成了新自由主义者攻击产业政策的口实。因此，产业政策的成败取决于其自身正确与否以及为其提供理论指导的经济学类型。①

通过以上讨论，读者不难领悟高出口税战略对于我国自主掌控国内市场、推动民营经济大发展和实施进口替代战略的重大意义，不难理解它对于突破“中等收入陷阱”的关键性作用。有世界经济史上血泪斑斑的教训，我们岂能重蹈令人悲叹的历史覆辙——“秦人不暇自哀，而后人哀之；后人哀之而不鉴之，亦使后人而复哀后人也”？故而，请允许笔者以六年前一篇论文中的两段话作为本文的结束语：

以贸易保护为基础的进口替代是落后国家产业升级的基本途径和自主创新的基础。如果我国永远实施自由贸易政策，那么，高端产业（或产业价值链高端环节）的进口替代就无法展开；而如果要实施进口替代战略，那么就必须对高端产业的国内市场进行关税保护，但按照目前外国直接投资在中国的发展趋势，这种关税保护将无法达到保护民族企业的目的，反而保护的是跨国公司的既得利益。这就是我国在将来如果对国内市场进行保护将不得不面对的世纪性难题，这个难题就是拉丁美洲国家长期陷入“中等收入陷阱”不能自拔的主要原因。

与19世纪下半叶美国保护主义的进口替代工业化时期严厉拒绝外国直接投资不同，拉丁美洲国家的进口替代工业化战略却指望外国直接投资给其带来福音。其结果是，虽然拉丁美洲国家实施贸易保护主义的目的是让民族企业独享国内市场的工业化收益，但是，在外资企业控制了拉丁美洲国家国内经济的情况下，这种贸易保护反而成了跨国公司在关税保护之下利用垄断地位在拉丁美洲国家国内市场攫取巨额利润的工具。因此，拉丁美洲国家试图通过贸易保护改变其不利国际分工地位的努力又完全被外国直接投资所瓦解，这是拉丁美洲国家进口替代工业化战略在其后期陷入困境的主要原因，也是拉丁美洲国家即使实行贸易保护也无法改变其依附型经济命运的基本原因；同时，它也是19世纪的美国之所以能够超过英国成为世界头号工业强国的秘诀：在实行贸易保护的同时必须排斥外国直接投资。②

---

① 贾根良. 开创大变革时代国家经济作用大讨论的新纲领. 政治经济学报，2017（1）.

② 贾根良. 新李斯特主义：替代新自由主义全球化的新学说. 学习与探索，2012（3）. 编者对这两段话的部分文字作了修改。

图书在版编目（CIP）数据

国内大循环：经济发展新战略与政策选择/贾根良著．-- 北京：中国人民大学出版社，2020.8
ISBN 978-7-300-28422-4

Ⅰ.①国… Ⅱ.①贾… Ⅲ.①中国经济-循环经济-经济发展-研究 Ⅳ.①F124.5

中国版本图书馆 CIP 数据核字（2020）第 135651 号

国内大循环

经济发展新战略与政策选择

贾根良 著

Guonei Daxunhuan

出版发行	中国人民大学出版社		
社　　址	北京中关村大街 31 号	**邮政编码**	100080
电　　话	010－62511242（总编室）		010－62511770（质管部）
	010－82501766（邮购部）		010－62514148（门市部）
	010－62515195（发行公司）		010－62515275（盗版举报）
网　　址	http://www.crup.com.cn		
经　　销	新华书店		
印　　刷	北京宏伟双华印刷有限公司		
规　　格	170 mm×240 mm　16 开本	**版　　次**	2020 年 8 月第 1 版
印　　张	17.5 插页 1	**印　　次**	2020 年 12 月第 7 次印刷
字　　数	276 000	**定　　价**	59.00 元